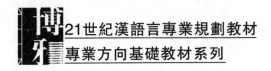

21世紀漢語言專業規劃教材
專業方向基礎教材系列

校勘學教程

管錫華 著

圖書在版編目(CIP)數據

校勘學教程/管錫華著．—北京：北京大學出版社，2013.11
(21世紀漢語言專業規劃教材)
ISBN 978-7-301-23202-6

Ⅰ.①校… Ⅱ.①管… Ⅲ.①校勘學—高等學校—教材 Ⅳ.①G256.3

中國版本圖書館CIP數據核字(2013)第216717號

書　　　　名：	校勘學教程
著作責任者：	管錫華　著
責 任 編 輯：	王　飆
標 準 書 號：	ISBN 978-7-301-23202-6/H・3401
出 版 發 行：	北京大學出版社
地　　　　址：	北京市海淀區成府路205號　100871
網　　　　址：	http://www.pup.cn　　新浪官方微博：@北京大學出版社
電子信箱：	zpup@pup.cn
電　　　　話：	郵購部 62752015　發行部 62750672　編輯部 62753334
	出版部 62754962
印　　刷　者：	三河市博文印刷廠
經　　銷　者：	新華書店
	650毫米×980毫米　16開本　18.25印張　290千字
	2013年11月第1版　2013年11月第1次印刷
定　　　　價：	38.00元

未經許可，不得以任何方式複製或抄襲本書之部分或全部內容。
版權所有，侵權必究
舉報電話：010—62752024　　電子信箱：fd@pup.pku.edu.cn

序

吴孟復

　　校勘之事，始於二劉，鄭、章諸賢《校讎略》與《通義》之作遂言及校勘，余嘉錫先生因謂"目録、版本、校讎（即校勘）三者一家之學"；然揆之王氏《經義述聞》，俞氏《平議》，孫氏《札迻》，則訓詁亦與校勘相表裹。余少從錢子泉、顧惕生、柳翼謀諸師獲聞此義。雖才質駑下，老而無成，然知讀古書，精通章句，猶得校勘之益。憶昔講宋詞，用某君《宋詞選》，至于湖之"滿載一船明月，平鋪十里秋江，波神留我看斜陽，唤起鱗鱗細浪"，諸生有以"明月""斜陽"矛盾爲請者，余使檢此書所本，蓋出《六十家詞》；又使檢雙照樓景宋《于湖詞》，則"明月"作"秋色"，"秋江"作"湖光"。此生欣然曰："先生屢言版本、校勘，今乃知確爲學中要緊之事，而爲教師者尤不可不知也。"

　　又憶六十年代初，學校領導布置自訂"紅專規劃"。有六十老翁夜叩吾門，詢之，則曰："青年師生但云讀某史、某集足矣！吾輩豈能復云讀杜集、韓集乎？"余戲曰："但於'讀'上加一'校'字便可。"其人大喜曰："得之矣。"蓋著一"校"字，便由閲讀而進入研究。由上兩例可見：校勘爲文史教學、研究中必不可少之知識與技能，即謂爲治學之門，宜無不可。

　　雖然，欲通校勘，談何容易！一要知方法，二要明類例，三要通積佐證。觀王念孫《讀書雜志》中《淮南》校例，王引之《經義述聞》之"訛字"條，俞樾至楊樹達"古書疑義"中有關校勘諸例，皆就致訛之由反復示例，孫德謙、陳垣諸老言之尤詳。類例既明，方法斯出，洵足以啓人神思。苟能知此，則疑所當疑，正其可正，雖"己亥"誤爲"三豕"，亦不至望文誤釋；更不至以"錫"作藥引矣。然僅誦義例，空言方法，亦未足以解決問題。蓋對校必羅衆本，而古本之存者不多，可資以爲據者，多爲他書。彙錄徵引之異文；他校、理校則有賴於旁證者尤多。試觀前人校勘之妙，每在曲證旁通，究其根源，皆由博覽。不特《釋文》《治要》及類書、古注所引，必須取資；而"讀書記"、"藏書志"、"金石錄"與諸家"校勘記"、"札記"中材料，亦爲校書者所必用。否則，名爲實學，實亦空談而已。

三百年來，實學莫盛於吾皖。戴君東原之"博徵於文，約守其例"，衣被海內，遂成皖學。其校算書、水經，亦爲世重。然而旁搜善本，專事校勘如顧千里、盧召弓所爲者則皖中尚少其人。故世謂版本、目錄、校勘之學，皖不如吳。近世吳檢齋、胡樸安諸先生頗有意焉，然亦未能專也。管君錫華盛年美才，雅志篤學，又從潘允中、趙仲邑、李新魁諸先生研究數載，得其薪傳，用以探劉、班之微言，契鄭、章之遐想，博覽顧、盧、王、段之書，而會其妙用。由是提要鈎玄，細其義例，則庶幾俞曲園、孫益庵之遺徽，有以補樸安之所未備，其所以裨益於教學與研究者豈鮮淺哉？余早從師友，略聞津梁；苦於形役，未能深往。今年近七十，舊學益荒，乃於病院之中，得見高才崛起，其爲欣悅，豈可勝言！用是忘其荒陋，綴言簡端，既以見校勘爲治學之必需，復以見類例與博徵之關係，益以見通論得失，指陳方法者爲不可少之書。至於君立意之美、編纂之勤、爲學之善，讀者當自得之，不待余之多言也。

1986 年 7 月 26 日

目　錄

序 ··· 吳孟復 1

第一章　緒論 ··· 1
  第一節　校勘與校勘學 ································· 1
  第二節　校勘與校讎 ··································· 3
  第三節　校勘與古籍整理和研讀 ························· 7
  第四節　校勘要運用各種知識 ··························· 10
  第五節　古今人校勘條件的對比 ························· 12

第二章　校勘簡史 ··· 16
  第一節　周秦的校勘 ··································· 16
  第二節　兩漢的校勘 ··································· 17
  第三節　魏晉南北朝隋的校勘 ··························· 23
  第四節　唐五代的校勘 ································· 26
  第五節　兩宋的校勘 ··································· 36
  第六節　元明的校勘 ··································· 41
  第七節　清代的校勘 ··································· 48
  第八節　民國的校勘 ··································· 56
  第九節　建國以來大陸的校勘 ··························· 59
  第十節　臺灣的校勘 ··································· 63
  第十一節　校勘學的發展 ······························· 65

第三章　古書訛誤的一般情況 ······························· 72
  第一節　誤 ··· 72
  第二節　脫 ··· 82

第三節　衍 …………………………………………………… 86
第四節　錯位 ………………………………………………… 92

第四章　校勘的先導工作 ………………………………………… 100
第一節　選擇校勘的對象 …………………………………… 100
第二節　搜集現存各種版本 ………………………………… 101
第三節　分析歸納版本的源流系統，比較各本的
　　　　校勘價值 ………………………………………… 102
第四節　選擇底本、對校本和參校本 ……………………… 106
第五節　搜集其他校勘資料 ………………………………… 110

第五章　校勘的方法 ……………………………………………… 114
第一節　對校法 ……………………………………………… 114
第二節　本校法 ……………………………………………… 116
第三節　他校法 ……………………………………………… 124
第四節　理校法 ……………………………………………… 130
第五節　關於文物校勘法 …………………………………… 147

第六章　校勘應注意的幾個問題 ………………………………… 153
第一節　不可遷就政治 ……………………………………… 153
第二節　不可盡信他書引文 ………………………………… 155
第三節　不可輕改古書 ……………………………………… 161
第四節　注意語言的内部規律性和時代性 ………………… 166
第五節　不可誤校，避免漏校 ……………………………… 181

第七章　校勘記的寫法 …………………………………………… 185
第一節　校勘成果的發表形式 ……………………………… 185
第二節　校勘記的類型、寫法及校勘記
　　　　所使用的術語 ……………………………………… 191
第三節　撰寫校勘記應注意的幾個問題 …………………… 210
第四節　校勘記的位置和校勘記
　　　　與正文的對應格式 ………………………………… 216

第八章　校勘前體例的擬訂和校勘後說明的撰寫 ……………… 221
第一節　校勘前體例的擬訂 ………………………………… 221
第二節　校勘後說明的撰寫 ………………………………… 226

第九章　在校勘底稿上的工作 ……………………………… 236
　　第一節　在校勘底稿上的工作 ……………………………… 236
　　第二節　校勘常用符號 ……………………………………… 239
第十章　目錄知識在校勘中的運用 ………………………… 243
　　第一節　運用目錄檢索現存古籍版本 …………………… 243
　　第二節　目錄的編排檢索方法 …………………………… 251
第十一章　版本知識在校勘中的運用 ……………………… 258
　　第一節　善本的校勘價值 ………………………………… 258
　　第二節　新發現的版本對於校勘的意義 ………………… 261
　　第三節　校勘古籍時常遇到的版本術語 ………………… 264
第十二章　電腦網絡技術在校勘中的運用 ………………… 271
　　第一節　目錄檢索 ………………………………………… 271
　　第二節　書籍獲取 ………………………………………… 275
　　第三節　文字檢錄 ………………………………………… 277

三版後記 ………………………………………………………… 280

第一章 緒 論

第一節 校勘與校勘學

　　現存古籍，據估計約有一二十萬種。① 它們絕大多數都不是原稿本、原鈔本、原刻本，而是經過一次再次傳鈔翻刻的鈔刻本。《抱朴子·遐覽》引古諺曰："書三寫，魚成魯，虛成虎。"古籍在傳鈔翻刻過程中，由於種種原因，總會或多或少地出現文字上的訛誤。用不同版本或其他資料，通過比較或推理，發現並糾正古籍在流傳過程中發生的文字訛誤，這就是校勘。研究校勘的科學就是校勘學。

　　校勘不只是漢語古籍整理的一項工作，而是所有有古代文獻遺產的國家、民族古籍整理的一項共同的工作，所以校勘學是一門世界性的學問。② 外國的如《聖經》就有多種關於校理的著作。如 A history of the

---

　　① 關於古籍數量的估計各家差異不小。鄭鶴聲、鄭鶴春《中國文獻學概要》第二章《結集》估計"今日可讀之書，蓋亦不下 400,000 卷"（上海書店 1983 年版，頁 14—15）。吳楓《中國古典文獻學》第一章《古典文獻導論》第二節《文獻積聚》根據李詩《談談我國古籍》一文加以補充，認為"目前我國現存古典文獻約為八萬種的估計是可信的"（齊魯書社 1982 年版，頁 15）。方厚樞《從目錄學入手》（載《光明日報》1963 年 3 月 6 日）估計為七八萬；楊殿珣《談談古籍與古籍分類》（載《北圖通訊》1979 年第 1 期）估計為十五萬種左右；謝玉傑、王繼光《中國歷史文獻學》第二章《典籍類別文獻》五《古籍的現存概況》於方、楊兩者取其中，認為古籍"約有十一二萬種，有價值的七八萬種"（民族出版社 1999 年版，頁 109）曹之《中國古籍編撰史·自序》說古籍"傳世至今者仍不少於十萬種"（武漢大學出版社 1999 年版，頁 1）。

　　② 英語中，"校勘學"一般用 textual criticism，但有時候 textual criticism 指文本考證、文本考釋、文本批判、文本鑒別之學。

textual criticism of the New Testament; *An aid to the textual amendment of the Old Testament*; *An introduction to the textual criticism of the New Testament*; *Annotated bibliography of the textual criticism of the New Testament, 1914—1939*; *Textual criticism of the Hebrew Bible*; *New Testament textual criticism and exegesis*; *Rethinking New Testament textual criticism*。① 中國少數民族語言古籍也在大量校理出版。1999年9月中國政府白皮書《中國少數民族政策及其實踐》五《保護和發展少數民族文化》說:"國家成立了全國少數民族古籍整理出版規劃小組和辦公室,組織和領導全國少數民族古籍整理工作。全國現有25個省、自治區、直轄市,130個自治州、地、盟建立了民族古籍整理與研究機構,民族院校也建有古籍整理與研究機構。截至1998年,已搜集少數民族古籍12萬餘種,整理11萬餘種,出版古籍書籍5,000餘種。""中國政府設立了中國少數民族三大英雄史詩《格薩爾》(藏族民間說唱體長篇英雄史詩)《江格爾》(蒙古族著名的英雄史詩)《瑪納斯》(柯爾克孜族著名的傳記性史詩)專門工作機構,有計劃有組織地進行收集、整理、翻譯、研究工作。""近年來,國家撥付了以千萬元計的巨額資金支持校勘出版共計150部的傳統藏學的百科全書《中華大藏經》。"許力以主編的《中國出版百科全書》②"當代中國的民族圖書出版·古籍整理"下說:"1984年,建立了全國少數民族古籍整理、出版規劃小組,負責組織、聯繫、協調、指導全國少數民族古籍整理出版工作。到1990年,全國已整理出版少數民族古籍近1,000種……其中,有一大批歷史和學術價值很高的文獻。如內蒙古人民出版社出版的《〈蒙古秘史〉校勘本》《新譯校注〈蒙古源流〉》;民族出版社出版的蒙古文《西尼喇嘛的故事》《那仁汗傳》《英雄道喜巴拉圖》,藏文《巴協》《西藏王臣記》《紅史》,維吾爾文《烏古斯可汗傳》《福樂智慧》

---

① 上引英語書籍撰者、編者及版本情況依次爲:Marvin R. Vincent,New York,The Macmillan company,London,Macmillan&co.,ltd.,1899;James Kennedy,D. D.,edited by N. Levison,B. D. Edinburgh,T&T. Clark,1928.;Leo Vaganay,translated by B. V. Miller,London and Glasgow,Sands,1937;Copenhagen,E. Munksgaard,1955;Emanuel Tov. 2nd rev. ed. Minneapolis,Fortress Press,Assen,Royal Van Gorcum,2001;Festschrift J. Delobel,edited by A. Denaux. Sterling,Va.,Peeters,2002;edited by David Alan Black,Grand Rapids,Mich.,Baker Academic,2002.

② 山西人民出版社1997年版。

《樂師傳》等。"無論哪種語言古籍的校勘,其所運用的校勘基本理論都是一致的。外國大學也有開設校勘學課程的。胡適在康奈爾大學(Cornell University)就選修了校勘學的課程,①現在美國的一些大學仍有校勘學的課程。

本書討論的範圍則只是漢語古籍校勘學。

第二節　校勘與校讎

校勘,古稱校讎或讎校。但是,就二者詞義發展變化來看,其關係又是錯綜複雜的。下面試加以論述。

一、校讎

"校讎"一詞最早見於西漢劉向《管子序》,其文曰:"所校讎中《管子》書三百八十九篇。"

"校"、"讎"二字字異而義實近。

"校",《説文》釋曰:"木囚也。"是爲古代刑具枷械之統稱。如《易·噬嗑》:"初九:屨校滅趾。'"(奴隸拖著刑枷,遮住脚板。)刑具枷械有就範之義,從而引申爲考核。如《荀子·君道》:"知慮取舍,稽之以成;日月積久,校之以功。"再引申專用於文字的考核,則是用爲校讎之校的意義了。如《國語·魯語下》:"昔正考父校商之名《頌》十二篇於周太師。"②

"讎",《説文》釋曰:"猶䧹也。""䧹,以言對也。"《玉篇》釋曰:"對也。"《正字通》釋曰:"言相讎對也。"《韻會》釋曰:"猶校也。謂兩本相覆校,如仇讎也。"由衆釋可知,"讎"本爲"以言對"之義,以後逐漸引申,用爲考核

---

① 張越《胡適與轉型中的中國史學》:"尚在美國留學的時候,胡適就對清代學者的治學方法感興趣,並試圖比較中西考據學方法的不同思路。在康奈爾大學他特意選修了包括語言學、校勘學、考古學等課程在内的'歷史的輔助學科'"。(《歷史教學》1999 年第 8 期。)

② 程千帆、徐有富《校讎廣義·校勘編》第一章《校勘學的界義與功用》第一節《校勘與校勘學的發展》對"校"字從本義引申到"校正文字錯誤"義有不同的考釋:"校的本義是犯人帶的木枷。許慎云:'校,木囚也。'一副木枷由兩片組成,而兩片大小必須一致,才便於上鎖,因此事先要將它們放在一起加以比較。這樣,校字用作動詞時便有比勘核對的意思。後來人們又引申其義指校正書面材料的文字異同。"(齊魯書社 1998 年版,頁 1。)

文字之義，遂與"校"字義近。

古代漢語同義素構成複合詞，往往字序可以互倒，如"阻險""險阻"、"乏困""困乏"之類即是。"校讎"一詞也不例外，劉向在《管子序》中說成"校讎"，而在《文選》注所引之《別錄》中即又說成"讎校"。

無論"校讎"還是"讎校"，其最初的意義就是校正文字，即對比版本異同或推敲上下文，發現錯誤，是正文字。這從劉向的解釋中可以知道。《文選》左太沖（思）《魏都賦》注引應劭《風俗通義》說：

案劉向《別錄》："讎校，一人讀書，校其上下，得謬誤爲校；一人持本，一人讀書，若怨家相對，故曰讎也。"①

劉氏的意思是說，當一種書只有一種本子，就由一人讀之，聯繫上下文找謬誤。若一種書有許多異本時，選一本做底本和另外的本子相校，這時就由兩個人來進行校讀工作，讀書的只管讀，讀完一個異本，再讀另一個；持底本的只管校，把聽到的異本中的異文脫句一一都校在底本上。這是分而釋之，實際合而用之則爲一詞，二者無異，大致與現代的"校勘"一詞意義相當，專指校正文字。

但是，劉向劉歆父子領校秘書，所做的工作，不僅有校正文字，而且有審定篇第，抉擇存本，編撰目錄等幾個方面。這些工作實際包括了目錄、版本、校勘等內容。後世合劉氏這些工作統名爲"校讎"。從此"校讎"之義由狹而廣。後世冠以"校讎"或"校讎學"之名的專書，多是用的"校讎"的廣義。如南宋鄭樵的《通志·校讎略》，清代章學誠的《校讎通義》，近人胡樸安叔侄的《校讎學》，蔣元卿的《校讎學史》等即如此。

任何事物的發展往往都是錯綜複雜的，"校讎"在漢後仍有用爲狹義的。如左太沖《魏都賦》"讎校篆籀"，即指校正文字。章學誠在其《信摭》中說："世之論校讎者，惟爭辨於行墨字句之間，不復知有淵源流別矣。"可見清代也還用"校讎"爲狹義。"現在臺灣也有這樣用的。

二、校勘

"勘"，《說文》釋曰："校也。"《玉篇》釋曰："覆定也。"可見"勘"與"校"是近義詞，都指覆核審定之義。"校讎"之名見於西漢，而"校勘"成詞始於齊梁。如《全梁文》卷二七沈約《上言宜校勘譜籍》：

———
① 《文選》注引本無末4字，後人據《太平御覽》卷六一八引劉向《別傳》補。

宜選史傳學士譜究流品者爲左民郎、左民尚書,專供校勘。
如果這是"校勘"合用成複合詞的最早用例的話,其本義與"校讎"的廣義同義。其後"校勘"一詞的使用越來越多,大約在唐宋時期就有用爲狹義"校讎"的同義詞的了。如宋王溥《五代會要》卷八載:

> (世宗)顯德二年(955)二月,中書門下奏:"國子監祭酒尹拙狀稱:准敕校勘《經典釋文》三十卷,雕造印板,欲請兵部尚書張昭、太常卿田敏同校勘。"敕:"其《經典釋文》已經本監官員校勘外,宜差張昭、田敏詳校。"

又如宋歐陽修《文忠集》卷七三《書〈春秋繁露〉後》曰:

> 予在館中校勘群書,見有八十餘篇,然多錯亂重複。

都已用"校勘"專指校正文字了。

由上述可知,"校讎"與"校勘"在歷史上本是一對同義詞,都有廣狹二義:廣義包括目錄、版本、校勘等內容,狹義只指校正文字。但這一對同義詞到了清代,使用即趨於分化了。"校讎"基本保留了廣義的用法,而"校勘"基本保留了狹義的用法。如章學誠所撰《校讎通義》,阮元主編的《十三經校勘記》,對這兩個術語的使用就有明顯的分別。今天大陸使用就更加明確了,除少數老先生偶一用"校讎"以外,都用"校勘"指校正文字。

三、校讎學與校勘學

校讎自劉氏父子起就興盛起來了,但有人說校讎學始自西漢那就完全錯了。因爲要成其一門學問,則必須要有一個理論系統,而劉氏多在實踐却少有理論,不可稱校讎學。

校讎學是研究校讎各方面問題的學問。比較有系統地研究校讎問題的是南宋鄭樵的《校讎略》,此書可以稱得上是校讎學的第一部專書,校讎學的歷史理當從這時寫起。但又有人說校勘學始自鄭書,這又是錯誤的。我們通觀《校讎略》,此書涉及校勘的只有"校書久任論"一個方面,當然不能說校勘學始自《校讎略》了。

校勘學和校讎學是兩門不同的科學,對此我們應該有明確的認識。校讎學是古已有之的。它以目錄、版本、校勘等爲自己的研究對象,其目的和任務是通論目錄、版本、校勘等的一般的法則,以指導校讎實踐。而校勘學則是現代在歷代校勘實踐以及對這種實踐的理論總結的基礎上產生出來的一門科學。它只以古籍的校勘爲自己的研究對象,其目的和任務是總結歷代學者校勘古籍的經驗和教訓,研究校勘古籍的法則和規律,以指導校勘的實踐。校讎學雖亦研究校勘，但其研究是膚淺的、不全面的，因此，尚未形成系統的校勘理論，而校勘學研究校勘則是深入的、系統的，它是一門獨立的科學。校讎學與校勘學雖有一定聯繫，但二者不是相等或包括與被包括的關係。

四、大陸、臺灣校讎學、校勘學兩個術語使用的差異

大陸、臺灣校讎學、校勘學兩個術語的使用有差異。上世紀 80 年代以來，大陸使用"校讎學"主要用來描述包括目錄、版本、校勘諸內容在內的這門舊學；而"校讎學"已代之以"古典文獻學"；"校勘學"用於指研究校勘的科學。課程名稱、論著等都使用分明，例不贅舉。臺灣用"校讎學"，其涵義多等於大陸的"校勘學"。臺灣教育主管部門 1999 年公布的"學術專長代碼"，以"目錄學（代碼 2010610）版本學（代碼 2010620）校讎學（代碼 2010630）"三者並列。此"校讎學"即是大陸的"校勘學"。大學課程多用"校讎學"。如高雄師範大學國文學系碩博士班開設課程表的碩士班有"目錄學研究、版本學研究、校讎學研究"，東吳大學 2000 考博士班研究生簡章考試科目中國圖書文獻學包括"目錄學、版本學、校讎學及辨偽學"，中興大學中國文學系選修科目有"目錄學研究、版本學研究、辨偽學研究、校讎學研究"，皆並列。校勘學的論著也多用"校讎學"。如王叔岷《校讎學》，①高明道《漫談佛教文獻及其研究》："中國傳統的學術本來具備深厚的基礎，諸如目錄學、版本學、校讎學等，原來都十分發達"，②沈俊平有《葉德輝對校讎學、目錄學、版本學三者關係的理解》一文，亦皆以"校讎學"與"目錄學"、"版本學"並列。③ 但有些學校的課程、有些學術論著也用"校勘學"。如臺灣師範大學文學院 1999 年國學課程有"七、目錄學簡介，八、版本學簡介，九、校勘學簡介"，花蓮師範學院語文教育學系 1998 年基礎課程有"校勘學"，高雄師範大學國文學系大學部開設課程表有"校勘學"；中央研究院歷史語言研究所專題研究室之九出土文獻研究室介紹："本研究室擬結合所內外及國內各大學對出土古文獻有興趣之學者，以新資料之識讀為基礎，分別就文字學、聲韻學、校勘學、考古學，及學術思想史、經學史、歷史學等領域進行研究"，臺灣雲林科技大學漢學資料整

---

① 臺北歷史語言研究所 1995 年版。
② 《佛教圖書館館訊》第 10—11 期 1997 年 6—9 月。
③ 《國立中央圖書館臺灣分館館刊》第 6 卷第 6 期，2000 年 12 月。

理研究所簡介:"5.透過文獻學、校勘學、版本學、辨偽學及文字、聲韻、訓詁等學科的教學研究,以培育中等學校師資及文教機構編譯、校勘、輯佚、注釋等專業人才",法鼓山全球諮詢網載《聖嚴師父聯合國高峰會開幕演說》介紹王叔岷謂"經典古籍校勘學泰斗王叔岷",趙飛鵬有《黃丕烈之版本學與校勘學》一文,①等等。與"校讎學"相對應,臺灣也有不少把"校讎"用爲"校勘"的情況。如王叔岷《校讎通例》等。②

第三節 校勘與古籍整理和研讀

一、校勘與古籍整理

古籍整理主要包括:(1)校勘,(2)標點,(3)注釋,(4)翻譯,(5)彙編,(6)影印,(7)輯佚,(8)編製目錄索引等八個方面的工作。校勘除了本身就是古籍整理的一項重要工作之外,還是其他七項古籍整理工作的先導工作。因爲,這七項工作都需要有一個文字正確無誤的底本。如果不先做好校勘工作而以誤本爲底本做這些工作,那麼這些工作也就會相應地出現錯誤。如《魏書·盧玄傳》:

卿等欲言,便無相疑難。

這是中華書局1974年點校本的標法。《北史·盧玄傳》這二句作"卿等欲言便言,無相疑難",《册府元龜》卷一五六引亦同。意思是説:你們這些人要説就説,不要互相疑難。這樣語氣就通順了。據此,"便"下原脱一"言"字,補出"言"字,我們就自然會以"卿等欲言便言"爲句了。《魏書》標點者對此未加校勘,以誤本爲底本,因此,標點也相應出現了錯誤。

又如現在許多注譯本都選了晉干寶《搜神記》中的《李寄》一文,其中有一段話都作:

將樂縣李延,家有六女,無男。其小女名寄,應募(指賣出去送給大蛇吃)欲行,父母不聽。寄曰:"父母無相!惟生六女,無有一男,雖有如無。女無緹縈濟父母之功,既不能供養,徒費衣食,生無所益,不如早死。賣寄之身,可得少錢,以供父母,豈不善耶?"

注譯者多注"無相"爲"没福氣。相,福相",譯"父母無相"爲"父母没福氣"

---

① 《成大中文學報》第6期,1985年5月。
② 載《歷史語言研究所集刊》第23本。

或"父母没有生男相"。檢《太平廣記》引《法苑珠林》"父母無相"作"父母無相留"。補一"留"字,李寄之語即上下貫通了。她是説父母不要留我,賣了我可以得錢供養父母。注譯者對此不作校勘,以誤本爲底本進行注譯,因此,注譯也相應出現了錯誤。

又如《永樂大典》卷七五一六録《宋范石湖大全集》中有范成大《奏乞蠲免大軍倉欠負劄子》佚文,其中有云:

> 臣竊考之,大軍一倉,創於紹興五年,至今已得三十六年,前後支過軍糧,無慮二千餘萬斛。

據宋黃震《慈溪黃氏分類日鈔》卷六七的轉述,范成大此文作於淳熙九年(1182),離紹興五年(1135)爲四十六周年,"三"爲"四"之誤。如果不據《日鈔》校勘《大典》本的訛誤,輯出的佚文也不是真正的原貌。

又如《韓非子·内儲説上》:

> 齊人有欲爲亂者,恐王知之,因詐逐所愛者,令走王知之。

檢舊注云:"佯逐所愛,令君知而不疑。"可見舊注所據古本"令"後本無"走"字。"令君"即"令王"。有"走"字,此句則不辭。周鍾靈等所編《韓非子索引》襲用誤本,仍有"走"字。據誤本爲底本編索引,索引也相應出現了錯誤。①

彙編、影印道理淺顯,在此不一一贅舉。

二、校勘與古籍研究

研究古籍與除校勘以外的七項整理古籍工作一樣,也要求有一個正確無誤的底本,因此,校勘也是古籍研究的先導工作。如研究哲學,現在都把"無爲而無不爲"的思想歸於老子。實際上,這是用現行版本《老子》作爲研究對象得出的結論。檢馬王堆帛書《老子》甲乙本,現行本《老子》中 11 處"無爲而無不爲"皆不存在,而只有"無爲"。可見現行本這 11 處並非《老子》原貌,而是經過後人改動的。由此可見,老子只有"無爲"的思想,而没有"無爲而無不爲"的思想。哲學家們以没有校勘的誤本爲底本研究老子而得出了錯誤的結論。②

又如研究文學,我們仍舉《李寄》爲例。如果要依從現行選本"父母無

---

① 詳見劉禾《據舊注校正文例》,文載《古籍整理研究學刊》1985 年第 4 期。
② 詳見高明《帛書〈老子〉甲乙本與今本〈老子〉校勘札記》,文載《文物資料叢刊》第 2 輯,文物出版社 1978 年版,頁 209。

相留"作"父母無相",李寄的性格形象就很不容易分析,説她孝順父母吧,她竟責駡父母没有福氣或没有生男相;説她是個封建家庭的叛逆者吧,她却能以身賣錢供養父母。要是以校勘過的正確底本爲研究對象的話,就不會有這樣的問題了。

又如研究歷史,殷商先公先王世系中歷來列有冥、振、微等。實際上,這是歷史學家根據有誤的通行本《史記·殷本紀》和《三代世表》列出來的,殷商先公先王中根本就没有"振"這個人。王國維根據甲骨文校定了"振"乃"核"或"垓"字之誤,正了底本,才澄清了歷史事實。①

三、校勘與閱讀欣賞

一般地閱讀欣賞古代作品也要求有一個文字上正確無誤的底本,因此,校勘也是閱讀欣賞古代作品的先導工作。如許多選本都選了的唐杜牧的名篇《寄揚州韓綽判官》:

青山隱隱水迢迢,秋盡江南草木凋。
二十四橋明月夜,玉人何處教吹簫?

我們讀這首詩,"青山遠水"、"明月"、"夜簫",多麽美麗動人的揚州風貌!然而,那"秋盡江南草木凋",却猶如一硯濃墨潑灑在這軸風景畫卷之上,令人大感索然。《全唐詩》如此作,②檢别本"木"有作"未"的。原來各選本中的"木"字是"未"字之訛。原句的意思是雖秋盡江南,而揚州仍然草木葱蘢,它正與"青山遠水"、"明月"、"夜簫"一起構成了一幅完美而又統一的畫面。如果對有誤底本不加校勘,閱讀欣賞古代作品自然也得不到應有的情趣。③

由上可見,無論是整理古籍還是研讀古籍,校勘都是首先要做的重要工作。

---

① 《觀堂集林》第九卷《殷卜辭中所見先公先王考》,中華書局 1959 年版,頁 416。

② 中華書局 1979 年版,第 16 册,頁 5682。

③ 詳見林同濟《兩字之差——再論李賀詩歌需要校勘》,文載《復旦學報》1979 年第 4 期。

第四節　校勘要運用各種知識

校勘一種古籍，首先要搜集各種版本，選擇底本、對校本和參校本，還要搜集各種其他校勘資料，這些工作都要運用版本學、目錄學的知識。

在具體的校勘實踐中，除了運用不同版本和其他校勘資料來發現問題和解決問題以外，還需要運用各種知識，如音韻學、文字學、訓詁學、語法學、文化學等等來發現問題和解決問題，以達到恢復古籍本來面貌的校勘目的。這裏先舉幾則運用語言學諸方面知識校勘的例子。

其一，運用音韻學知識校勘例：

《逸周書·時訓篇》：

水不冰，是謂陰負，地不始凍，咎徵之咎。雉不入大水，國多淫婦。王念孫校道："'咎徵之咎'，文不成義。此後人妄改之以就韻也。不知'負''婦'二字古皆讀如'否泰'之'否'，不與'咎'爲韻。《太平御覽》時序部十三引作'灾咎之徵'，是也。'徵'轉上聲，爲'宮商角徵羽'之'徵'，故'徵驗'之'徵'，亦轉而與'負''婦'爲韻。古人不以兩義兩音也。凡蒸、之二部之字古音或相通，上去二聲亦然。故《洪範》(《尚書》篇名)之'念用庶徵'，亦與'疑'爲韻。他若《鄭風》'雜佩以贈之'(《詩·女曰雞鳴》)，與'來'爲韻。宋玉《神女賦》'復見所夢'，與'喜'、'意'、'記'、'異'、'識'、'志'爲韻。《賈子·連語篇》'其離之若崩'，與'期'爲韻。皆其例也。"[①]

王氏這則校勘，除運用押韻以外，還用了"古讀"、"古人不以兩義兩音"、"凡蒸、之二部之字古音或相通"等古音知識。不十分精通音韻學，實難爲此校。

其二，運用現代語法學知識校勘例：

《呂氏春秋·決勝篇》：

巧拙之所以相過，以益民氣與奪民氣，以能鬭衆與不能鬭衆。

陳昌齊《呂氏春秋正誤》："'鬭'字下不得有'衆'字，蓋因下文誤衍。"陶鴻慶《讀諸子札記》："'鬭衆'二字皆當倒乙。"陳奇猷《呂氏春秋校釋》："'鬭'字用爲被動詞，猶言使之鬭。《商君書·外內》'以輕法戰之'，猶言以輕法使之戰；又'欲戰其民者'，猶言欲使其民戰者；《韓非子·外儲說右上》'其

[①] 《讀書雜志·逸周書第三》"咎徵之咎"條。

足以戰民乎'，猶言其足以使民戰乎？又'陳善田利宅所以戰士卒也'，猶言陳善田利宅所以使士卒戰也；本書《簡選》'驅市人而戰之'，猶言驅市人而使之戰。"

陳昌齊、陶鴻慶二家一以爲衍，一以爲倒，陳奇猷没有採取二家之説，運用現代語法學古漢語實詞使動用法的理論，舉例證明"鬭衆"並無衍、倒，徹底解決了這句的校勘問題，回復了古書的原貌。

有時一則之中需要同時運用多方面的知識才能解決問題，該用的不用則校勘結果就不能完善。如《離騷》：

　　索藑茅以筳篿兮，命靈氛爲余占之。曰兩美其必合兮，孰信脩而慕之。

《離騷》是韻文，而"慕"與上句的"占"不押韻，意思也不通。

郭沫若認爲"慕"當爲"莫□"二字，因下一字缺壞，寫者不慎，致與"莫"誤合爲一而成"慕"字。並説所缺之字，"耽"、"欽"、"琛"、"探"、"尋"、"朋"等必居其一。

聞一多《楚辭校補》進一步校道："郭沫若氏謂當爲'莫□'二字，因下一字缺壞，寫者不慎，致與'莫'誤合爲一而成'慕'字。案：郭説是也。唯謂所缺一字，'耽'、'欽'、'琛'、'探'、'尋'、'朋'等必居其一，則似不然。知之者，此字必其音能與'占'相叶，其義又與求美之事相應，此固不待論。而字形之下半尤必須能與'莫'相合而成'慕'。今郭氏所擬，音固合矣，義亦庶幾近之，於形則殆無一能與'莫'合而成'慕'者，於以知其不然。余嘗準兹三事以遍求諸與'占'同韻之侵部諸字中，則唯'念'足以當之。'念'缺其上半，以所遺之'心'上合於'莫'，即'慕'之古體'䒤'矣。念，思也，戀也。'孰信脩而莫念之'，與上下文義亦正相符契。郭氏殆失之眉睫耳。"

郭氏顧及音和義，而未顧及到形。聞氏試圖顧及音、形、義三者，但形、義顧及不周。因而郭在貽又予進一步校勘，他説："郭沫若、聞一多疑'慕'字當爲'莫□'二字之誤合爲一者，誠爲卓識；唯於所缺壞字之擬測，二氏均不免於'失之眉睫'。今謂此缺壞之字不煩別求，正是'心'字。何以知之？蓋以韻言，'心'與'占'古韻並隸侵部，二字相叶；以形言，'慕'字正是'莫心'二字之合體；以義言之，'心'字古有思念、思慮之義。似此，揆諸形、音、義三者而無一不合，則其爲'心'字當無疑義矣。"接著郭在貽揭示了關鍵問題"心"字的古義。"《詩·鄭風·子衿》：'青青子衿，悠悠我心。'鄭《箋》釋'心'爲'思'。又下文云'青青子衿，悠悠我思'，'心'、'思'

對文,明'心'即思義。"下文還有九例,令人信服。①

郭沫若、聞一多、郭在貽三人相繼運用了音韻學、文字學、訓詁學等多方面的知識才一步步地解決了《離騷》的這一校勘難題。

校勘需要運用各種知識,這就要求校者必須具備廣博的知識。顏之推說:"觀天下書未遍,不得妄下雌黃。"②話雖有過分之嫌,但強調校者必須具備廣博的知識則是完全正確的。

第五節 古今人校勘條件的對比

古人校勘古書有一個優越於今人的條件,即不需要再花氣力去先學習古代漢語,而今人校勘古書則要花氣力去學好古代漢語。有些同志,特別是一些年輕同志即認爲今人校勘古書難於古人,這種認識是不全面的。因爲,今人校勘古書優越於古人的條件要比古人校勘古書優越於今人的條件多得多。下面試條列予以說明。

一、尊重科學的社會精神給今人校勘提供了貫徹校勘原則的保障

校勘的原則是存真復原,現代尊重科學的社會精神爲徹底貫徹校勘的原則提供了保障。比如在校勘中發現了訛誤就改正,不訛的就保留,這正是現代科學精神所要求做到的。但是,在古代,校勘原則的貫徹却會受到統治者的干擾。如清代編校《四庫全書》時,乾隆就曾下過改書之令:

> 關帝在當時力扶炎漢,志節凜然,乃史書所誣,並非嘉名。陳壽於蜀漢有嫌,所撰《三國志》多存私見,遂不爲之論定,豈得謂公?從

---

① 詳參郭在貽《訓詁叢稿·〈楚辭〉解詁》,上海古籍出版社1985年版,頁17。
② 《顏氏家訓·勉學篇》。李笠《廣段玉裁論校書之難》說:"顏之推云:'校定書籍,亦何容易!自揚雄、劉向,方稱此職耳。觀天下書未徧,不得妄下雌黃。或彼以爲非,此以爲是;或本同末異;或兩文皆欠,不可偏信一隅也。'(《顏氏家訓·勉學篇》)此言特形容校書之難耳。其實天下書何能遍觀?以此爲鵠,豈非過當乎?校勘之事,學識之準備雖爲必要條件,然亦有不在學識範圍之內者。雖以揚、劉之博學,亦不能必校書之無訛也。但持一端,以該其餘,豈非猶未徹底乎?鮑彪云:'校書如塵埃風葉,隨掃隨有。'(《戰國策序》)此豈盡屬學識不濟,蓋吾人體力有強疲,心神有愉憂,倘注意偶不能周,心理忽起變化,則將視而無覩,或竟是非倒置。……此塵埃風葉之喻所由來也。"(中山大學《語言文學專刊》1卷2期)

前世祖章皇帝曾降諭旨,封爲忠義神武大帝,……而正史猶存舊謚,隱寓譏評,非所以傳信萬世也。今當鈔錄《四庫全書》,不可相沿陋習。所有志内關帝之謚,應改爲忠義。第本傳相沿已久,民間所行必廣,難於更易。著交武英殿,將此旨刊載傳末,用垂久遠。其官版及内府陳設書籍,並著改刊;此旨一體增入。①

關羽謚"壯繆",據《史記正義·謚法解》,"名與實爽(不副)曰繆",則"繆"謚爲貶謚,乾隆以爲這是陳壽私見,竟下令改書。乾隆還曾下令四庫館臣改譯《遼史》《金史》《元史》人、地、官名,並把這種改譯後的名稱貫徹到《四庫全書》有關的各書中。於是,"阿保機"變成了"安巴堅","唃厮囉"變成了"嘉勒斯賚",這種改譯完全違背了校勘原則。

二、圖書的公有給今人校勘搜集利用資料提供了方便

現在大多數的古籍圖書都藏於國家圖書館,供全社會使用。國家圖書館的大量藏書,爲我們搜集利用校勘的資料提供了極其方便的條件。而在古代很多書都在私人之手,想借閱則是非常困難的。宋周煇《清波雜志》載,唐杜暹藏書萬卷,每卷後均題有"清俸寫來手自校,子孫讀之知聖教,鬻及借人爲不孝"之語。其後,歷代皆有"借書不孝"之聞。明清浙東藏書第一大家范欽藏書53,000多卷,"司馬歿後,封閉甚嚴,繼乃子孫各房相約爲例:凡閣櫥鎖鑰,分房掌之。禁以書下閣梯,非各房子孫齊至,不開鎖。子孫無故開門入閣者,罰不與祭三次;私領親友入閣及擅開櫥者,罰不與祭一年;擅將書借出者,罰不與祭三年;因而典鬻者,永擯逐不與祭。"②根據這些記載,我們知道古人要搜集利用藏於私人之手的圖書資料是何等的不易。古代也有官家藏書,但這些官藏書實質上也是私人藏書,一般人根本無法借閱。

三、校勘學的建立與逐步完善給今人的校勘實踐提供了理論指導

現代已建立起了校勘學,並正在逐步完善。這種系統的校勘理論可以指導具體的校勘實踐。而古人重意會不重言傳,沒有建立起一門獨立

---

① 乾隆四十一年(1776)七月二十六日諭旨。
② 阮元《天一閣書目序》。

系統的校勘學,因此,校勘缺乏系統理論的指導。

四、校勘成果的大量積累給今人校勘提供了借鑒

古籍經過歷代整理,積累了大量的校勘成果。借鑒這些成果做校勘工作,當然要比古人省力而更容易取得較大的成就。如《吕氏春秋》現存有畢沅、梁玉繩、陳昌齊、王念孫、俞樾、陶鴻慶、劉師培、蔣維喬、許維遹等數十家校勘成果。陳奇猷借鑒這些成果進一步校理《吕氏春秋》,20世紀80年代寫成了《吕氏春秋校釋》[1],因而能成"實是五十年來唯一僅見之第一流著作"。[2]

五、大量的出土文物給今人校勘提供了新的資料

自1898年河南安陽商朝都城遺址發現甲骨文、1900年敦煌洞開以來,至今百餘年已陸續出土了大量的甲骨文及鼎彝、簡冊、帛書、碑銘、墓誌、文書等珍貴資料,這些古人校勘所未能見到的出土文物給今人校勘提供了新的資料。如《戰國策・趙策四》"左師觸讋願見太后"之語,《史記・趙世家》《漢書・古今人表》"觸讋"皆作"觸龍",雖前人已有力辯當作"觸龍",[3]但人們仍以"觸讋"爲是。1973年12月長沙馬王堆三號漢墓出土了帛書《戰國縱橫家書》,其第十八章正有"左師觸龍言願見"之語。此帛書約爲漢高祖後期或漢惠帝時的寫本,成書早於成帝時劉向編定的《戰國策》,也早於司馬遷的《史記》,而且它深埋地下一千七百多年未經後人竄改,當更符合歷史實際。因此,"龍""讋"之爭可作一結:"讋"本爲"龍言"二字,因直書兩字近而誤合爲一字。出土文物用於校勘的實例很多,請參第四章《校勘的先導工作》第二節《搜集其他校勘資料》和第五章《校勘的方法》第五節《關於文物校勘法》二節,此不贅舉。

六、自然科學的發展給今人校勘實現現代化提供了可能

隨著科學技術的發展,電腦(計算機)、網絡技術已引入了古籍整理的領域。深圳大學率先做了這種嘗試。他們已把《紅樓夢》按語言文字等六

---

① 學林出版社1984年版。

② 《孫楷第先生談〈吕氏春秋校釋〉》,《上海出版工作》第4期。轉引自李葆瑞《讀〈吕氏春秋校釋〉》,文載《古籍整理研究學刊》1985年第1期。

③ 《讀書雜志・戰國策第二》"觸讋"條。

個專題輸入了計算機。① 八十年代以來,包括大陸、臺灣、香港在内,許多大學古籍整理研究所和其他古籍整理研究機構以及一些古籍整理工作者個人,力趕時代的步伐,在運用電腦進行古籍整理研究方面做了深入的探索與研究,取得了可喜的成果。網絡開發商、電子圖書開發商,已開發了大量古籍,網絡古籍資源、光盤古籍資源都在迅速增加。就校勘來説,目前已可以通過電腦利用諸資源進行對校、本校、他校、理校,特别是對校、本校尤其速便。查找他校、理校資料也比翻檢紙本書籍快捷。但是目前的網絡古籍、光盤古籍不少校對質量不高,只能作爲查檢資料的輔助工具,而不能作爲一種校勘的版本。不過,我們相信,通過專家的努力,校勘工作的完全現代化是會實現的。②

由上可見,古人校勘有優越於今人的地方,但是今人校勘優越於古人的地方却大大超過了古人校勘優越於今人的地方。因此,今人一定可以做好校勘工作,而且一定會超越前人。我們強調這一點,對正在從事校勘工作和有志於參加到校勘工作這一行列中來的年輕同志尤爲重要。

練習題
1. 什麽是校勘學?
2. 校勘學與校讎學的關係如何?
3. 校勘工作者需要具備哪些知識素養?
4. 古今校勘條件有哪些不同?

---

① (一)語言方面:1.單音詞、雙音詞,2.四字格成語,3.助詞,4.副詞,5.介詞,6.連詞,7.象聲詞,8.量詞,9.代詞;(二)寫作方法方面:1.二十四種常用修辭法,2.愛情描寫,3.心理描寫,4.外貌描寫,5.景物描寫;(三)文藝方面:1.詩詞,2.戲曲,音樂、繪畫,3.對聯、謎語、酒令;(四)文化方面:1.古代教育,2.古代典籍,3.鬼神巫術,4.園林建築;(五)生活方面:1.服裝,2.飲食,3.生活用具,4.室内陳設,5.珍奇玩好,6.醫藥保健;(六)索引:1.官爵索引,2.人名索引。

② 請參第十二章《電腦網絡技術在校勘中的運用》。

第二章 校勘簡史

校讎、校讎史以及目録學等相關著作有不少涉及校勘史的内容，如胡樸安、胡道静的《校讎學》，蔣元卿的《校讎學史》，姚名達的《中國目録學史》等。也有一些對校勘史進行專題專人探討的論文。下據各家並個人研究，分期對校勘史做一簡要的描述，亦對校勘學的發展予以總結，以期從史的角度爲校勘工作提供經驗與教訓的借鑑。

第一節 周秦的校勘

唐劉知幾《史通·書志篇》曰："伏羲已降，文籍始備。"經籍傳世既久，訛誤實是難免。爲了使書籍保持原貌，校勘工作就應運而生了。周秦時代離今雖已久遠，但在古籍中還可以看到當時一些校勘實例的記載。
《國語·魯語下》：
　　昔正考父校商之名《頌》十二篇於周太師，以《那》爲首。
昔指宋戴公之時（前799—前766）。宋是商紂哥哥微子啓的封地，所以還保有《商頌》。從微子啓到戴公已經歷了七代。所存《商頌》十二篇已有訛誤錯亂，所以正考父用周太史的藏本進行校正，並定其篇次，把《那》篇作爲首篇。① 這是今天可以見到的史料所記載的最早的校勘實例。
正考父（孔子七世祖）再七代以後，生於衰周的孔子，因爲"先王典籍

---

① 《詩經·商頌·那》小序載此事，孔穎達《毛詩正義·商頌譜》疏曰："言校者，宋之禮樂雖則亡散，猶有此詩之本。考父恐其舛謬，故就太師校之也。"又《那》疏曰："《國語》云'校商之名《頌》十二篇'，此云'得《商頌》十二篇'，謂於周之太師校定真僞，是從太師而得之也。"又，今《詩經·商頌》五篇，《那》《列祖》《玄鳥》《長發》《殷式》，《那》仍爲首。

錯亂無紀,而乃論百家之遺記,考正其義,祖述堯舜,憲章文武,刪《詩》、述《書》、定《禮》、理《樂》、制作《春秋》、讚明《易》道",①這種比較系統地正"先王典籍錯亂",其中即包括著大量的校勘工作。現存史料亦可證明這一點。

《公羊傳·昭公十二年》:

"伯于陽"者何?公子陽生也。子曰:"我乃知之矣。"

何休《解詁》:

子謂孔子。乃,乃是歲也。時孔子年二十三,具知其事,後作《春秋》。案史記知"公"誤爲"伯","子"誤爲"于","陽"在(不誤),"生"刊滅闕。

孔子當曾對《春秋》做過校勘,故一問即知其誤。

《公羊傳》下文又說:

在側者曰:"子苟知之,何以不革?"曰:"如爾所不知何?"

何休説:

此夫子欲爲後人法,不欲令人妄億(臆)錯。

可見夫子校勘有自己的一套原則。

孔子還爲校勘培養了人才,子夏就是他的一個善於校勘的門生。

《呂氏春秋·察傳》:

子夏之晉,過衛,有讀《史記》者曰:"晉三豕過河。"子夏曰:"非也,是己亥也。夫'己'與'三'相近,'豕'與'亥'相似。"至於晉而問之,則曰晉師己亥涉河也。

"己",《説文》古文作"㠯",脱壞了兩小豎,便誤爲"三"。"亥",《説文》古文作"亥","豕"作"豕",形體非常相近,許慎也説"亥爲豕"。所以子夏根據文字的形體和當時記日體例(天干地支相配)加以校勘,從而糾正了史書之誤。

周秦時代校勘事業的詳情,由於現存古書沒有更多的記載而難以考清,但有一點可以肯定,這個時代的校勘是後代校勘的源頭。

第二節　兩漢的校勘

戰國時代,思想活躍,學術繁榮。雖有"諸侯惡其害己也,而皆去其

---

① 《孔子家語·本姓解》。

籍"之聞,①但這畢竟不是主流。秦併六國,統一天下,秦始皇爲消滅異己、鞏固自己的統治,採納了丞相李斯的建議,"史官非秦記皆燒之。非博士官所職,天下敢有藏《詩》《書》、百家語者,悉詣守、尉雜燒之。"②漢有天下,惠帝(劉盈)除挾書之禁以後,"大收篇籍,廣開獻書之路。"③"百年之間,書積如山。"④因秦火餘,所搜集之書多出自民間,訛重缺損可以想見,必得有一次整理不可,因而開始了漢代第一次比較大規模的官家校書。

漢成帝(劉驁)河平二年(前26)秋八月,詔光禄大夫劉向校經傳、諸子、詩賦,步兵校尉任宏校兵書,太史令尹咸校數術,侍醫李柱國校方技,⑤各以專家分任校理。還有長社尉杜參,⑥諫大夫班斿等參於校理。⑦成帝綏和二年(前7),劉向卒,成帝崩,哀帝(劉欣)即位,詔向子歆完成父業。⑧

中國古代學術的一大特點是多實踐而少理論。我國第一次大規模的由劉氏父子典領的官家校理書籍,做出了很大成就,但並没有留下多少理論,十分可惜。我們今天只能從前人輯存的十來篇《叙録》,包括《荀子》《管子》《晏子》《列子》《鄧析子》《説苑》《戰國策》《山海經》《老子》(殘)、《韓非子》(殘)等和有關記載中考見其大較。下面從校勘條件、方式、内容、方法和目的五個方面對這次校書加以介紹。

一、校勘條件

這次校書創造的校勘條件有三:

(1) 廣羅衆本　所校每種書由於經過輾轉相鈔有多種本子,所以在校勘之前,必先廣羅異本。《列子叙録》説:"臣向言:所校中書《列子》五篇,臣向僅與長社尉臣參校讎太常書三篇,太史書四篇,臣向書六篇,臣參書二篇,内外書凡二十篇,以校。"通過比較各本,才能辨别真僞,考訂謬

---

① 《孟子·萬章下》。
② 《史記·秦始皇本紀》。
③ 《漢書·藝文志》。
④ 《文選·任彦昇〈爲范始興作求立太宰碑表〉》注引《七略》。
⑤ 參《漢書·藝文志》。
⑥ 見晏、列二子《叙録》及《漢書·藝文志》注引《别録》。
⑦ 見《漢書叙傳》。
⑧ 參《漢書·藝文志》。

誤,擇善而從。

(2) 選用名家校自己通曉之書　《漢書·藝文志》説漢成帝河平三年"詔光禄大夫劉向校經傳、諸子、詩賦,步兵校尉任宏校兵書,太史令尹咸校數術,侍醫李柱國校方技。"這種專家校專書是用力既少而校勘必精的極佳辦法。

(3) 具有較好的環境和充裕的時間　校勘工作必須從容不迫,周密思考,較好的環境和充裕的時間是必備的條件。《隋書·經籍志》説:"向卒後,哀帝使其子歆嗣父之業。乃徙温室中書於天禄閣上。"温室是西漢官府的校書之地,天禄是西漢官府的藏書之所,温室與天禄相鄰,便於取書入庫,同時温室又具備寬敞雅静的環境,可使學者專心致志不受干擾地工作。據《漢書·藝文志》載,劉氏父子領校古書的時間長達三十餘年,可見是有充足的時間的。

二、校勘方式

其方式主要有兩種。一是一人校上下,一是兩人一讀一校。

三、校勘内容

(1) 校正書篇的脱缺、重復和錯亂　脱缺者,如《易經叙録》:"臣向以中《古文易經》校《施》《孟》《梁丘經》,或脱去《無咎》《悔亡》,唯《費氏經》與古文同。"重復者,如《孫卿叙録》:"臣向言:所校讎中《孫卿書》凡三百三十二篇,以相校,除重復二百九十篇,定著三十二篇,皆已定。"錯亂者,如《戰國策叙録》:"臣向言:所校中《戰國策》書,中書餘卷,錯亂相糅莒。又有國别者八,篇少不足,臣向因國别者,略以時次之;分别不以序者,以相補;除復重,得三十三篇。"

(2) 校正章節的重復錯亂　重復者,如《晏子叙録》:"凡中外書三十篇,爲八百三十八章,除復重二十二篇,六百三十八章,定著八篇,二百一十五章。外書無有三十六章,中書無有七十一章。中外皆有,以相定。"錯亂者,如《列子叙録》:"内外書凡二十篇,以校,除重復十二篇,定著八篇。中書多,外書少,章亂布在諸篇中。"

(3) 校正簡的脱缺　如《尚書歐陽經叙録》:"臣向以中古文校《歐陽》《大、小夏侯》三家經文,《酒誥》脱簡一,《召誥》脱簡二。"

(4) 校正章句的次序、錯亂和謬誤　如《説苑叙録》:"臣向言:所校中書《說苑雜事》……校讎其事類衆多，章句相涊，或上下謬亂，難分別次序。除去與《新序》復重者……更以造新事十萬言。"

（5）訂正字的脫、誤　脫者，如《尚書歐陽經叙錄》："率簡二十五字者，脫亦二十五字，簡二十二字者，脫亦二十二字。文字異者七百有餘，脫字數十。"誤者，如《戰國策叙錄》："本字多誤脫爲半字，以趙爲肖、以齊爲立，如此字者多。"

（6）存異文　如《晏子叙錄》："又有復重，文辭頗異，不敢遺失，復列以爲一篇。"

四、校勘方法

（1）比照異本，擇善而從　如《列子叙錄》："校讎從中書，已定。"

（2）考察章句，推敲義理　如《晏子叙錄》："其書六篇，皆忠諫其君，文章可觀，義理可法，皆合《六經》之義。又有復重，文辭頗異，不敢遺失，復以爲一篇。"疑似之處以存異，正是校勘家必備的謹慎態度。

（3）重視異本，不輕他書　如劉向等在校《師曠》後說："見《春秋》，其言淺薄，本與此同，似因託也。"①可見他們在運用異本對校的同時，也用了他書進行他校。

運用語言的規律校書也見端倪。如劉向等在《天乙》中說："天乙謂湯，其言非殷時，皆依託也。"②又如《晏子叙錄》："中書以'夭'爲'芳'，'又'爲'備'，'先'爲'牛'，'章'爲'長'，如此類者多。"

五、校勘目的

劉歆《移書讓太常博士》說："孝成皇帝閔學殘文缺，稍離其真，乃陳發祕臧（藏），校理舊文。"可見這次校書的目的正是要求古本之真。至於校勘的作用那是不言而喻的了。

王莽亂後，光武（劉秀）中興，自此以後，書籍三倍於前，③收藏既富，又要加以校理。明、章二帝（劉莊、劉炟）先後詔班固、傅毅典校群書，《漢書·藝文志》就是班固把他人和自己的校勘成果加以總結寫成的專著，開創了正史立"志"的先河。

---

① 　《七略》佚文。
② 　《七略》佚文。
③ 　參《後漢書·儒林傳》。

靈帝(劉宏)時，蔡邕拜郎中，校書東觀(藏書處)。蔡邕"以經籍去聖久遠，文字多謬，俗儒穿鑿，疑誤後學，熹平四年(175)乃與五官中郎將堂谿典，光禄大夫楊賜，諫議大夫馬日磾，議郎張馴、韓説，太史令單颺等，奏求正定六經文字。靈帝許之。邕乃自書丹(隸體)於碑，使工鐫刻，立於(洛陽)太學門外。於是後儒晚學，咸取正焉。"①這就是後世所稱的"熹平石經"。有了石經，則有了定本。一者，天下可以此爲藍本勘正自己書籍的錯誤；二者，可以長久保存。據載，石經始立時，觀看及摹寫者，車乘日千餘輛，填塞街陌。石經確是校勘史上的一個創舉，後代多有仿作。

據姚名達《中國目錄學史·校讎篇》統計，兩漢官家校書共七次，②以上我們選擇了其中規模較大意義較深的三次加以介紹。

下面談談私家校書。

私家校書，雖從孔子始，但至東漢末爲止，成就較大而可參考的則是東漢的鄭玄。

鄭玄一生"注《周易》《尚書》《毛詩》《儀禮》《禮記》《論語》《孝經》《尚書大傳》《尚書中候》《乾象曆》"衆經籍，③爲後世所稱道，而其中一個重要原因是他能夠"囊括大典，網羅衆家，删裁繁誣，刊改漏失"。④鄭氏注書對誤脱衍錯皆有校正。

(1) 校誤字

《周禮·天官·腊人》：

> 凡祭祀，共豆脯、薦脯。

鄭注：

> 脯非豆實，豆當爲羞，聲之誤也。

孔穎達疏證鄭説云：

> 鄭云：未飲未食曰薦，已飲已食曰羞。羞薦相對，下既言薦脯，明上當言羞脯也。

鄭玄注中這種從語音角度校勘誤字者頗多，實在難能可貴。

(2) 校脱文

《禮記·祭義》：

---

① 《後漢書·蔡邕傳》。
② 上海書店1984年版，頁171—173。
③ 《後漢書·鄭玄傳》。
④ 《後漢書·鄭玄傳》。

霜露既降，君子履之，必有悽愴之心。

鄭注：

霜露既降，《禮》《《周禮》》説在秋，此無"秋"字，蓋脱爾。

(3) 校衍文

《儀禮·大射》：

公降，立于阼階之東南，南鄉。小臣師(待宴飲者)詔揖諸公卿大夫，諸公卿大夫西面，北上。揖大夫，大夫皆少進。

鄭注：

上言大夫，誤衍耳。

(4) 校錯亂

《禮記·玉藻》：

而素帶，終辟。大夫素帶，辟垂。士練帶，率(通繂，粗繩索)下辟。居士錦帶，弟子縞帶，並紐約用組。……天子素帶，朱裏，終辟。

鄭於"並紐約用組"後注：

此自"而素帶"，亂脱在是耳。宜承"朱裏，終辟"。

"朱裏，終辟"是天子服儀。鄭以爲"而素帶、終辟"是記諸侯之服儀，本應置於天子之服儀下，以移於下文"天子素帶，朱裏，終辟"之下爲是。

段玉裁在《經義雜記序》裏給鄭玄校書做了很高的評價，他説："校書何放(通昉，起始)乎？放於孔子、子夏。自孔、卜而後，漢成帝時劉向及任宏、尹咸、李柱國各顯所能奏上。向卒，歆終其業。於時有讎有校，有竹有素。益綦詳焉。而千古大業，未有盛於鄭康成氏者也。……鄭君之學，不主於墨守，而主於兼綜；不主於兼綜，而主於獨斷。其於經字之當定者，必相其文義之離合，審其音韻之遠近，以定衆説之是非，而以己説爲之補正。凡擬其音者，例曰讀如、讀若，音同而義略可知也。凡易其字者，例曰讀爲、讀曰，謂易之以音相近之字而義乃憭然也。凡審知爲聲相近若形相似二者之誤，則曰當爲，謂非六書假借而轉爲紕繆者也。漢人作注，皆不離此三者，惟鄭君獨探其本原。"

今人張舜徽著《鄭氏校讎學發微》，從校讎學的角度對鄭玄的校書成就做了專門總結，共12個方面：一是辨章六藝，即明辨六經之體用；二是注述舊典，理董群書；三是條理禮書，使之部秩井然；四是叙次篇目，在目錄學方面有突出創見；五是廣羅異本，比較異同，細心讎對；六是擇善而從，不拘於師法家法和今古文；七是博綜衆説，舍短取長，不以先入者爲主；八是求同存異，自申己見；九是考辨遺編，審定真僞；十是校正錯簡；十一是補脱訂訛；十二是審音定字。張論更加全面而中肯。

第三節　魏晉南北朝隋的校勘

這一時期，校勘實績難以考清。據史書記載統計，官家校書大小加起來約有 20 次之多，其中：魏吴兩晉 6 次，南北朝 10 餘次，隋 4 次。① 據後人研究，這一時期主要是編撰目録，因而目録學自此而發端並發展起來了。魏鄭默著有《中經》，西晉荀勖據《中經》另著《新簿》，總括群書，爲甲、乙、丙、丁四部，一曰甲部，紀六藝及小學等書；二曰乙部，有古諸子家、近世子家、兵書、兵家、術數，三曰景（丙）部，有史記、舊事、皇覽簿、雜事；四曰丁部，有詩賦、圖讚、汲冢書。② 東晉李充撰《晉元帝書目》，重分四部：五經爲甲部，史記爲乙部，諸子爲丙部，詩賦爲丁部。而經、史、子、集之次始定。③ 隋牛弘上表請搜訪善本，著《開皇四年四部目録》。又有柳䚮《隋大業正御書目録》等。這一時期目録著作甚多，據統計有 29 種，但今尚無一存。因而也就無法考見在編目録之前的校勘情況了。史書只言片語的記載，於此不再贅引。

這一時期史書記載較爲詳細而又最有意義的官家校書工作要算是汲冢書的校理。私家校書成就較大而文獻仍存可考者有西晉的杜預、劉宋的裴駰和北齊的顔之推。裴駰我們留到下節講，其餘於此分別介紹。

一、汲冢書的校理

《晉書·武帝紀》載：武帝（司馬炎）咸寧五年（279）冬十月戊寅，"汲郡（今河南汲縣）人不準掘魏襄王（前 319—前 296 在位）冢，得竹簡小篆古書十餘萬言，藏于秘府。"《束晳傳》載共有《紀年》等 16 種書，75 篇。④ 但

---

① 參姚名達《中國目録學史·校讎篇》。
② 參《隋書·經籍志》。
③ 參錢大昕《元史·藝文志·序》。
④ 《紀年》十三篇，《易經》二篇，《易繇陰陽卦》二篇，《卦下易經》一篇，《公孫段》二篇，《國語》三篇，《名》三篇，《師春》一篇，《瑣語》十一篇，《梁丘藏》一篇，《繳書》二篇，《生封》一篇，《大曆》二篇，《穆天子傳》五篇，《圖詩》一篇。又雜書十九篇：《周食田法》《周書》《論楚事》《周穆王美人盛姬死事》。大凡七十五篇，七篇簡書折壞，不識名題。

是，一者這 75 篇皆爲古文，要寫成今文，方可爲一般人閱讀；一者不準初發冢之時，"燒策照取寶物，及官收之，多燼簡斷札，文既殘缺，不復詮次。"因而"武帝以其書付祕書校綴次第，尋考指歸，而以今文寫之"。

據近人朱希祖《汲冢書考》考證，汲冢書的編校寫定，始於太康二年（281），訖於永康元年（300），共三次，前後約經歷了 20 年，可考參加校理的有荀勗、束皙等 17 人。

由於當時諸儒的努力校理，使得埋在地下近 600 年的珍貴文獻得以重見天日，不能說這不是校勘史上的一件大事。可惜此書北宋已佚，今只有輯本數種，而難窺全豹。

二、杜預、顏之推

（一）杜預

杜預有感於"自古已來，諸論《春秋》者多違謬，或造家術，或用黃帝已來諸曆，以推經傳朔日，皆不諧合"，以致"各據其學，以推《春秋》，度己之跡，而欲削他人之足也"，著《春秋長曆》一書，以甄發諸經傳之失閏，這是杜預著書的本意。然而，他在做《春秋左氏傳集解》時，却把《長曆》的成果運用於文字的校勘並取得了可喜的成績，從方法論上說這實際上是一種創新。下舉一例以見之。

《左傳·襄公九年》：

> 晉人不得志於鄭，以諸侯復伐之。十二月癸亥，門其三門。閏月，戊寅，濟于陰阪，侵鄭。

杜預注：

> 以《長曆》參校上下，此年不得有閏月戊寅。戊寅是十二月二十日。疑"閏月"當爲"門五日"，"五"字上與"門"合爲"閏"，則後學者自然轉"日"爲"月"。晉人三番四軍，更攻鄭門，門各五日，晉各一攻，鄭三受敵，欲以苦之。癸亥去戊寅十六日，以癸亥始攻，攻輒五日，凡十五日。鄭故不服而去。明日戊寅，濟于陰阪，復侵鄭外邑。

（二）顏之推

顏之推是"當時南北兩朝最通博最有思想的學者"。[①] 文字、訓詁、聲韻、校勘都是他的擅長。他的《顏氏家訓·書證篇》有許多精到的校勘。

[①] 范文瀾《中國通史》第二册，人民出版社 1949 年版，頁 665。

現擇其要者條列於下。

《書證篇》說：

"也"，是語已及助句之辭，文籍備有之矣。河北經傳，悉略此字，其間字有不可得無者，……儻削此文，頗成廢闕。《詩》(《鄭風·子衿》)①言："青青子衿。"傳曰："青衿，青領也，學子之服。"按：古者，斜領下連於衿，故謂領爲衿。孫炎、郭璞注《爾雅》，曹大家注《列女傳》，並云："衿，交領也。"鄴下《詩》本，既無"也"字，群儒因謬說云："青衿、青領，是衣兩處之名，皆以青爲飾。"用釋"青青"二字，其失大矣！又有俗學，聞經傳中時須"也"字，輒以意加之，每不得所，益成可笑。

這是據語法來校勘脫文、衍文的。又：

"簡策"字，竹下施束。末代隸書，似"杞宋"之"宋"，亦有"竹"下遂爲"夾"者，猶如"刺"字之傍應爲"束"，今亦作"夾"。徐仙民(邈)《春秋禮音》，遂以"筴"爲正字，以"策"爲音，殊爲顛倒。

這是從字形發展的訛變來校勘誤字的。又：

《太史公記》曰："寧爲雞口，無爲牛後。"(《蘇秦傳》)此是删《戰國策》耳。案：(漢)延篤《戰國策音義》曰："尸，雞中之王。從，牛子。"然則"口"當爲"尸"，"後"當爲從，俗寫誤也。

這是通過注文來校勘誤字的。又：

《太史公》論英布曰："禍之興自愛姬，生於妬媚，以至滅國。"(《黥布傳》)又《漢書·外戚傳》亦云："成結寵妾妬媚之誅。"此二"媚"並當作"媢"，"媢"亦妬也，義見《禮記》《三蒼》。且《五宗世家》亦云："常山憲王后妬媢。"王充《論衡》云："妬夫媢婦生，則忿怒鬬訟。"(《論死篇》)益知媢是妬之別名。原英布之誅爲意貫赫耳。不得言媚。

這是通過同義詞的訓詁來校勘誤字的。又：

《史記·始皇本紀》："二十八年，丞相隗林、丞相王綰等，議於海上(東海之濱)。"諸本皆作"山林"之"林"。開皇二年(582)五月，長安民掘得秦時鐵稱權，旁有銅塗鐫銘二所。其一所曰："廿六年，皇帝盡并兼天下諸侯，黔首大安。立號爲皇帝，乃詔丞相狀、綰，灋度量則不壹(同壹)歉(通嫌)疑者，皆明壹之。"……其書兼爲古隸。余被敕寫讀之，與內史令李德林對，見此稱權，今在官庫。其"丞相狀"字，乃爲

---

① 所引《書證篇》原文中的括注，皆爲引者所加。

"狀貌"之"狀","爿"旁作"犬";則知俗作"隗林"非也,當爲"隗狀"耳。
這是利用出土文物來校勘誤字的。又:

　　《後漢書》:酷吏樊曄爲天水郡(今在甘肅)守,涼州爲之歌曰:"寧見乳虎穴,不入冀府寺。"而江南書本"穴"皆誤作"六"。學士因循,迷而不寤。夫虎豹穴居,事之較者;所以班超云:"不探虎穴,安得虎子?"寧當論其六七耶?

這是利用不同版本來校勘誤字的。又:

　　《古樂府》歌詞,先述三子,次及三婦,婦是對舅姑(夫之父母)之稱。其末章云:"丈人且安坐,調絃未遽央。"古者,子婦供事舅姑,旦夕在側,與兒女無異,故有此言,丈人亦長老之目,今世俗猶呼其祖考爲先亡丈人。又疑"丈"當作"大",北間風俗,婦呼舅爲大人公。"丈"之與"大",易爲誤耳。

這是以方言來校勘誤字的。又:

　　《古樂府》歌百里奚詞曰:"百里奚,五羊皮。憶別時,烹伏雌(孵卵的母雞),吹扊扅;今日富貴忘我爲!"①"吹"當作"炊煮"之"炊"。案:蔡邕《月令章句》曰:"鍵,關牡也,所以止扉,或謂之剡移。"然則當時貧困,並以門牡木作薪炊耳。《聲類》(魏李登撰音書,佚。)作"扊",又或作"扅"。

這是引用古訓詁書來校勘誤字的。
　　可見顏氏校勘已能運用多種材料、多種方法了。除此,顏氏校勘的態度也很審慎,他説:"校定書籍,亦何容易!自揚雄、劉向,方稱此職耳。觀天下書未徧,不得妄下雌黃。或彼以爲非,此以爲是;或本同末異;或兩文皆欠,不可偏信一隅也。"②

第四節　唐五代的校勘

　　唐代先後校書四次。
　　第一次,從太宗(李世民)貞觀(627—649)至高宗(李治)上元(674—

---

①　《史記·秦本紀》載:晉獻公滅虞,虜虞大夫百里傒(奚)。既虜百里傒,以爲秦繆公夫人媵於秦。百里傒亡秦走宛,楚鄙人執之。繆公聞百里傒賢,請以五羖羊皮贖之,繆公授之國政,號曰五羖大夫。

②　《顏氏家訓·勉學篇》。

675)初。

　　唐太宗貞觀二年，祕書監魏徵以喪亂之後典章紛雜，奏引學者校定四部書。太宗乃命魏徵主其事。魏徵置讎校 20 人，書手 100 人，開始了唐代第一次校書工作。這次校書除魏徵以外，先後詔令主其事或參與校理的人還有虞世南、顏師古、趙仁本、李懷儼、張文瓘、崔行功等，至高宗上元初告一段落，前後共歷時 47 年。這是唐代校書歷時最長的一次。

　　第二次，在玄宗(李隆基)開元年間(713—741)。

　　這次先後由褚無量、馬懷素、元行沖等主其事；盧僎、陸去泰、王擇從、徐楚璧、嚴知章、韋述、毋煚、余欽、殷踐猷、王愜、劉彥直、王灣、劉仲丘等參與校理，歷時十數年。這次校理的結果，主要編纂了《群書四錄》，此目錄收書 48,169 卷，2,655 部，書目多至 200 卷。這是唐代校書規模最大的一次。①

　　第三次，在德宗(李适〔kuò〕)貞元年間(785—804)。

　　史載開元十九年集賢院藏書已有 89,000 卷，但安史之亂後，又多散佚。祕書少監陳京為集賢學士，奏以祕書官六員隸殿內，而刊校益理，求遺書，凡增繕者，乃作藝文新志制為之名曰《貞元御府群書新錄》。②

　　第四次，在文宗(李昂)開成年間(836—840)。

　　文宗時，鄭覃侍講禁中，以經籍道喪，屢以為言。詔令祕閣搜訪遺文，日令添寫。開成初，四部至 56,476 卷。③ 於是四部之書復全，分藏於 12 庫。④

　　五代亦有校書記載，如後唐至後周校正《九經》，後漢校勘《周禮》《儀禮》《公羊》《穀梁》四經，後周校《經典釋文》等，但都是小規模的校勘。

　　唐五代為了使文字在流傳中不易訛誤，採取了以下幾種方法，頗值得一提。

一、校成定本，刻成石經，使經有準文

　　文宗太和元年(827)，鄭覃以經籍訛謬，博士陋淺不能正，建議組織人

---

　　① 參《唐會要》《新、舊唐書》各本傳、《舊唐書·經籍志》《新唐書·藝文志》《玉海》卷五十二等。
　　② 參《柳柳州集·陳京行狀》。
　　③ 參《舊唐書·經籍志》。
　　④ 參《新唐書·藝文志》。

力加以勘正,並刻之於石,作爲萬世的準本。太和七年(833)始刻,至開成二年(837)刻成了《十二經》經文。字體用當時通行的楷書。這就是後世所稱的"開成石經"(又稱"唐石經"、"太和石經")。清康熙七年又補刻了《孟子》,《十三經》始全。此石經至今猶立於西安碑林)。

二、規範文字,編成字樣,使字有準形

代宗(李豫)大曆十年(775),上因五經文字訛替特多,因詔委國子儒官勘校經本,送尚書省。司業(學官)張參參於此事,並撰《五經文字》。此書共收3,235字,依偏旁分爲160部。辨明《五經》文字的讀音,以及相承隸省隸變與《説文》字體異同。寫在太學孔廟墻壁之上。太和間改用木版,後又改爲石刻。北周時雕印成書。太和七年(833)又令翰林勒字官唐玄度復校石經字體。玄度以張參《五經文字》爲準,詳加刊正。又搜集了張參《五經文字》没有收入的字410個,撰成《九經字樣》。每字用同紐的字注音,並標明四聲,以糾正俗字錯字。

有了《五經文字》和《九經字樣》,則經書之字有形可依,由此可以減少魯魚豕亥,以訛傳訛。

三、利用雕版,廣布正本,使書有準本

唐代發明了雕版印刷,①書籍可以較大量地翻印廣布。正因爲雕版有這個特點,唐代以後,每每對以前的手寫本詳加校勘,刊布發行,以正天下書。五代後唐明宗(李亶)因丞相馮道等人之請,令國子監田敏校正《九經》。詔書説:

教道之本,經籍爲宗。兵革以來,庠序多廢,縱能傳授,罕克精研。繇是豕亥有差,魯魚爲弊,苟一言致誤,則大義全乖。倘不討詳,漸當紕繆。宜令國學集博士儒徒,將西京石經本,各以所業本經,句度(讀)抄寫注出,子細勘讀。然後召雇能雕字匠人,各隨部帙刻印板,廣頒天下。如諸色(各種)人要寫經書,並須依所印敕本,不得更

---

① 杜澤遜《文獻學概要》第三章《文獻的形成與流布》:"現存印刷品以武則天時期爲最早","1906年新疆吐魯番出土的《妙法蓮華經》殘卷……1952年版本學家長澤規矩也根據印本中有武則天製字,斷爲武周(684—705)刻本"(中華書局2001年版,頁67)。

使雜本交錯。所貴經書廣布，儒教大行。①

後唐長興三年(932)，開始依據"開成石經"校刻《九經》，至後周太祖(郭威)廣順三年(953)六月，《九經》全部刻完。同時刻印《五經文字》《九經字樣》二書，後又刻了《經典釋文》。

校勘手寫本而雕版印行，雕版印行本又爲校勘之楷模。

這一時期除官方組織校勘外，私家校勘也極爲盛行。私家校勘最有成就的要算顏師古、陸德明、司馬貞、張守節和李善。

一、顏師古

顏師古，顏之推之孫。他曾在貞觀四年與孔穎達等人同受詔正定《五經》，做《五經正義》。他獨自完成了注《漢書》的工作。《漢書注》在校勘方面取得了較大的成就。其《叙例》說：

《漢書》舊文，多有古字。解說之後，屢經遷易。後人習讀，以意刊改。傳寫既多，彌更淺俗。今則曲覈古本，歸其真正。……古今異言，方俗殊語，末學膚受，或未能通。意有所疑，輒就增損。流遁忘返，穢濫實多。今皆删削，克復其舊。諸表列位，雖有科條，文字繁多，遂致舛雜。前後失次，上下乖方，昭穆參差，名實虧廢。今則尋文究例，普更刊整。澄蕩愆違，審定阡陌，就其區域，更爲局界。非止尋讀易曉，庶令轉寫無疑。

在《叙例》中，師古總結了《漢書》訛誤的三個原因是：

(1) 後人改古字而從今；

(2) 末學膚受不解古今方俗語而增損；

(3) 書文繁多，錯亂次序。

說明了他的校勘方法是：推究文義和體例；校勘目的是：要達到本子正確無誤，以使轉寫無疑。

我們閱讀他的注，時見校勘精語。就拿首卷《高帝紀》來說，出校就是11處，除了1處相同外：出異4處，正誤4處，校衍2處。下面各舉一例。

(1) 出異

且楚數進取，前陳王、項梁皆敗，不如更遣長者扶義而西，告諭秦父兄。

---

① 《册府元龜》卷五〇帝王部崇儒術第二。

師古曰：

扶，助也，以義自助也。"扶"字或作"杖"，杖亦倚任之意。

(2) 正誤

十二年冬十月，上破布軍于會垍，布走，令別將追之。

注曰：

孟康曰："音儈保，邑名。……"蘇林曰："垍音甀。"……師古曰："……垍音丈瑞反。蘇音是也。此字本作'甀'，而轉寫者誤爲'垍'字耳。音保，非也。《黥布傳》則正作'甀'字，此足明其不作'垍'也。"

(3) 校衍

於是上嫚罵之，曰："吾以布衣提三尺取天下，此非天命乎？命乃在天，雖扁鵲何益！"

師古曰：

三尺，劍也。下《韓安國傳》所云"三尺"亦同。而流俗書本或云"提三尺劍"，"劍"字後人所加耳。

二、陸德明

陸德明"少愛墳典，留意藝文"，①著《經典釋文》，對《十二經》②和《老子》《莊子》共十四部古籍注音釋義並校勘，取得了很大成就，爲歷代學者所推崇。音、義固不必說，其校勘，後人以"集漢以下校勘學之大成"之語譽之，③亦不過分。

其《條例》對經籍異文訛字的原因的闡述很有見解。

(1) 音隨地變而改

《條例》說：

典籍之文，雖夫子刪定；子思讀《詩》，師資已別，而況其餘乎？鄭康成云："其始書之也，倉卒無其字，或以音類比方，假借爲之，趣於近之而已。受之者非一邦之人，人用其鄉，同言異字，同字異言，於兹遂生矣。"

---

① 《經典釋文·序》。

② 《十三經》除《孟子》外。

③ 范希曾語。轉引自蔣伯潛《校讎目錄學纂要》上編第四章《私家校錄上》，正中書局1946年版，頁36。

（2）有意改

《條例》説：

　　後漢黨人既誅，儒者多坐流廢。後遂私行金貨，定蘭臺漆書經字，以合其私文。

（3）穿鑿之徒標新立異

① 不懂古今字

《條例》説：

　　《尚書》之字，本爲隸古。既是隸寫古文，則不全爲古字。今宋、齊舊本及徐、李等音，所有古字，蓋亦無幾。穿鑿之徒，務欲立異，依傍字部，改變經文，疑惑後生，不可承用。

② 不知字讀

《條例》説：

　　《爾雅》本釋墳典，字讀須逐《五經》。而近代學徒，好生異見，改音易字，皆采雜書。唯止信其所聞，不復考其本末。且六文八體，各有其義，形聲會意，寧拘一揆？豈必飛禽即須安鳥，水族便應著魚，蟲屬要作虫旁，草類皆從兩中？如此之類，實不可依，今並校量，不從流俗。

（4）一般訛誤與俗用

《條例》説：

　　《五經》字體，乖替者多，至如黿鼉從龜，亂辭從舌，席下爲帶，惡上安西，析旁著片，離邊作禹，直是字訛。

又説：

　　用攴代文，將无混旡，若斯之流，便成兩失。又來旁作力，俗以爲約勅字，《説文》以爲勞倈之字。水旁作曷，俗以爲飢渴字，字書以爲水竭之字。如此之類，改便驚俗，止不可不知耳。

《釋文》校勘經籍，存異之功最大。據黃焯《經典釋文彙校》所考，其存異文有"本亦作"、"本又作某"等十二種方式。如《爾雅音義·序》"了"字條云："本亦作'憭'。"《左氏音義》"以幾"條云："本又作'機'。"

由於陸氏書主爲音義，所以此書"以注音方式表異文或誤字者，不下數十百處。"① 如《禮記音義》一"公叔木"條説："音戌，式樹反。"這是説

---

① 《經典釋文彙校·前言》，中華書局1980年版。

"公叔木"即"公叔戌",不是説"木"有戌音。

又如《儀禮音義》"庶孫之中殤"條鄭注説:"此當爲下殤,言中殤者,字之誤爾。"①陸氏説:"依注'中'音'下'。"不是説"中"有"下"音。

三、司馬貞、張守節

談唐代校勘,我們不可泯没司馬貞、張守節二家對《史記》的校理。而談司馬、張二家我們也不可忘記劉宋裴駰這一家。下面我們就把三家合起來討論。

太史公《史記》,從其外孫楊惲公之於世以後,好之者傳鈔流轉,文字之間遂生異同。對《史記》的校注工作也就應運而生了。如後漢延篤《史記音義》、②劉宋徐廣《史記音義》、③唐許子儒《史記注》、④唐徐堅《史記注》⑤等等。但這些書早已亡佚。現存有劉宋裴駰《史記集解》,唐司馬貞《史記索隱》和張守節《史記正義》,世稱"三家注"。(南宋建安黄善夫合刻三家注於正文之下,廣爲流傳。)這三家注,後人譽爲可與《史記》同輝,一個重要的原因,就是他們注《史記》,做了大量的校勘工作。《集解·序》説:

> 考較此書,文句不同,有多有少,莫辯其實,而世之惑者,定彼從此,是非相貿,真僞舛雜。故中散大夫東莞徐廣研核衆本,爲作《音義》,具列異同,兼述訓解,麤有所發明,而殊恨省略。聊以愚管,增演徐氏。采經傳百家并先儒之説,豫是有益,悉皆抄内。删其游辭,取其要實,或義在可疑,則數家兼列。

此序已明言其作注的一個重要工作即是正文句異同多少。

《索隱·序》在歷述徐廣、鄒誕生等對《史記》的校理情況以後説:"比於徐、鄒,音則具矣。殘文錯節,異音微義,雖知獨善,不見旁通,欲使後人從何準的?"又《後序》説:"貞少從張學,晚更研尋,初以殘闕處多,兼鄙褚少孫誣謬,因憤發而補《史記》,遂兼注之。"小司馬亦以校爲注的一個重要

---

① 未成年死叫殤。古時把八歲至十九歲死者的喪服分長、中、下殤。十六至十九歲爲長殤,十二至十五歲爲中殤,八至十一歲爲下殤。
② 見《索隱後叙》。
③ 見《隋書·經籍志》。
④ 見《新、舊唐書志》。
⑤ 見《新唐書·藝文志》。

內容，而其作注，正乃《史記》殘缺處多之故。

張氏《正義》有《論字例》專節，其曰：

《史》《漢》文字相承已久，若'悅'字作'說'，'閑'字作'閒'，'智'字作'知'，'汝'字作'女'，'早'字作'蚤'，'後'字作'后'，'既'字作'溉'，'勑'字作'飭'，'制'字作'剬'，此之般流，緣古少字通共用之。《史》《漢》本有此古字者，乃爲好本。程邈變篆爲隸，楷則有常，後代作文，隨時改易。衛宏官書數體，呂忱或字多奇，鍾、王等家以能爲法，致令楷文改變，非復一端，咸著祕書，傳之歷代。又字體乖日久，其'黼黻'之字法從'耑'丁履反，今之史本則有從'耑'音端。《秦本紀》云'天子賜孝公黼黻'，鄒誕生音甫弗，而鄒氏之前史本已從'耑'矣。如此之類，並即依行，不可更改。若其'龜鼉'從'龜'，'辭亂'從'舌'，'覺學'從'與'，'泰恭'從'小'，'匱匠'從'走'，'巢藻'從'果'，'耕籍'從'禾'，'席'下爲'帶'，'美'下爲'火'，'裏'下爲'衣'，'極'下爲點，'析'旁著'片'，'惡'上安'西'，'餐'側出頭，'離'邊作'禹'，此之等類例，直是訛字。'寵'勑勇反字爲'寵'，'錫'字爲'錫'音陽，以'支'章移反代'文'問分反，將'无'混'无'。若茲之流，便成兩失。

《正義》不但在注中有校，而且還寫了校例，這兒的《論字例》就講了通假字、訛變字和訛字的分別處理原則。這些在今天也仍有借鑒意義。

三家注共引書五六百種，還有被三家注稱爲"一本"、"古本"、"俗本"、"舊本"、"近代本"之類的異本。這些書除了用來注釋還用來校勘。現在讓我們來看一下《史記》卷首的《五帝本紀》的情況，就可知其一二了。《集解》共出注169條，其中屬於校記或兼有校記的16條，佔注條近10%；《索隱》注98條，校記29條，佔30%；《正義》注94條，校記12條，佔13%。三家注《五帝本紀》共361條，校記57條，佔總數16%。

從方法看，《五帝本紀》三家注使用了對校、他校、理校。

《集解》於"披山通道"下引徐廣曰：

"披"，他本亦作"陂"。字蓋當音詖，陂者旁其邊之謂也。披語誠合今世，然古今不必同也。

這是對校。

《正義》於"請流共工於幽陵"下曰：

《尚書》及《大戴記》皆作"幽州"。《括地志》云："故龔城在檀州燕樂縣界。故老傳云舜流共工幽州，居此城。"

這是他校。

《索隱》於"北發,西戎,……北山戎、發、息慎、東長、鳥夷"下曰:

"北發"當云"北戶",南方有地名北戶。又案《漢書》,北發是北方國名,今以北發爲南方之國,誤也。此文省略,四夷之名錯亂。"西戎"上少一"西"字,"山戎"下少一"北"字,"長"字下少一"夷"字,長夷也,鳥夷也。其意宜然。

這是理校。

《五帝本紀》三家注未用本校,但他篇有之。三家注引《史記》本書者共 425 條,其中有不少就是用來進行本校的,如《秦本紀》"簡公,昭子之弟而懷公子也"下《索隱》曰:

簡公,懷公弟,靈公季父也。《始皇本紀》云靈公生簡公,誤也。

《正義》曰:

劉伯莊云簡公是昭子之弟,懷公之子,厲公之孫。今《秦記》謂簡公是靈公子者,抄寫之誤。

四、李善

上述各家都是在經史子書方面做出了校勘成績的,而唐代在集書方面做出校勘成績的當首推李善。李善注《文選》爲歷代學人所稱許,除了他在訓詁上做出了貢獻之外,他對《文選》訛誤的認真校勘也是一個重要的原因。下擇取幾例以見其校勘的一斑。

趙景真《與嵇茂齊書》:斯所以怵惕於長衢,按轡而歎息也。

李善校曰:

本或有於"長衢"之下云"按轡而歎息者",非也。

這是用不同版本互校,以定誤本之非。

曹子建《七哀詩》下李善校曰:

"贈答",子建在仲宣之後,而此在前,誤也。

《文選》"贈答"類詩曹子建詩列在王仲宣詩之後,這裏則與"贈答"詩排列的體例不一,是曹、王二詩誤倒了位置。李善從本書的體例進行了推校。又如:

沈休文《應王中丞思遠詠月》:網軒映珠綴,應門照綠苔。

李善校曰:

《楚辭》曰:"網戶朱綴刻方連。"下云"綠苔",此當爲朱綴,今並爲珠,疑傳寫之誤。

先找出前人的用例,再從上下文的意義結構和形式結構上加以校勘。又如:

> 宋玉《高唐賦》：有方之士，羨門高谿。

李善校曰：

> 《史記》曰："秦始皇使燕人盧生求羨門高誓。""谿"疑是"誓"字。

涉及歷史則考史實以正誤。又如：

> 潘安仁《關中詩》：亂離斯瘼，日月其稔。

李善校曰：

> 《韓詩》曰："亂離斯莫，爰其適歸。"薛君曰："莫，散也。"《毛詩》曰："亂離瘼矣。"毛萇曰："瘼，病也。"今此既引《韓詩》，宜爲"莫"字。

辨明家法，以正訛誤。又如：

> 王仲宣《贈文叔良》：謀言必賢，錯説申輔。

李善校曰：

> 鄭玄《禮記》注曰："賢，善也。"所言説當申相輔也，"申"或爲"車"，非也。

這是推敲文義以校。又如：

> 張景陽《七命》：駕紅陽之飛燕，驂唐公之驌驦。

李善校曰：

> 《駿馬圖》有含陽侯驃，疑"含"即"紅"，聲之誤也。

這是從字音推誤。

李善根據自己對校勘的把握程度在校勘記中採用了三級表達法。第一級是直定是非，如上舉首例即是；第二級是表明傾向，不予遽定，如上舉例三即是；第三級是只出異文，不置可否，如：

> 陸士衡《樂府十七首·日出東南隅行》：綺態隨顔變，沈姿無乏源。

李善校曰：

> "乏"或爲"定"。

李善校勘對方法和材料的使用，都值得今天借鑒。

其他私家校書之事，史籍所載者如《舊唐書·韋述傳》："家聚書二萬卷，皆自校定鉛槧，雖御府不逮也。"《新唐書·蘇弁傳》："弁聚書至二萬卷，手自讎定，當時稱與祕府埒。"《新唐書·韋處厚傳》："性嗜學，家書讎正至萬卷。"

第五節　兩宋的校勘

宋代較大規模的官家校書有 5 次：北宋 3 次，南宋 2 次。

第一次，太宗（趙光義）太平興國（976—983）初至仁宗（趙禎）慶曆（1041—1048）初。

太宗太平興國二年（977），在乾元殿東建崇文院。東廡爲昭文書庫，南廡爲集賢書庫，西廡有 4 庫，爲史館書庫，共 6 庫，書籍正副本有 80,000 卷。九年（984）搜訪闕書，端拱（988—989）元年，又在崇文院中堂建祕閣，分藏 40,000 卷內庫書籍。真宗（趙恒）咸平（998—1003）二年，詔三館寫四部書，分藏太清樓和龍圖閣。① 三年（1000）詔朱昂、杜鎬和劉承珪整理，編成《咸平館閣書目》。五年（1002），以太清樓及龍圖閣藏書尚有舛誤，而未讎對的還有 20,000 卷，於是又命劉均等 7 人就崇文院校勘。六年（1003）真宗以爲龍圖閣書籍屢經校理，最爲精詳，分成經典、史傳、子書、文集、天文、圖書六閣。大中祥符八年（1015），崇文院遭火災，太宗、真宗二代藏書大半被焚毀。真宗又命借太清樓本補寫，王欽若主其事，陳彭年副之。仁宗天聖九年（1031）重建崇文院，增募書吏，專事補輯。景祐（1034—1037）初，命張觀、李淑、宋祁等看詳館閣正副本，正訛誤，去重復，補差漏。三年，補寫完成。慶曆元年（1041），王堯臣等上《崇文總目》66 卷，錄書 30,669 卷，分 4 部 45 類。自建院搜書至《總目》上，其中大小相繼有數次校書，然而《總目》上，校書方告一大的段落。其後北宋、南宋的 4 次校書，皆爲補這一次的不足，而且重在編目。

第二次，仁宗嘉祐（1056—1063）四年至七年。

仁宗嘉祐四年置館閣編寫書籍官，命蔡抗、陳襄、蘇頌、陳繹分史館、昭文館、集賢院、祕閣（稱四館）編校，並廣開獻書之路。七年詔歐陽修兼綜其事，在《崇文總目》之外，校理定著了 1,474 部，8,494 卷。

第三次，徽宗（趙佶）崇寧（1102—1106）初至宣和（1119—1125）年間。

徽宗崇寧初，祕閣補寫正本。政和（1111—1117）七年，孫覿、倪濤、汪藻、劉彥適增補《崇文總目》而成《祕書總目》。此目較《崇文總目》多數百家，幾萬餘卷。宣和四年，建補緝校正文籍所。館閣藏書有 6,705 部，73,

---

① 三館：昭文、集賢、史館稱三館。太清樓：北宋宮內樓名，爲皇帝宴近臣宗室之所。龍圖閣：真宗時建，藏書籍寶瑞等物。

877卷。

第四次,南宋高宗(趙構)紹興(1131—1162)十四年至孝宗(趙昚)淳熙(1174—1189)五年。

"靖康之亂,諸書悉不存。"①高宗紹興十四年,在祕書省復置補寫所,又迭次求書州郡。至孝宗淳熙五年,陳騤上《中興館閣書目》70卷爲一段落。此目共52門,録存書44,486卷。

第五次,南宋寧宗(趙擴)嘉定(1208—1224)十三年。

張攀受命編《中興館閣續書目》30卷,又在正目之外增添了14,943卷。由正續書目推算,嘉定年間國家校藏之書已達59,429卷。②

宋代的私家校書。

上節説過,起初的雕版之書大多校刻精細,廣布之後,的確起到了正天下書的重要作用。但是,隨著雕版印刷的普及,校刻日漸草率,乃至訛誤疊出,因而雕印本亦須重加校勘。在宋代,一方面由於雕版印刷盛行,書籍易得,一方面又由於書籍訛誤多,所以宋代私家校書超過了以前的各個朝代。現本蔣元卿《校讎學史》第五章《校讎學的復興時期》十二《私家校讎之盛》按經史子集略舉之。③

(1) 經

鄭樵《書辨訛》七卷

張淳《儀禮識誤》三卷

朱熹《孝經考異》一卷

毛居正《六經正誤》六卷

舊題岳珂《九經三傳沿革例》一卷

(2) 史

趙抃《新校前漢書》一百卷

余靖《漢書刊誤》三十卷

張泌《漢書刊誤》一卷

劉攽《東漢書刊誤》四卷

---

① 南宋王明清《揮麈前録》卷一。

② 宋5次校書,參《宋史·藝文志》;《玉海》卷五二;《文獻通考·經籍考》;《直齋書録解題》卷八;姚名達《中國目録學史·校讎篇·宋代校書五次》,上海書店1984年版,頁189—191。

③ 商務印書館1935年版,頁132—143。

吳仁傑《兩漢刊誤補遺》十卷
劉巨容《漢書纂誤》二卷
缺名氏《西漢刊誤》一卷
（3）子
黎錞校勘《荀子》二十卷
錢佃《荀子考異》一卷
陸佃校《鶡子》一卷
沈揆《顏氏家訓考證》一卷
朱熹《陰符經考異》一卷、《參同契考異》一卷
陳襄校《夢書》四卷、《相笏經》一卷、《京房婚書》二卷
（4）集
洪興祖《楚辭考異》一卷
黃伯思《校定楚辭》十卷、《校定杜工部集》二十二卷
方崧卿《韓集舉正》十卷、《外集舉正》一卷
朱熹《韓文考異》十卷
彭叔夏《文苑英華辨正》十卷

宋代許多藏書家同時也兼以校勘，史籍等多有記載。如《宋史·林霆傳》："聚書數千卷皆自校讎。"《賀鑄傳》："家藏書萬餘卷，手自校讎，無一字誤。"《畢士安傳》："年耆目眊，讀書不輟，手自讎校，或親繕寫。"《趙安仁傳》："尤嗜讀書，所得祿賜，多以購書。……時閱典籍，手自讎校。"《劉摯傳》："家藏書多自讎校，得善本或手抄錄，孜孜無倦。"《孫光憲傳》："光憲博通經史，尤勤學，聚書數千卷，或自抄寫，孜孜讎校，老而不廢。"宋朱弁《曲洧舊聞》："（宋次道）家藏書皆校三五遍。"這些藏書家對自己所藏書籍進行精心校勘，或予編刊，或著爲目録。如宋次道即編有《顏魯公集》《劉賓客文集》《孟東野詩集》等。著爲目録的如晁公武、陳振孫、尤袤等。晁公武在其《郡齋讀書志》自序中説："今三榮僻左少事，日夕躬以朱黃讎校舛誤，每終篇，輒撮其大指論之。"自此可見一斑。

除此之外，宋人筆記之中也有不少零星的校勘材料。如王應麟《困學紀聞》卷十《諸子》云：《荀子·勸學篇》"'青出之藍'作'青取之於藍'，'聖心循焉'作'備焉'，'玉在山而木潤焉'作'草木潤'，'君子如嚮矣'作'知嚮矣'；《賦篇》'請占之五泰'作'五帝'。監本未必是，建本未必非"。

又如，洪邁《容齋四筆》卷二《鈔傳文書之誤》云：紀曾紘所書陶淵明《讀山海經詩》"形夭無千歲，猛志固常在"二句，"疑上下文義若不相貫，遂

取《山海經》參校,則云:'刑天,獸名也。口中好銜干戚而舞。'乃知是'刑天舞干戚',故與下句相應。五字皆訛。"

他如周密的《齊東野語》、龔頤正的《芥隱筆記》、袁文的《甕牖閒評》、姚寬的《西溪叢語》等等,亦皆有校勘精語。

校勘史上有影響的兩本校勘著作介紹。

一、《相臺書塾刊正九經三傳沿革例》

舊題岳珂《相臺書塾九經三傳沿革例》是校《九經三傳》而寫成的條例。① 書分七個條目:(一)書本;(二)字畫;(三)注文;(四)音釋;(五)句讀;(六)脫簡;(七)考異。書中運用了對校、本校、他校、理校等各種方法,取得了不少成績,而在校勘史上頗值得指出的是以下幾個方面:

(1) 廣徵衆本

劉向備衆本多是零篇殘簡,宋代雕版盛行以後才有真正的所謂備衆本。據《書本》篇所言,岳珂校《九經三傳》"以家塾所藏唐石刻本、晉天福銅板本、京師大字舊本、紹興初監本、監中見行本、蜀大字舊本、蜀學重刻大字本、中字本、又中字有句讀附音本、潭州舊本、撫州舊本、建大字本(俗謂無比《九經》)、俞韶卿家本、又中字凡四本、婺州舊本併興國于氏、建餘仁仲凡二十本,又以越中舊本注疏、建本有音釋注疏、蜀注疏,合二十三本。專屬本經名士,反復參訂。"

(2) 以疏校注

《注文》篇説:"諸本於經正文尚多脱誤,而況于注? 間有難曉解者,以疏中字微正其義。"

> 如《書》之《泰誓》注:"言紂至親雖多,不如周家之多仁人。"及考疏,"仁人"之下有一"也"字。則"仁人也"自爲一句,意始明。

《書》原文:"雖有周(通至)親,不如仁人。"疏:"武王三分天下有其二,則紂黨不多於周,但辭有激發,旨有抑揚,欲明多惡不如少善。故言紂至親雖

---

① 崔文印《相臺岳氏〈刊正九經三傳沿革例〉及其在校勘學上的價值》一文認爲《相臺書塾刊正九經三傳沿革例》的作者是元初的岳浚。文載《史學史研究》1986年第3期。羅濟平《古籍整理和出版工作隨想》説:從四十年前《中國版刻圖錄》第一次指出其屬元人而非岳珂以來,海内外學者已經定論。這是20世紀一項重要的研究成果。文載《古籍整理出版情況簡報》2001年第1期。

多，不如周家之少，仁人也。"阮元校："岳本注有'也'字。"①

如《思齊》"神罔時怨，神罔時恫(痛傷)。"箋云："無是怨恚其所行者，無是痛傷其所爲者。"諸本皆無"其所爲者"四字。惟建大字本有之。及考疏，則曰："神明無是怨恚文王其所行者，神明無是痛傷文王其所爲者。"以此明箋文舊有"其所爲者"四字，而諸本傳寫逸之也。今從建大字本，意始明。此類甚多，不悉舉。

(3) 不輕改

校書沒有的證特別是版本依據，則存異而不輕改，這是一個原則，岳珂尤其重視。在書中屢言"不敢添"、"不敢改"、"不得改"、"不輕改"。如：

《高宗肜日》："罔非天胤，典祀無豐于昵。"注云："無非天所嗣常也。""嗣"之下合有一"典"字。"常也"實訓"典"字也。此實傳寫之脫，而疏義乃因之。此不敢添。

又《洪範》："凡厥庶民，有猷有爲有守。"注："民戩有道。""戩"字止是一"或"字，傳寫誤作"戩"爾。疏義強釋作"斂戩"之"戩"。此不敢改。

二、《文苑英華辯證》

《文苑英華》是北宋太平興國(976—983)年間李昉、徐鉉等編纂的一部上繼《文選》的文學總集，全書1,000卷。上起蕭梁，下迄晚唐五代，選錄作家近2,200人，作品近20,000篇，唐十之九。這個總集具有多方面的價值。但此書"雖祕閣有本，然舛誤不可讀"。② 彭叔夏據周必大所校而撰《文苑英華辯證》10卷。此書共分爲20類：一曰用字，二曰用韻，三曰事證，四曰事誤，五曰事疑，六曰人名，七曰官爵，八曰郡縣，九曰年月，十曰名氏，十一曰題目，十二曰門類，十三曰脫文，十四曰同異，十五曰離合，十六曰避諱，十七曰異域，十八曰鳥獸，十九曰草木，二十曰雜錄。

把這20類總結起來，主要有兩個方面：一是校勘，二是考證。此書考證精詳審慎，自不待言，其校勘嚴謹有徵更爲後人稱道。

下舉二例以見《辯證》校勘之一斑。

《郡縣二》：

---

① 《十三經注疏校勘記》。
② 周必大《文苑英華·跋》。

> 《土風賦》"堯作平陽",一作"成陽"。詳此賦《序》云:"睢陽古之大郡。"賦內又云:"豈若睢陽城臨氏房。昔者舜漁雷澤,堯作成陽,天乙都亳,沛公潛梁。"皆言宋地也。《前漢·地理志》:"昔堯作,游成陽,舜漁雷澤。"成陽在定陶。有堯冢,乃宋地。堯都平陽在河東郡爲晉地。據此當作"成陽"。

彭不僅以本校說明問題,又用古地理書來加以證明。自上例已可見,彭校非同一般臆說,而是證據充分,令人信服的。

即使有的地方校語簡單,而亦頗能解決問題。如《用字一》:

> 趙昂《攻玉賦》:"非瑕非穢,寧有于吾欺。""穢"一本作"劇"。按《春秋繁露》:"玉至清而不蔽其惡,內有瑕穢必見之於外,故君子不隱其短。"則"穢"字是。

出典一經弄明,問題迎刃而解。

另外,南宋鄭樵撰有《校讎略》,後世有人以爲校勘學當始於此,這是誤會。鄭書是校讎學方面的著作,主要論述的是目錄學方面的問題,少及校勘。《校讎略》所論的 21 個問題,其中與校勘有直接關係的只有第 11 個問題《求書遣使校書久任論》中的"校書久任"一個方面而已。因此,我們認爲:校讎學起於鄭樵,而校勘學則是後代之事。

第六節　元明的校勘

元代雖有祕書監及翰林國史院,又有經籍所、編修所、興文署校勘機構與校書郎等職,但却少有校書之事。以下是《元史》中的幾則關於官私校書的記載。

《百官志四》"太醫院":

> 醫學提舉司……十四年復置。掌考較諸路醫生課義,試驗太醫教官,校勘名醫撰述文字,辨驗藥材,訓誨太醫子弟,領各處醫學。

同上"藝文監":

> 藝文監……天曆二年置。專以國語敷譯儒書,及儒書之合校讎者俾兼治之。

《吳澄傳》:

> 至元十三年……招澄居布水谷,乃著《孝經章句》,校定《易》《書》《詩》《春秋》《儀禮》及大、小《戴記》。……校定《皇極經世書》,又校正《老子》《莊子》《太玄經》《樂律》,及《八陣圖》、郭璞《葬書》。

《姚燧傳》：

　　燧……至告病江東，著《國統離合表》若干卷，年經而國緯之，如《史記》諸表，將附朱熹《凡例》之後，復取徽、建二本校讎，得三誤焉，序於《表》首。

《金履祥傳》：

　　他所著書：曰《大學章句疏義》二卷，《論語孟子集註考證》十七卷，《書表注》四卷，謙爲益加校定，皆傳于學者。

《何中傳》：

　　何中……以古學自任，家有藏書萬卷，手自校讎。

《宋本傳》：

　　是年，文宗開奎章閣，置藝文監，檢校書籍，超大監。

《許謙傳》：

　　又嘗句讀《九經》《儀禮》及《春秋三傳》，於其宏綱要領，錯簡衍文，悉別以鉛黃朱墨，意有所明，則表而見之。其後吳師道購得呂祖謙點校《儀禮》，視謙所定，不同者十有三條而已。

《諳都剌傳》：

　　尋授應奉翰林文字，凡蒙古傳記，多所校正。

明滅元後，大將軍徐達收集元都圖書致送南京。成祖（朱棣）永樂（1403—1424）年間，移都北京，派人取書百櫃運北京，又遣官四出購書，使閣藏圖書達兩萬餘部，近百萬卷，但並未進行校理。此後有楊士奇等所編國家圖書目錄《文淵閣書目》、馬愉《祕閣書目》、錢溥《內閣書目》等十數種。但這類目錄只是內閣書的賬簿，並不是在校勘基礎上編成的目錄。① 明也有翰林國史院（後去"國史"二字），但只設典籍二人、後來只有一人掌經籍；祕書監設立不久即廢置。有些部門雖設有校書官，但校勘成績並不顯著。成祖命解縉等撰《永樂大典》，但也只是拆散古書，類鈔分韻，沒有對所集之書細細校勘。②

---

①　參錢大昕《潛研堂文集》卷二九《舊鈔本文淵閣書目跋》。

②　《永樂大典》正文2,877卷，凡例和目錄60卷，裝成11,095冊。此書收錄我國宋元以前重要的圖書文獻有七八千種之多，內容包括經、史、子、集、釋藏、道經、戲劇、工技、農藝等各方面資料，採摭搜羅極爲浩博，且多世所不經見之書。明代之前大量祕籍佚文，藉此以傳。《四庫全書》不少書籍即輯自永樂大典。《永樂大典》對垂傳中國古籍之功應該充分肯定。

以下是《明史》等關於明代官私校書的一些記載。
《明史·職官志二》"詹事府"：
　　尋定司經局官，設洗馬、校書、正字。
《明史·職官志二》"詹事府"：
　　洗馬掌經史子集、制典、圖書刊輯之事。立正本、副本、貯本以備進覽。凡天下圖冊上東宮者，皆受而藏之。校書、正字掌繕寫裝潢，詮其訛謬而調其音切。
《明史·職官志四》"王府長史司"：
　　教授掌以德義迪王，校勘經籍。
《明史·太子慈烺傳》：
　　編修吳偉業、楊廷麟、林曾志講讀；編修胡守恒、楊士聰校書。
《明史·許天錫傳》：
　　天錫言："去歲闕里孔廟災，今茲建安又火，古今書版蕩爲灰燼，……此番災變，似欲爲儒林一掃積垢，宜因此遣官臨視，刊定經史有益之書。……"所司議從其言，就令提學官校勘。
《明史·禮志》"大宴儀"：
　　纂修校勘書籍，開館暨書成，皆賜宴。
上記分司校書及獎勵。
《明史·劉仲質傳》：
　　劉仲質……洪武初，以宜春訓導薦入京，擢翰林典籍，奉命校正《春秋本末》。
《明史·藝文志三》"五行類"：
　　郭子章校定《天玉經七注》七卷。
《明史·謝鐸傳》：
　　成化九年校勘《通鑑綱目》。
上記實際所校。
《明史·倪瓚傳》：
　　倪瓚……藏書數千卷，皆手自勘定。
祁承㸁《澹生堂書約·藏書訓略》：
　　金陵之焦太史弱侯，藏書兩樓，五楹俱滿，余所目覩，而一一皆經校讎探討，尤人所難。
胡應麟《少石山房筆叢·經籍會通二》：
　　亭午夜深，坐榻隱几，焚香展卷，就筆於研，取丹鉛而讎之，倦則鼓琴以抒其思。

同上《華陽博議下》：

第文字烟埃，紀籍淵藪；引用出處，時或參商；意義輕重，各有權度；加以魯魚豕亥，訛謬萬端。凡遇此類，當博稽典故，細繹旨歸，統會殊文，釐正脫簡，務成囊美，毋薄前修。

朱彝尊《靜志居詩話》卷十二：

(李開先)藏書……百餘年無恙，近徐尚書原一購得其半。予嘗借觀，愛籤帙必精，研朱點勘，北方學者能得斯趣，殆無多人也。

同上卷十五：

(黃居中)監丞銳意藏書，手自抄撮。仲子虞稷繼之，歲增月益，太倉之米五升，文館之燭一挺，曉夜孜孜，不廢讎勘。著錄凡八萬冊。

錢曾《讀書敏求記》卷二：

《洛陽伽藍記》五卷，清常道人跋云："歲己亥，覽吳琯刻《古今逸史》中《洛陽伽藍記》，讀未數字，輒齟齬不可句，因購得陳錫玄、秦酉巖、顧寧宇、孫蘭公四家鈔本，改其訛者四百八十八字，增其脫者三百廿字。丙午又得舊刻本，校于燕山龍驤邸中，復改正五十餘字。凡歷八載，始爲完書。"清常言讎勘之難如此。(李琦美，號清常道人。)

上記私家校勘。

由上可知，元明兩代官私校書皆遠不及宋代。若以官私相比，元明兩代特別是明代私家校書則勝過官方。以下擇其對校勘貢獻較大者二家元吳師道和明毛晉略加介紹。

一、吳師道

吳師道曾因宋鮑彪注《戰國策》多有未善而做《戰國策補注》，在注中吳氏對《戰國策》的訛誤特別是鮑彪的妄改做了一些校勘工作。吳氏在給《補注》作的《序》中指出了一些校勘應該注意的問題，值得一提。

(1) 他書不可盡信

《序》曰：

鮑專以《史記》爲據，馬遷之作，固采之是書，不同者當互相正，《史》安得全是哉？

(2) 要善於存舊闕疑，不可強爲傅會

《序》曰：

事莫大於存古，學莫善於闕疑。夫子作《春秋》，仍夏五殘文；漢儒校經，未嘗去本字，但云"某當作某，某讀如某"，示謹重也。古書多假借，音亦相通。鮑直去本文，徑加改字，豈傳疑存舊之意哉？比事次時，當有明徵，其不可定知者，闕焉可也，豈必強爲傅會乎？
(3) 要博考衆書，不可偏信一隅
《序》曰：

其所引書，止於《淮南子》《後漢志》《説文》《集韻》，多摭彼書之見聞，不問本字之當否。《史》注自裴、徐氏外，《索隱》《正義》皆不之引，而《通鑑》諸書亦莫考。淺陋如是，其致誤固宜。

二、毛晉

明末清初的毛晉，原名鳳苞，是著名的圖書編刻家、校勘家。築汲古閣，以收藏和傳刻古書。爲廣泛搜集珍籍祕本，百方購求，不惜重金。毛氏前後積書達 84,000 餘卷。其中有北宋内府藏書、金元人本等珍貴版本。毛氏延請海内名士 30 多人校勘古代典籍，校成後即付刻印。僱用工匠最多時達數百人。《十三經》《十七史》《漢魏六朝百三家集》《津逮祕書》《六十種曲》《宋名家詞》及唐宋元人別集、道藏等，多經毛氏手校。據《汲古閣校刻書目》不完全統計，毛氏刻版達 100,000 片之多，所刻字數，在 3,000 萬字以上。所刻行書籍，校勘詳明，雕印精良，稱毛刻本，世人以善本視之。毛刻本行銷全國各地，廣泛流傳，亦爲前所未有。

後人對毛氏校刻書籍，多有記述評價。如毛晉之友陳繼儒《隱湖題跋》敍曰："凡人有未見書，百方購訪……得即手自鈔寫，糾謬誤，補遺亡，即蛛絲鼠壤、風雨潤濕之所糜敗者，一一整頓。"①錢謙益《隱湖毛君墓志銘》謂毛晉："于經史全書勘讎流布，務使學者窮其源流，審其津涉。"②今人曹之《中國古籍編撰史》第六章《明代圖書編撰》説："毛晉是一位嚴肅的圖書編撰家和出版家。一部書稿在付梓之前，他總是千方百計尋求善本，反復校勘，在編輯整理方面付出了大量心血。"又説："毛晉每編一書，都有一篇記載編輯經過的題跋附在書後。每一篇題跋都是一篇版本校勘論文，凝結了毛晉編輯、整理圖書的心血。"③

毛晉子毛扆，字斧季，繼承父業，從事古籍的收藏、校勘出版工作，校

---

① 《汲古閣書跋》卷首。
② 《汲古閣書跋》卷首。
③ 武漢大學出版社 1999 年版，頁 307、308。

勘尤精，輯有《汲古閣祕本書目》等。

清吳偉業作有一首《汲古閣歌》歌頌其父子，曰："比聞充棟虞山翁，里中又得小毛公。搜求遺逸懸金購，繕寫精能鏤板工。"①

另外，明梅鷟撰有《尚書考異》一書。此書主辨古文《尚書》之偽，但其中亦有不少校勘的內容，很受後人好評。

胡應麟撰有《少室山房筆叢》48卷。此書是以考證為主的筆記，間有校勘的內容，亦受後人好評。

元明少校勘之事，然而妄改書之風則盛。當然改書之風不是始自元明，唐明皇在讀《尚書·洪範》時讀到"無偏無頗，遵王之義"時，覺得"頗"與"義"不韻，即改"頗"為"陂"以叶之。宋人多講義理少言樸學，妄改書也是常事。

《東坡題跋》卷二說：

> 近世人輕以意改書，鄙淺之人，好惡多同，故從而和之者眾，遂使古書日就訛舛，深可忿疾。孔子曰："吾猶及史之闕文也。"自余少時，及前輩皆不敢改書，故蜀本大字書皆善本。

接著東坡又舉了不少實例，如：

> 《莊子》云："用志不分，乃疑於神。"此與《易》"陰疑於陽"，《禮》"使人疑汝於夫子"同，今四方本皆作"凝"。陶潛詩："採菊東籬下，悠然見南山。"採菊之次，偶然見山，初不用意，而境與意會，故可喜也。今皆作"望南山"。杜子美云："白鷗沒浩蕩，萬里誰能馴？"蓋滅沒於煙波間耳。而宋敏求謂余云：鷗不解沒，改作"波"。二詩改此兩字，覺一篇神氣索然也。

此風至明進一步發展，《四庫全書總目·經部·易類三》宋楊簡《楊氏易傳》提要說："明人凡刻古書，多以私意竄亂之。萬曆以後尤甚。"

如《孟子》中有不少重民思想。洪武二十七年，朱元璋命儒臣刪去所有他所不喜歡的重民的文字，編成《孟子節文》。據統計，全書共刪去了85條。如《盡心下》"民為貴，社稷次之，君為輕"、《梁惠王下》"左右皆曰賢，未可也；諸大夫皆曰賢，未可也；國人皆曰賢，然後察之，見賢焉，然後用之。左右皆曰不可，勿聽；諸大夫皆曰不可，勿聽；國人皆曰不可，然後察之，見不可焉，然後去之。左右皆曰可殺，勿聽；諸大夫皆曰可殺，勿聽；

---

① 《梅村家藏稿》卷三。

國人皆曰可殺,然後察之,見可殺焉,然後殺之。故曰,國人殺之也。如此,然後可以爲民父母》、《離婁上》"桀、紂之失天下也,失其民也。失其民者,失其心也"、《萬章上》"天視自我民視,天聽自我民聽"、《離婁下》"君之視臣如土芥,則臣視君如寇讎"等等。

顧炎武《日知錄》卷十八對萬曆間改書也舉了不少實例:

萬曆(神宗朱翊鈞年號,1573—1620)間人,多好改竄古書。……且如駱賓王《爲徐敬業討武氏檄》,本出《舊唐書》,其曰"僞臨朝武氏者",敬業起兵在光宅(武則天年號)元年(648)九月,武氏但臨朝而未革命也。近刻古文,改作"僞周武氏",不察檄中所云"包藏禍心,睥睨神器",乃是未篡之時,故有是言。([原注]越六年,天授元年九月,始改國號曰周。)其時廢中宗(李顯)爲廬陵王,而立相王(睿宗李旦)爲皇帝,故曰"君子愛子,幽之於別宮"也。不知其人,不論其世,而輒改其文,繆種流傳,至今未已。

又説:

近日盛行《詩歸》一書,尤爲妄誕。魏文帝《短歌行》:"長吟永嘆,思我聖考。""聖考",謂其父武帝也,改爲"聖老",評之曰:"'聖老'字奇。"

《舊唐書》李泌對肅(李亨)言,天后有四子,長曰太子弘,監國而仁明孝悌。天后方圖稱制,乃鴆殺之,以雍王賢爲太子。賢自知不免,與二弟日侍於父母之側,不敢明言,乃作《黄臺瓜辭》,令樂工歌之,冀天后悟而哀愍。其辭曰:"種瓜黄臺下,瓜熟子離離。一摘使瓜好,再摘使瓜稀,三摘猶尚可,四摘抱蔓歸。"而太子賢終爲天后所逐,死於黔中。其言"四摘"者,以況四子也。以爲非"四"之所能盡,而改爲"摘絶"。此皆不考古而肆臆之説,豈非小人而無忌憚者哉?

明代編纂的極受世人稱譽的大型類書《永樂大典》也未能避免改書的惡習。如《續資治通鑑長編》收入《永樂大典》後,即按《永樂大典》分卷,李燾原來的分卷就泯滅了。又如《長編》卷八七大中祥符九年八月己卯條,"分路檢視蝗傷民田,……隸州、順安軍不食禾","隸州"應爲"棣州",這是《永樂大典》編纂者爲避明成祖朱棣之諱而肆意改動的。

當然元明也有校勘家堅持校勘原則的。《四庫全書總目·經部·易類四》元王申子《大易緝説》提要:"其論《易》中錯簡、脱簡、羨文凡二十有四,但注某某當作某某而不改經文,尚有鄭氏注書之遺意,與王柏諸人毅然點竄者異焉。"

最後要強調的是,元明校勘雖實績不顯,也有值得總結肯定的地方,比如元代既校古代文獻也校當代文獻，既校漢語文獻也校蒙古語文獻等，應在校勘史上佔一席地位。

第七節　清代的校勘

校勘事業起自周、秦，漢、唐、宋取得了很大成績，而清代則是封建社會中校勘事業的鼎盛時期。這一時期編校《四庫全書》是一次規模空前的官家校書。

清代自順治(1644—1661)入關建立政權之後，歷經康、雍、乾三代的恢復與發展，已達到了所謂"盛世"的階段。乾隆爲了宣傳封建思想、消滅民族意識等目的，以"稽古文"(繼承遺產，發展文化)之名，廣集天下圖書，從校寫《永樂大典》發端，開始了《四庫全書》的編纂工作。自乾隆三十八年(1773)開四庫館，到四十七年(1782)，歷十載書成。總纂爲孫士毅、陸錫熊、紀昀，參於其事者，多爲著名學者，如戴震、邵晉涵、朱筠、姚鼐、王念孫、任大椿等。凡校錄書 3,503 種，79,330 卷。存目 6,819 種，94,034 卷。(編四庫書共毀書 24 次，538 種，13,862 部。)《四庫》所收每部書都詳加校勘。① 其《凡例》中説："每書先列作者之爵里，以論世知人，次考本書之得失，權衆説之異同，以及文字增删，篇帙分合，皆詳爲訂辨，巨細不遺。"如《經部·詩集傳》下：

宋朱子撰。……其間經文訛異，馮嗣京所校正者，如《鄘風》"終然允臧"，"然"誤"焉"；《王風》"牛羊下括"，"括"誤"栝"；《齊風》"不能辰夜"，"辰"誤"晨"；……凡十二條。陳啓源所校正者，《召南》"無使尨也吠"，"尨"誤"厖"；"何彼襛矣"，"襛"誤"禯"；《衛風》"遠兄弟父母"，誤"遠父母兄弟"；……凡十四條。又傳文訛異，陳啓源所校正者，《召南·騶虞篇》"豜牝豕也"，"牝"誤"牡"；《終南篇》"韣之狀弣，象兩弓相背"，

---

① 《四庫全書》有不遵循校書原則而改書的情況，參第一章《緒論》第五節《古今人校勘條件的對比》相關部分。由於《四庫全書》對收入之書有改動的情況，所以其版本學的價值不高，校勘一般不採用爲底本。而四庫系列中的摛藻堂《四庫全書薈要》版本學價值較高。因爲《薈要》採用過不同版本進行校勘，據統計用於校勘的版本有宋刊本 62 種，金元刊本 63 種，明刊本 288 種，清初刊本 50 種，共達 500 餘種。並將諸本異同之處列爲條目，附於每册之後，名曰《考證》。詳參李晴《摛藻堂〈四庫全書薈要〉評介》，文載《圖書館雜志》1997 年第 5 期。

"亞"誤"亞",……凡十一條。史榮所校正者,《衛風·伯兮篇》傳曰:"女爲悦己者容","己"下脱"者"字;《王風·采葛篇》:"蕭,萩也","萩"誤爲"荻";……凡十條。蓋五經之中,惟《詩》易讀,習者十恒七八。故書坊刊版亦最夥,其輾轉傳訛亦爲最甚。今悉釐正,俾不失真。

清代私家校書最盛。顧炎武撰《九經誤字》《五經同異》《石經考》奠定了基石,其後名家輩出。張之洞於《書目答問》附二《國朝著述諸家姓名略總目》中的《校勘之學家》下説:"諸家校刻書,並是善本,是正文字,皆可依據,戴、盧、丁、顧爲最。"緊接著列了 31 名家,兹録於後:何焯、惠棟、盧見曾、全祖望、沈炳震、沈廷芳、謝墉、姚範、盧文弨、錢大昕、錢東垣、彭元瑞、李文藻、周永年、戴震、王念孫、張敦仁、丁杰、趙懷玉、鮑廷博、黄丕烈、孫星衍、秦恩復、阮元、顧廣圻、袁廷檮、吴騫、陳鱣、錢泰吉、曾釗、汪遠孫。張氏所列不免挂漏,但重要校勘家基本集於此。現擇其九並段玉裁、俞樾 11 家略作介紹於次。

一、何焯

康熙時人。學者稱義門先生。全祖望《長洲何公墓誌銘》説他"篤志於學,其讀書,繭絲牛毛,旁推而交通之,必審必覈。……吴下多書估,公從之訪購宋元舊槧及故家抄本,細讎正之。一卷或積數十過,丹黄稠疊,而後知近世之書脱漏訛謬,讀者沉迷於其中而終身未曉也。"①《義門讀書記》就是他的門人蔣維均蒐集他評校的書籍,集録題識而成的。從《義門讀書記》中我們可以看出他校勘的功力。

二、惠棟

乾隆時人。錢大昕《惠先生棟傳》説他"自幼篤志向學,家多藏書,日夜講誦。……雅愛典籍,得一善本,傾囊弗惜。或借讀手鈔,校勘精審。于古書之真僞,瞭然若辨黑白。"②其著《九經古義》雖主爲訓詁之作,然而校勘亦甚精審。他的弊處是"見異於今者則從之",③過分信古。

---

① 《鮚埼亭集》卷十七。
② 《潛研堂文集》卷三九。
③ 焦循《焦氏叢書》卷首《王伯申手札》。

三、盧文弨

乾隆時人。江藩《國朝漢學師承記》説他"官京師，……潛心漢學，精於讎校。歸田後二十餘年，勤事丹鉛，垂老不衰。"他在校勘方面的最大成就是校刊《抱經堂叢書》17種，《經典釋文》《儀禮》《逸周書》《白虎通》《方言》《荀子》《新書》《春秋繁露》《顏氏家訓》《群書拾補》《西京雜記》《獨斷》《三水小牘》《鍾山札記》《龍城札記》《解春集文鈔》《抱經堂文集》，其中僅《群書拾補》就校勘了經史子集《五經正義》《周易注疏》等37種書籍，對群書的貢獻是十分大的。俞樾序孫詒讓《札迻》曾説："昔人有謂盧召弓學士者曰：'他人讀書受書之益，子讀書則書受子之益。'"讀盧氏所校之書，乃知此評斷實不爲妄。

四、李文藻

乾隆時人。錢大昕《李南澗墓志銘》説他"性好聚書，每入肆見異書，輒典衣取債致之，又從朋友借鈔，藏弆數萬卷，皆手自讎校。"①他的成果主要體現在他所校刊的《貸園叢書》初集12種之中。

五、戴震

乾隆時人。他一生著述宏富，在天文、曆法、算學、地理、聲韻、訓詁、校勘、哲學等許多方面都取得了成就。他一生校書不算多，主要有《算經十書》，《周髀算經》《九章算術》《海島算經》《孫子算經》《五曹算經》《夏侯陽算經》《張邱建算經》《五經算術》《綴術》《輯古算經》，以及《水經注》《大戴記》和《儀禮》等數種。然而所校皆以精核慎密而著稱。江藩《國朝漢學師承記》載："君(指戴震)没後十餘年，高廟校刊《石經》，一日命小璫(小宦官)持君所校《水經注》問南書房諸臣曰：'戴震尚在否？'對曰：'已死。'上歎惜久之。時人皆謂君若不死，必充纂修官。嗟乎！君以庶吉士得邀特達之知，亦可謂稽古之榮矣。"

六、段玉裁

乾隆時人。著名小學家，他"積數十年精力，著《説文解字注》三十

---

① 《潛研堂文集》卷四三。

卷"。① 說他是《説文》的功臣，不僅在於注，而亦在於校。他校《説文》雖有"武斷"之嫌，但不掩其精審。"莫友芝所得唐寫本《説文》木部，與今本頗有異同，以與段注相校，凡段氏所改訂增删者，或多與之相合。"②足見段氏校勘的功力。

七、王念孫

乾隆時人。著名小學家。他在校勘上最見功力的是《廣雅疏證》和《讀書雜志》二書。前者校出《廣雅》1,208條訛誤，使得這部原來不可用的古詞書基本恢復了本來面貌。後者是史子集《逸周書》《戰國策》《史記》《漢書》《管子》《晏子春秋》《墨子》《荀子》《淮南内篇》《漢隸拾遺》《後漢書》《老子》《莊子》《吕氏春秋》《韓非子》《法言》《楚辭》《文選》18種古籍的訓詁、校勘筆記。此書向來被認爲是校勘史上的最典範著作。其子王引之"述所聞於父"而撰成的《經義述聞》中也有不少校勘的内容。

八、丁杰

乾隆時人。研究經史，旁及《説文》、音韻、算術，尤長校勘。許宗彥《丁教授傳》説："（教授）在都十年，聚書至數千卷，手寫者十二三。……爲學長於校讎，與盧學士最相似。得一書，必審定句讀，博稽他本同異，用小紙反復細書。"③他曾和朱筠、戴震等一起參加了《四庫全書》的編纂工作。

九、顧廣圻

嘉慶時人。通經學小學，尤精校勘。李兆洛《顧君墓志銘》説："先生嘗從容論古書舛訛處，細若毛髮，棼如亂絲，一經剖析，豁然心開而目明。"④孫星衍、張敦仁、黄丕烈、胡克家、秦恩復、吴鼒等先後延主刻書，每刻一書畢，輒撰考異或校勘記。

---

① 《清史稿》本傳。
② 胡樸安《中國文字學史》，上海書店1984年版，頁272、298。
③ 《鑑止水齋集》卷一七。
④ 《養一齋文集續編》卷四。

十、阮元

乾隆時人。他校勘上的貢獻主要是在經部。他在重刊宋板《十三經注疏》序中説："元舊作《十三經注疏校勘記》，……嘉慶二十年，元至江西，武寧盧氏宣旬讀余《校勘記》而有慕于宋本，南昌給事中黄氏中傑亦苦毛板之朽，因以元所藏十一經至南昌學堂重刻之，且借校蘇州黄氏丕烈所藏單疏二經（指上述十一經而外的《儀禮》《爾雅》）重刻之，……引《校勘記》載於卷後。"可以説經部要籍的校理工作，至阮元的《校勘記》及其所主刻的《十三經注疏》，已告一段落了。

十一、俞樾

晚清人。研究經學，旁及諸子。以高郵王氏父子爲宗。他的主要校勘著作有《群經平議》《諸子平議》和《古書疑義舉例》等。不過後人對其校勘毀譽參半。因爲俞氏校勘好妄逞臆説。

有清一代校勘著作之多，超越以前任何一個時代，值得研究介紹者較多，這裏我們選擇王念孫的《讀書雜志》加以介紹，以見清代校勘的方法與原則的大較。

《讀書雜志》所校（亦有訓詁，此不與焉）古書十有八種，已如前列。王氏校書最見功力的是其對是非的判斷，古德夫《王念孫父子與校勘》一文，①對王氏判斷是非的方法和原則做了細緻的分析和總結。現本古文，略加申述如次。

（1）考源流

對不同版本、出處的異文，王氏考查版本、出處的源流，以最早出現者爲是。如：

《漢書第五・天文志》"揚"字條：

"牽牛婺女揚州"，又《地理志》"揚州藪、揚州川、揚州山"，又《鼂錯傳》"南攻揚粤"，景祐本"揚"字並作"楊"。念孫案：景祐本是也。凡楊州字古皆從木不從手。……至明監本，則全書皆作"揚"矣。案《藝文類聚》州部、《初學記》州郡部、《太平御覽》州郡部三引《尚書》《周官》《爾雅》，楊州字皆從木。宋本《史記・天官書》"牽牛婺女楊州"，及《夏本紀》"淮海維楊州"，《楚世家》"代庸楊粤"，《三王世家》

---

① 文載《徐州師範學院學報》1985 年第 2 期。

"楊州保疆",《蔡澤傳》"南收楊越",《南越傳》"略定楊越",其字亦從木。……自張參《五經文字》,以從木者爲非,而唐石經遂定從手旁。……今書傳中楊州字,皆改從手旁。唯漢魏碑從木,人不能改,故至今尚存。《酸棗令劉熊碑》"出省楊土",《郃陽令曹全碑》"兗豫荆楊",《魏公卿上尊號奏》"領楊州刺史",其字皆從木。《隸釋》所載《冀州刺史王純碑》"出使楊州",……其字亦皆從木。王獻之《進書訣帖》"乞食楊州市上",其字亦從木。足正唐以後歷代相沿之誤。

(2) 審文義

不屬理解上的問題,則文義不通之處多有訛誤,對此王氏選用文義圓滿者。如:

《淮南內篇第十三·氾論》"故馬免人於難者"條:

　　故馬免人於難者,其死也葬之。牛,其死也,葬以大車爲薦。"念孫案:《藝文類聚》獸部上、《太平御覽》禮部三十四、獸部八引此並作"故馬免人於難者,其死也葬之,以帷爲衾。牛有德於人者,其死也葬之,以大車之箱爲薦。"

王氏以文不成義,取類書所引之足文。

(3) 審字形

文義難通,或細審字形而正其誤。如:

《淮南內篇第五·時則》"其兵戈"條:

　　"(孟秋之月)其兵戈。"念孫案:"戈"當爲"戉",字之誤也……四時之兵,春用矛,夏用戟,季夏用劍,秋用戉,冬用鍛,五者皆不同類。

(4) 審古音

古書用古音,故以古音定是非。如:

《逸周書第一·文酌篇》"正民"條:

　　"發滯以正民。"趙氏敬夫曰:"正疑當作振。"念孫案:"振""正"古不同聲,則"正"非"振"之誤。"正"疑當作"匡",字形相似而誤也。匡民,謂救民也。……本書中言匡者多矣。

(5) 審詞例

詞有時代性,又有作者使用的個性,因而王氏以此原則正古書之訛誤。如:

《淮南內篇第十二·道應》"尊重"條:

　　"齊王大說,遂尊重薛公。"念孫案:"遂尊重薛公"本作"遂重薛公",重即尊也。古書無以"尊重"二字連用者,唯俗語有之。《群書治要》引此無"尊"字,蓋後人所加也。

又如《淮南內篇第十八·人間》"戰武士必其死"條:

"越王勾踐,一決獄不辜,援龍淵而切其股,血流至足,以自罰也,而戰武士必其死。"……念孫案:……"戰武士必其死","士"字"其"字皆後人所加。《淮南》一書,皆謂士爲武。戰武即戰士也。……"畢""必"古字通。

(6) 審文例

詞組成短語,詞和短語組成句子,句子組成語段,皆有規律可循,王氏能運用這些規律是正古書。如:

《史記第四·張儀列傳》"飯菽"條:

"民之食,大抵飯菽藿羹。"念孫案:"飯菽"當爲"菽飯","菽飯"、"藿羹"相對爲文。《韓策》作"豆飯",豆亦菽也。姚宏校《韓策》引《春秋後語》亦作"菽飯"。

(7) 審句讀

前人有不明句讀而妄改古書者,王氏既是校勘家又是訓詁家,對古書頗精通,因而能審句讀定是非。如:

《淮南內篇第二十一·要略》"擊危"條:

"誠明其意,進退左右,無所擊危(句)。乘勢以爲資,清靜以爲常。"念孫案:"無所擊危"者,"危"與"詭"同。擊詭,猶今人言違礙也。謂進退左右,無所違礙也。……劉績不解"無所擊危"之義,乃於"無所"下加"失"字,讀"無所失"絶句,而"擊危"二字下屬爲句,其失甚矣。

(8) 審篇章

篇章上下的詞語文句之間總有某些對應之處,王氏據此而是正古書。如:

《淮南內篇第十三·氾論》"波至而自投於水"條:

"楚人有乘船而遇大風者,波至而自投於水。"念孫案:"波至而"下當有"恐"字,下文"惑於恐死而反忘生也"即承此句言之。《群書治要》《意林》……引此皆作"波至而恐"。

(9) 審古注

古注所據乃注書之前的本子,王氏據古注與正文對應關係校正訛誤。如:

《逸周書第一·允文篇》"收武釋賄"條:

"收武釋賄,無遷厥里。"念孫案:"收武"二字文義不明,"武"當爲

"戎",字之誤也。"收戎釋賄"者,謂勝敵之後,收其兵器,毋取財賄也。據孔注云"收其戎器",則本作"收戎"明矣。

(10) 考文獻

各本歧異,有涉及名物制度史實傳說等不易作出判斷者,王氏查考文獻斷其是非。如:

《史記第一·項羽本紀》"西北至定陶"條:

"項梁起東阿,西北至定陶,再破秦軍。"念孫案:"西北至定陶"《漢書》作"比至定陶",是也。考《水經·濟水篇》,濟水自定陶縣東北流至壽張縣西,與汶水會。又北過穀城西。穀城故城即今東阿縣治。東阿故城在其西北,而定陶故城在今定陶縣西北。是定陶在東阿之西南,不得言西北至定陶也。"比""北"字相近,故"比"誤爲"北"。後人以上文云"項梁已破東阿下軍,數使使趣齊兵,欲與俱西",因於"北"上加"西"字耳。《文選·王命論》注引《史記》無"西"字。

(11) 參他書

他書有與所校書共同記述同一問題的,尤其是二書有淵源關係的,王氏亦以參校。如:

《漢書第一·高帝紀》"生此"條:

"此沛公左司馬曹毋傷言之,不然籍何以生此。"念孫案:"生"當爲"至",字之誤也。《史記·項羽記》《高祖紀》並作"至",《通鑑·漢紀一》同。

(12) 據情理

有些斷無校勘資料可以比勘,王氏即據情理推定是非。如:

《戰國策第三·燕策》"足下皆"條:

"足下皆自覆之君也,僕者進取之臣也。"念孫案:"皆"字義不可通。"皆"當爲"者","足下者"與"僕者"相對爲文,今作"皆"者,因上文"皆自覆之術"而誤。

王氏的校勘成果特別是校勘方法確實代表了清代的水平,值得我們今天很好借鑒。但是,王氏校書妄逞臆說之處亦復不少,這個問題留待下文再予討論。

總而言之,清人校勘有如下幾個方面的特點:

(一)校勘家輩出,以上介紹已可見之。

(二)校勘的範圍廣、數量大。經過清代官私的努力,被前人認爲重要的典籍差不多都經過了校理,甚至一種書就有數家做過功夫。

（三）隨著古代語言學等科學的發展並運用於校勘，清人的校勘比前人精審。

（四）能够廣泛運用校勘資料，比前代更重視對文物的運用。如顧炎武以石壁九經校監本寫成了《九經誤字》一卷，還有吳大澂的《字説》，羅振玉的《殷商貞卜文字考》，王念孫的《讀書雜志》等都是運用這方面材料的典範。下舉顧、吳、羅書各一例。

顧校《左傳》例：

《宣十五年》"爾用而先人之治命"監本脱"而"字。

《昭二十年》"古若無死"監本作"古者"。

《二十二年》"辛丑伐京毁其西南"下有"子朝奔郊"四字，監本脱。

吳校"弔"字例：吳考金文🈳（弔）、🈳（叔）二字形近，推知《書·大誥》《君奭》之"弗弔天"、《多士》之"弗弔昊天"之"弔"皆"叔"之訛。"叔"今作"淑"，義訓爲善。《詩·小雅》"不弔昊天，"鄭箋言"不善乎昊天也"。《左傳》魯哀公誄孔子"昊天不弔"，先鄭注《周禮·大祝》引作"閔天不淑"，皆可證之。

羅校《史記》例：羅考甲骨刻辭中帝王名謚十有七，其"大乙"殆即《史記》之"天乙"。以殷初諸王大丁、大甲、大庚、大戊例之，則"天乙"當爲"大乙"之訛無疑。

清代特别是乾嘉間校勘取得如此成就及其原因，曾國藩早有總結，他說：

惟校讎之學，我朝獨爲卓絶。乾嘉間，巨儒輩出，講求音聲、故訓，校勘疑誤，冰解的破，度越前世矣。①

簡要而中肯。

第八節　民國的校勘

民國校勘成績也不小，如魯迅校《嵇康集》、謝承《後漢書》、謝沈《後漢書》、虞預《晉書》《雲鑒雜記》，盧弼彙校彙注《三國志》和裴注，馬叙倫校《老子》，蒙文通領校成玄英《老子義疏》《李榮老子注》，許維遹校《吕氏春秋》《管子》，劉文典校《莊子》《淮南子》《韓非子》，孫楷第校王先慎《韓非子

---

① 《經史百家簡編序》。

集解》《劉子新論》《莊子》《淮南子》,聞一多校《楚辭》,姜亮夫校《切韻》(王國維寫本),周祖謨校《廣韻》,丁福保集校《說文》,等等。

從校勘的對象看,民國時期校勘的一個最大特點是對舊小說的校勘。小說向被視爲小道,所以清代以前對舊小說的校勘並不重視。近代受西學影響,校勘界對小說也重視起來了。校舊小說用力最勤的要算汪原放。他校有《紅樓夢》《水滸傳》《續水滸傳》《海上花》《老殘遊記》《兒女英雄傳》《三國演義》《儒林外史》《鏡花緣》《西遊記》等。他嚴選底本,詳加校勘,使得校後之書成了享有盛名的善本。如他校《紅樓夢》,共校了3次,所校改者字數達21,506個之多。除汪氏外,史錫華校《選印聊齋志異原稿》,俞平伯校《三俠五義》《浮生六記》,汪乃剛校《宋人話本》《醒世姻緣傳》《醉醒石》《今古奇觀》《娛目醒心編》《西遊補》及雜劇《西遊記》,劉半農校《何典》,川島校《雜纂四種》,范遇安校《渾如篇》,王品青校《癡華鬘》,黎烈文校《大宋宣和遺事》《新編五代史平話》《大唐三藏取經詩話》及《京本通俗小說》,丁文江校《徐霞客遊記》,郭沫若校《西廂記》,魯迅校錄《唐宋傳奇集》,等等,都取得了很大成績。

傳世佛藏、醫籍等其他典籍的校勘也取得了不小的成績。如呂澂編校《漢藏佛教關係史料集》(收《漢譯藏密三書》《藏傳中土佛法源流》二種)、《藏要》,江味農居士校《金剛經》,喜饒嘉措校《布敦全集》、大藏經《甘珠爾》部,周小農輯校醫籍《王旭高醫書六種》《高上池醫學問對》《曾心壺脚氣芻言》《日本今村亮醫事啓源》《馬培之外科傳薪集》,顧隨輯校《元明殘劇八種》,趙正印校《泰山石堂老人文集》,等等。

隨著敦煌藏經室的發現、敦煌學的興起,民國時期對敦煌寶卷的搜求集校理蔚然成風。羅振玉是爲大家,校錄有《敦煌零拾》,還有許多專書的校理,如《敦煌古寫本〈周易王注〉校勘記》《敦煌古寫本〈毛詩〉校記》《〈周易王弼注〉唐寫本殘卷校字記》《姚秦寫本僧肇維摩詰經解殘卷校記》等。其他不少學者也取得了不小的成績,如陳寅恪《〈秦婦吟〉校箋》,潘重規《敦煌唐寫本尚書釋文殘卷跋》,蔣伯斧《〈尚書顧命〉殘本校記》,趙政《敦煌〈左傳〉殘卷校記》,林秀一《補訂敦煌出土〈孝經鄭注附校勘記〉》,諫侯《唐寫本郭璞注〈爾雅〉校記》,馬叙倫《唐寫本〈經典釋文〉殘卷校語補正》,吳士鑒《法京藏敦煌唐寫本〈經典釋文〉校語及序》,王利器《敦煌舊鈔卷子本〈説苑・反質篇〉殘卷校記識語》,鈴木虎雄《敦煌本文心雕龍校勘記》,劉厚滋《唐寫本大方廣佛華嚴經回向品殘卷校記》,金九經《校刊唐寫本楞伽師資記》,鈴木貞太郎《敦煌出土荷澤神會禪師語録、興聖寺本六祖壇經、敦煌出土六祖壇經（校訂並解說）》，等等。這是民國時期校勘上的一件大事。

歷代的藏書家，往往又是校勘家，他們對校勘事業或多或少都做過貢獻，現代也不例外，大藏書家傅增湘就是其中之一。余嘉錫《藏園群書題記續集序》說："江安傅先生挂冠以後，定居北平，閉戶不交人事，所居有山石花木之勝，取東坡'萬人如海一身藏'之句，顏之曰'藏園'。聚書數萬卷，多宋元祕本及名鈔精槧。聞人有異書，必從之假讀。求之未得，得之未讀，皇皇然如飢渴之於飲食。……暇時輒取新舊刻本，躬自校讎，丹黃不去手，矻矻窮日夜不休。凡所校都一萬數千餘卷。"又說："至於校讎之學，尤先生專門名家，平生所校書，於舊本不輕改，亦不曲徇，務求得古人之真面目。"傅增湘在《校本〈文苑英華〉跋》中也說自己："獨於古籍之緣，校讎之業，深嗜篤好，似挾有生以俱來，如寒之索衣，飢之思食，無一日之可離。"直至晚年，他還校了篇幅達1,000卷的《文苑英華》，寫有《文苑英華》校記數十萬字。

據統計，傅增湘藏書近200,000卷，校書16,000餘卷。他的著作涉及校勘和校勘可資者有：《雙鑒樓善本書目》4卷，《雙鑒樓藏書續記》2卷，《藏園群書經眼錄》19卷，《藏園訂補邸亭知見傳本書目》23卷，《藏園群書題記》20卷，附錄2卷，《張元濟傅增湘論書尺牘》1卷，《藏園續收善本書目》4卷，《雙鑒樓珍藏宋金元秘本書目》1卷，《藏園校書錄》4卷。倫明《辛亥以來藏書紀事詩》說他："篇篇題跋妙鈎玄，過目都留副本存。手校宋元八千卷，書魂永不散藏園。"

講民國校勘，我們也不能不提及商務印書館和中華書局在校理古籍上所做的貢獻。如商務影印了《四部叢刊》（收書504種）《百衲本二十四史》，中華排印了《四部備要》（收書336種），[①]這些古籍雖然是影印或排印，但二家也做了不少校勘工作。首先要以數本對勘才能定其底本，如《四部叢刊例言》說："茲編所採錄者，皆再三考證，擇善而從。……非逐一細校，不能辨其是非。"張元濟等人在校核《二十四史》時，校勘記就寫了一百幾十冊，《校史隨筆》一書即是從中摘出的重大校勘範例。[②] 即使是照相影印，在選好底本之後還要做好描潤工作才能影印，這種描潤工作就是校勘。如張元濟在《記影印描潤始末》一文中，介紹了《百衲本二十四史》

---

① 《四部叢刊》和《四部備要》收書數目各家所載不同，這裏採用的是杜澤遜的說法，見《文獻學概要》第九章《類書與叢書》，中華書局2001年版，頁323、324。

② 張元濟著《百衲本二十四史校勘記》由王紹曾等整理，商務印書館出版。

尤其是底本最模糊的宋刻南北七史的描潤工作的具體辦法時説：

> 原書攝影成，先印底樣，畀校者校版心卷第葉號，有原書以原書，不可得則以別本。對校畢，有闕或顛倒，咸正之。卷葉既定，畀初修者以粉筆潔其版，不許侵及文字。既潔，覆校，粉筆侵及文字者，記之，畀精修者糾正。底樣文字，有雙影，有黑眼，有搭痕，有溢墨，梳别之，梳别以粉筆。有斷筆，有缺筆，有花淡筆，彌補之，彌補以硃筆。仍不許動易文字，有疑，闕之，各梳於左右闌外。精修畢，校者覆校之，有過或不及，復畀精修者損益之。再覆校，取武英殿本及南北監本、汲古閣本與精修之葉對讀，凡原闕或近磨滅之字，精修時未下筆者，或彼此形似疑誤者，列爲舉疑，注某本作某，兼述所見，畀總校。總校以最初未修之葉及各本與既修之葉互校，復取昔人校本史之書更勘之。既定爲某字，其形似之誤實爲印墨漸染所致或僅屬點畫之訛者，是正之，否則仍其舊。其原闕或近磨滅之字，原版有痕迹可推證者，補之，否則寧闕。闕字較多，審係原版斷爛，則據他本寫配，於闌外記某行若干字據某某本補。復畀精修者摹寫，校者以原書校之，一一如式，總校覆校之。於是描潤之事畢，更取以攝影。攝既，修片。修既，製版。製版清樣成，再精校。有誤，仍記所疑，畀總校。總校覆勘之，如上例。精校少則二遍，多乃至五六遍。定爲完善可印，總校於每葉署名，記年月日，送工廠付印。

這種影印前的描潤工作絲毫不減於一般的校勘書籍。商務、中華這些影印、排印的書籍在後來產生了很大的影響，是與這些書籍的校勘質量有著很大的關係的。

第九節　建國以來大陸的校勘

建國以後，國家對古代文化遺產的整理和利用很重視，1958 年 2 月 9 日至 11 日，國務院科學規劃委員會在北京召開古籍整理出版規劃小組成立會。確定小組由齊燕銘主持工作，屬國務院直接領導，中華書局爲整理出版古籍的專業出版社，並製定了第一個十年古籍整理出版規劃(1962—1972)。從建國到"文革"前的十幾年時間内整理出版了兩千多種古籍。

"文革"十年内亂，不僅古籍整理出版工作幾乎完全停頓，而且原有的綫裝古籍和鉛印古籍損失慘重。如果不把古籍整理工作抓緊抓好，就有可能出現我們的子孫後代由於看不懂歷史文化典籍而造成民族優良文化傳統中斷的危險。陳雲十分重視這個問題，於 1981 年 4 月，專門就認真抓整理古籍工作問題作了指示。他説：整理古籍，把祖國寶貴的文化遺產繼承下來，是一項關係到子孫後代的重要工作。現已整理和出版的約兩千多種，還差得很遠，得搞上百年。整理古籍不僅要作標點、注釋、校勘、訓詁，還要有今譯；應組成上屬國務院的古籍出版規劃小組來領導這項工作，並由這個小組提出一個為期30年的古籍整理出版規劃；古籍整理工作可依托高等院校，在一些有條件的大學，成立古籍研究所；要將各地許多分配不對口的古籍專業人員，盡可能收回來，安排到整理古籍的各專門機構；國家應編製一個經費概算，以支持這項事業，儘管國家現在有困難，也要花點錢。① 1981年9月17日中共中央發出《關於整理我國古籍的指示》，決定成立由李一氓為組長的古籍整理出版規劃小組，直屬國務院。② 12月10日國務院發出《關於恢復古籍管理出版規劃小組的通知》。1982年3月18日至24日在北京召開了古籍整理出版規劃會議，這次會議討論和製訂了"九年規劃"（1982—1990），包括漢文的文學、語言、歷史和哲學等方面古籍3,100餘種。會議還研究了人才培養和建立研究機構等問題。此後，又召開了多次古籍整理專門會議。如1990年12月5日至8日在煙臺召開了全國古籍整理出版工作座談會，1992年5月25日至31日，在北京召開了第三次全國古籍整理出版規劃會議，製訂了新的"十年規劃"（1991—2000）。2000年10月23日至25日在北京召開了國家古籍整理出版"十五"規劃項目審議會，等等。現在該小組每年評選、資助出版《中國傳統文化研究叢書》10種，出版《中國古籍研究》年刊，並於1993年創辦了《傳統文化和現代化》雜誌（雙月刊）。全國古籍整理出版工作預計2080年完成。

另外，1982年，在國務院古籍整理出版規劃小組的策劃、指導下，由衛生部古籍整理出版辦公室製訂了中醫古籍整理出版規劃，《衛生部1982—1990年中醫古籍整理出版規劃》，並在瀋陽召開了全國中醫研究、教學單位的中醫名家和文獻專家會議，製訂了《中醫古籍整理校注通則》。規劃要求於10年內點校、整理中醫古籍560種。出版單位則以人民衛生出版社為主。1986年衛生部製定了《中醫古籍文獻研究整理出版的管理辦法（試行）》。

1983年成立了中國少數民族古籍整理出版規劃小組，作為國家民族

---

① 參見陳雲：《整理古籍是繼承祖國文化遺產的一項重要工作》，《陳雲文選》第3卷，人民出版社1986年版，頁289—291。

② 後改為"國家古籍整理出版規劃小組"，1998年改屬新聞出版署。

事務委員會領導的一個常設機構。負責組織、協調、聯絡、指導中國少數民族古籍整理工作，業務上受古籍整理出版規劃小組指導。古籍整理出版的内容包括歷史、語言、文學、藝術、哲學、宗教、天文、歷算、地理、醫藥、生産技術、工藝美術和建築等方面。對漢文古籍和外文典籍中有關中國古代少數民族的資料也進行收集整理出版。1986年6月23日至28日在瀋陽召開了全國少數民族古籍整理出版規劃會議。

同年，教育部成立了全國高校古籍整理研究工作委員會，製定高校古籍整理出版計劃。

1981年以後，各省市及高等學校也大多相繼成立了古籍整理研究部門，不少省市還專門爲出版古籍成立了一批古籍出版社。這些古籍整理研究機構，以招收研究生或其它培訓形式培養了一批古籍整理人才。

經過30年的努力，古籍整理已大見成效。歷代許多重要的典籍已得到整理出版或規劃即將整理出版。

綜觀建國以來的校勘工作，最主要的有如下特點：

（一）校勘工作和古籍整理其它方面的工作結合起來做，最多見的是校點、校注點的結合，而且基本上有校必點。如王孝魚的《周易外傳》點校，黄永年的《古本竹書紀年輯校》《今本竹書紀年疏證》校點，項楚的《王梵志詩校注》，王學初的《李清照集校注》，黄征、張涌泉的《敦煌變文校注》，朱鑄禹的《全祖望集彙校集注》，方向東的《賈誼集彙校集解》等皆是。

（二）注意普及研究兩方面。如郭沫若校訂的《鹽鐵論讀本》即是供一般讀者閱讀的，篇幅僅72,000字；而王利器的《鹽鐵論校注》則主要地是供研究者使用的，其篇幅則爲272,000字。

（三）與上條研究相關的一個特點是求全。求全有各種方式。有求一家之全者，如詹鍈主編的《李白全集校注彙釋集評》、屈守元主編的《韓愈全集校注》、陳鐵民編著的《王維全集校注》，蕭滌非主編的《杜甫全集校注》等。有求一代一體之全者，最著名的例子可舉國家古籍整理跨世紀工程的"八全一海"：董治安主編的《兩漢全書》，周勛初、傅璇琮等主編的《全唐五代詩》，傅璇琮等主編的《全宋詩》，曾棗莊、劉琳主編的《全宋文》，李修生主編的《全元文》，王季思主編的《全元戲曲》，錢伯城等主編的《全明文》，章培恒等主編的《全明詩》，鄭克晟主編的《清文海》。還有薛瑞兆、郭明志編纂的《全金詩》，南京大學中文系《全清詞》編纂委員會編的《全清詞》等。

（四）一種書可以有幾種各有特色的校本出版。如《洛陽伽藍記》，有范祥雍的《洛陽伽藍記校注》，又有周祖謨的《洛陽伽藍記校釋》。前者以明如隱堂本爲底本，主要用吳琯本、《漢魏叢書》本參校。後者亦以如隱堂本爲底本，參考不同的版本並搜集了唐、宋古書和元《河南志》，明《永樂大典》中引用原書的文字，進行校勘和注釋，各有特色。

（五）重視社會科學方面的古籍，也同樣重視自然科學方面的古籍。下面舉幾個學科爲例。農書如石聲漢校釋而成的《齊民要術今釋》，楊宏道、鄒介正的《抱犢集校注》，李長年的《農桑經校注》，中國農業遺產研究室校勘的《農政全書》；醫書如人民衛生出版社校點分段的《黃帝內經素問》，河北中醫學院的《靈樞經校釋》，吳考槃的《黃帝素靈類選校勘》，劉衡如校的《靈樞經》；數學如錢寶琮校的《算經十書》，商務印書館校的《疇人傳》；等等。

（六）重視傳世古籍，同時也重視出土文獻。如崔憲的《曾侯乙編鐘鐘銘校釋及其律學研究》，戴維的《帛書老子校釋》，鄧球柏的《帛書周易校釋》，高明的《帛書老子校注》，魏啓鵬、胡翔驊的《馬王堆漢墓醫書校釋》，高大倫的《張家山漢簡〈脈書〉校釋》，項楚的《王梵志詩校注》，黃征、張涌泉的《敦煌變文校注》，吳福熙的《敦煌殘卷古文尚書校注》，周紹良等的《敦煌變文講經文因緣輯校》，等等。

（七）重視漢語古籍，同時也重視少數民族古籍。如額爾登泰、烏雲達賚的《〈蒙古秘史〉校勘本》，薩囊徹辰的《新譯校注〈蒙古源流〉》。藏文《巴協》《西藏王臣記》《紅史》，維吾爾文《烏古斯可汗傳》《福樂智慧》《樂師傳》，少數民族三大史詩藏族的《格薩爾王傳》、蒙古族的《江格爾》、柯爾克孜族的《瑪納斯》也都得到了校理出版。

（八）重視常見古籍，同時重視地方文獻。如《江蘇地方文獻叢書》，收有《吳地記》《吳郡圖經續記》《吳郡志》《太湖備考》等"有極高的學術價值和文獻價值的書"31種。① 現在幾乎各省市自治區都有地方文獻校理出版。

（九）繼承民國對舊小説校理的好風氣。如《世説新語》《搜神記》《太平廣記》《三國演義》《水滸》《西遊記》《紅樓夢》《聊齋志異》《儒林外史》《好逑傳》《鏡花緣》《英烈傳》《三俠五義》《二十年目睹之怪現狀》《明清笑話》等等都經過校理出版了。

---

① 參馮其庸《鄉邦要籍·史學精品》，文載《光明日報》2000年3月22日。

（十）校勘者可以與其他方面的工作者分工合作整理一種書。如1957年人民文學出版社出版的《紅樓夢》爲周汝昌等校點，啓功注釋，1996年江西人民出版社出版的《景德鎮陶録校注》爲歐陽琛、周秋生校點，盧家明、左行培注釋。

（十一）古籍校理與電子網絡技術相結合。據網易2000年宋代史研究學術動態報道：四川大學巴蜀文化研究所已與美國哈佛燕京學社、臺灣中央研究院史語所洽談，達成三方合作共建協議。由哈燕社、中央研究院籌集30萬圓整理"宋會要輯稿"、100萬圓研製《全宋文》海外網絡版，以不低於《全宋文》的資金用於"宋遼金元文學資料庫"和"巴蜀文獻"、"西南民族資料"、"歷代族譜資料"的開發和利用。①

（十二）校勘的總體質量大有提高。因爲，當代人有科學的思想理論作指導，又能得到現存的所需資料，又有先進和科學手段幫助。這在前章《古今人校勘條件的對比》一節已述，請參。

上面所舉數條特點，也是這個時期校勘的優點，今後校理古籍應該發揚。但是，我們也應該看到，六十年的校勘也存在著不足。其中最主要的問題是一些著作或一些著作的某些部分、某些方面校勘質量不高。可以參看國務院古籍整理出版規劃小組編的《古籍點校疑誤匯録》和各種報刊和網站發表的有關這方面的文章。

建國六十餘年來，校理書籍雖有數千上萬種之多，但中國古籍有一二十萬種，古籍整理"搞上百年"，校勘工作亦不可終輟，任重道遠。

第十節　臺灣的校勘

六十餘年來臺灣的校勘同樣取得了不小的成績。1996年彭正雄發表《臺灣地區古籍整理及其貢獻》②一文，對臺灣四十多年的古籍整理做了綜述介紹。提要中說："在四十年代末期以前，臺灣地區典藏的古籍數量有限，所以也説不上什麼整理的工作，近四十多年對古籍整理工作有些成就。"正文第四部分是"校勘"，舉有若干例，下予節録：

　　史語所校印《明實録》，附有校勘記，係黄彰健先生主持，除廣羅

---

①　參北京市文物局北京文博綱2004年7月12日首博資訊文《中外聯合整理宋代史料》。

②　文載《"國立中央圖書館"臺灣分館館刊》第3卷第1期(1996.9)。

異本外，並參校若干明代史料。無論在量和質的方面，都很可觀，不僅對明史研究有很大貢獻，在古籍整理上也值得推崇，可引爲範例。

　　國史館除了纂修民國史以外，因《清史稿》迄未修訂完成，所以也兼負纂修《清史》之責，不過茲事體大，先約聘若干專家學者，就《清史稿》加以校注。

　　至於專門從事校勘的學者如王叔岷先生，在幾乎遍校子書之後，又以十多年的功力校勘《史記》，先分篇在學術刊物陸續發表，再加以校訂，結集成書，自然受中外學者重視。

　　王先生的門人，也多有從事校勘工作的，如羅聯添先生校注《白居易文集》。

　　現本彭文，就所知略加詳之。

　　傳世文獻方面，史書成就的確最大。黃彰健主持《明實錄》的校勘，附《校勘記》29冊，由臺灣中央研究院歷史語言研究所刊行，1968年全部出版完畢。王叔岷《史記斠證》，花17年工夫完成。60年代到80年代陸續發表於史語所集刊等，後集編成書十巨冊，亦由史語所刊行。清史稿校注編纂小組編纂《清史稿校注》，80年代以來由臺灣國史館分冊逐步刊行，這也是一項很大的工程。80年代臺北鼎文書局出版有點校本正史《史記》《漢書》《後漢書》《三國志》《晉書》《宋書》《南齊書》《梁書》《魏書》《北齊書》《周書》《南史》《北史》等。80至90年代臺灣中央研究院根據鼎文書局標點本等校理的《二十五史》已經上網免費檢索。說明之二曰："對於校閱中所發現有疑誤之文字，經查對該書三種以上之主要版本（如百衲本、武英殿本、汲古閣本等），並參照中華書局點校本後，確定係點校本排印時未校出之錯字或所據以排版之刻本之誤字時，始加以更動。"還有如王崇武《明本紀校注》、張以仁《國語集證》等都是很好的史書校理著作。

　　除史書以外，子書也有不小成績。王叔岷民國以來所校子書很多，若彭文所說"幾乎遍校子書"，如《墨子斠證》《管子斠證》《晏子春秋斠證》《南宋蜀本南華真經校記》《莊子校釋》《荀子斠理》《說郛本韓非子斠記》《商君書斠補》《文子斠證》《列子補正》《淮南子斠證》《顏氏家訓斠注》等等。他的《諸子斠證》收入了不少子書校注的成果。其他如屈萬里《屈萬里先生手批老子》、林尹《新校正切宋本廣韻》等在校勘上都做出了出色的貢獻。

　　出土文獻的校理也有一些成績。如王叔岷《倫敦博物館敦煌莊子殘卷斠補》、勞榦《居延漢簡考證補正》等等。

　　臺灣在碩博論文中也有選擇校注爲題的，如陳茂仁的《新序校證》，呂春明《異苑校證》，王毓榮《荊楚歲時記校注》等。還有些論題雖然不是專門的校注，但包括著校勘的內容，如鍾克昌《帛書校王弼本老子章句字義新探》，施淑婷《敦煌寫本高適詩研究》，劉若緹《元曲散套研究》，田鳳台《呂氏春秋研究》等等。

最後要說的是，近些年來海峽兩岸的學術交流日漸加強，合作或單邊舉行了不少次有兩岸學者參加的古籍整理研究、出土文獻整理研究等相關學術會議，討論交流研究成果；兩岸的學者都可以在對方的刊物出版社發表出版學術論著。這無疑會進一步促進校勘工作以及校勘研究的發展。

第十一節　校勘學的發展

校勘之業，起自周秦，然而中國古代學術重實踐輕理論，因此前人並沒有留下多少關於校勘理論的總結，雖然前人校書必有自己的一套理論和方法。關於校勘理論的總結，今可考見的，大約要遲至唐代。前已舉的《史記正義·論字例》是關於對校本技術處理的共同規則。南宋陳騤《南宋館閣錄》卷三《儲藏·校讎式》說：

　　諸字有誤者，以雌黃塗訖，別書。或多字，以雌黃圈之；少者，於字側添入。或字側不容注者，即用朱圈，仍於本行上下空紙上標寫。倒置，於兩字間書"乙"字。諸點語斷處，以側爲正。其有人名、地名、物名等合細分者，即於中間細點。……點有差誤，卻行改正，即以雌黃蓋。朱點應黃點處並不爲點。點校訖，每册末各書臣某校正。

南宋鄭樵在其《校讎略》中説：

　　校書之任，不可不專。……劉向父子校讎天禄。虞世南、顏師古，相繼爲祕書監。令狐德棻三朝當修史之任。孔穎達一生不離學校之官。若欲圖書之備，文物之興，則校讎之官，豈可不久其任哉？

鄭氏提出了"校書當久任"的校書條件。

到了清代，校勘家們不僅重視實踐，在理論上也做了一些工作。

章學誠《校讎通義·校讎條理第七》總結了前人的校勘實踐，對校勘理論有所建樹。

　　校書宜廣儲副本，劉向校讎中祕，有所謂中書，有所謂外書，有所謂太常書，有所謂太史書，有所謂臣向書，臣某書。夫中書與太常太史，則官守之書不一本也；外書與臣向臣某，則家藏之書不一本也。

> 夫博求諸本，乃得讎正一書，則副本固將廣儲以待質也。

這是説的校書前的準備工作，廣儲副本的重要性。

> 古者校讎書，終身守官，父子傳業，故能討論精詳，有功墳典，而其校讎之法，則心領神會，無可傳也。近代校書，不立專官，衆手爲之，限以程課，畫以部次，蓋亦勢之不得已也。校書者既非專門之官，又非一人之力，則校讎之法不可不立也。竊以典籍浩繁，聞見有限，在博雅者且不能悉究無遺，況其下乎？以謂校讎之先，宜盡取四庫之藏，中外之籍，擇其中之人名地號、官階書目，凡一切有名可治，有數可稽者，略做《佩文韻府》之例，悉編爲韻；乃於本韻之下，注明原書出處及先後篇第，自一見再見以至數千百，皆詳注之，藏之館中，以爲群書之總類。至校書之時，遇有疑似之處，即名而求其編韻，因韻而檢其本書，參互錯綜，即可得其至是。此則淵博之儒窮畢生年力而不可究殫者，今即中才校勘，可坐收於几席之間，非校讎之良法歟！

這是對鄭樵"校書久任"思想的發展。認爲當代校書做不到，但可以先編各種書籍的目錄索引以供校勘時參考，以取事半功倍之效。

> 古人校讎，於書有訛誤，更定其文者，必注原文於其下，其兩説可通者，亦兩存其説；刪去篇次者，亦必存其闕目；所以備後人之采擇，而未敢自以爲必是也。

這是説要繼承沒有的證則存異不妄改的傳統。

> （校書）必取專門名家，亦如太史尹咸校數術，侍醫李柱國校方技，步兵校尉任宏校兵書之例，乃可無弊。否則文學之士但求之於文字語言，而術業之誤或且因而受其累矣。

這是説以專才校專書。

洪亮吉《卷施閣文甲集》卷七《上石經館總裁書》撰校勘義例二十四條，對石經訛誤的類型如"前後倒置"，訛誤的時代如"字有誤自魏晉以前者"，對勘的原則如"此經有可以彼經改者"、"此經有必不可以彼經改者"，訛誤的原因如"有因上下文而誤者"，字形的原則如"字當以《説文》爲本，而從否亦當斟酌者"等方面均有涉及。

洪在《上石經館總裁書》條例之前的序末説：

> 雖義難遍及，而餘庶類推，倘可施行，乞頒本館。

洪欲以這些條理化的凡例來指導石經館校勘。

王念孫《讀書雜志・淮南內篇第二十二》根據《淮南內篇》的訛誤情

況，發凡起例列有 62 條。這 62 條大致包括兩個方面的内容：一、訛誤的原因；二、訛誤的類型。關於訛誤的原因王氏總結説："凡所訂正（《淮南内篇》）九百餘條，推其致誤之由，則傳寫訛脱者半，憑意妄改者亦半也。"從其條例可見訛誤的類型很是複雜，有單誤，如"有因字不習見而誤者"，"《説林篇》：'設鼠者機動，釣魚者泛杭。'泛，釣浮也。杭讀若兀，動也。機動則得鼠，泛動則得魚。故高注云杭動，動則得魚也。而各本杭字誤爲杭矣。"這是一條中只出現一種訛誤的情況。又有多誤，如"有既誤而又妄加者"，"《主術篇》：'是故十圍之木，持千鈞之屋，五寸之鍵，而制開闔。'藏本脱'而'字，劉績不能補正，又於'制開闔'下加'之門'二字矣。"這是一條不只出現一種訛誤的情況。

王氏對訛誤的類型羅列得比較詳備，但缺少歸納綜合。

俞樾《古書疑義舉例》卷五、六、七倣王氏之例列古書疑義 37 條，其中有"不達古語而誤解"等 7 條屬於古書讀解問題，其餘 30 條則是説明古書訛誤的原因及類型。俞條例少於王而互有異同，如王有"因古字而誤"、"因隸書而誤"等，俞氏則無。俞有"一字誤爲二字"、"二字誤爲一字"，王則只有"兩字誤爲一字"。王之例以一書爲對象總結而成，俞之例則是他在校勘群書的基礎上寫出來的，可以互相補充。

近人葉德輝撰《藏書十約》，其七《校勘》説：

> 書不校勘，不如不讀。校勘之功厥善有八：
>
> 習靜養心，除煩斷欲，獨居無俚，萬慮俱消。一善也。
>
> 有功古人，津逮後學，奇文獨賞，疑寶忽開。二善也。
>
> 日日翻檢，不生潮霉，蠹魚蚊蟲，應手拂去。三善也。
>
> 校成一書，傳之後世，我之名字，附驥以行。四善也。
>
> 中年善忘，恒苦搜索，一經手校，可閲數年。五善也。
>
> 典制名物，記問日增，類事撰文，俯拾即是。六善也。
>
> 長夏破睡，嚴冬御寒，廢寢忘餐，難境易過。七善也。
>
> 校書日多，源流益習，出門探訪，如馬識途。八善也。

其論校勘的功用雖有可取之處，然而不免處處流露出舊時文人的思想情調。緊接著葉氏又説：

> 顧知校書之善矣，而不得校之之法是猶涉巨川而忘舟楫，遊名山而無籃輿，終歸無濟而已矣。今試言其法：曰死校，曰活校。
>
> 死校者，據此本以校彼本，一行幾字鉤乙如其書，一點一畫照錄

而不改。雖有誤字必存原文……①

活校者，以群書所引，改其誤字，補其闕文。又或錯舉他刻，擇善而從，別爲叢書，板歸一式。……

斯二者非國朝校勘家刻書之祕傳，實兩漢經師解經之家法。

葉從校勘的兩種不同結果——"必存原文"與"擇善而從"——把校勘方法分爲"死校"、"活校"兩種也有見地，但在實際運用中價值不大。

梁啓超在其《中國近三百年學術史》一書中把清人的校勘方法總結爲五種：②

第一種校勘法是拿兩本對照，或根據前人所徵引，記其異同，擇善而從。因爲各書多有俗本傳刻因不注意或妄改的結果發生訛舛，得著宋元刻本或精鈔本，或舊本雖不可得見而類書或其記古籍所引有異文，便可兩兩勘比，是正今謬。……這種工作的成績也有高下之分：下等的但能校出"某本作某"，稍細心耐煩的人便可以做；高等的能判斷"某本作某是對的"，這便非有相當的學力不可了。……

第二種校勘法是根據本書或他書的旁證反證校正文句之原始的訛誤。……這種辦法又有兩條路可走：第一條路是本書文句和他書互見的，……他書的同文便是本書絕好的校勘資料；……第二條路是並無他書可供比勘，專從本書各篇所用的語法字法注意，或細觀一段中前後文義，以意逆志，發見出今本訛誤之點，……這種方法好是好極了，但濫用他可以生出武斷臆改的絕大毛病，所以非其人不可輕信。

第三種校勘法是發見出著書人的原定體例，根據他來刊正全部通有的訛誤。第一第二種法對於一兩個字或一兩句的訛誤當然有效，若是全部書鈔刻顛倒紊亂，以至不能讀，或經後人妄改，全失其真，那麼，唯一的救濟法只有把現行本未紊未改的部分精密研究，求

---

① 黃丕烈《士禮居藏書題跋記》卷五《孟東野詩集》有"死校之法"之說，文曰："《孟集》余未之校，茲見香嚴周丈手校蜀本，注明元藏本者是也。此本止有五卷，所校盡此，其中誤字亦多校出，是古人死校之法。妄人見之，詫爲異事，佳者宜留，而誤者宜去，何苦纖細若此。殊不知日思誤書，正是一適。而誤之所由來，或字形相近，或字義兩通，遂有一作某云云，不則古人撰述，斷無有依違兩可者，自有兩本出，而始有一作某某云矣。"

② 北京中國書店 1985 年版，頁 225—228。

得這書的著作義例，然後根據他來裁判全書，不合的便認爲訛誤。……這種方法的危險程度比第二種更大，萬不輕易用。

第四種校勘法是根據別的資料校正原著之錯誤或遺漏。……換言之，不是和鈔書匠刻書匠算賬，乃是和著作者算賬。……

以上四種，大概可以包括清儒校勘學了。別有章實齋《校讎通義》裏頭所討論，專在書籍的分類簿錄法，或者也可以名爲第五種。梁氏所總結，其第四種校勘法實際上是屬於考證學的，第五種是屬於目錄學的，剩下的三種才屬於狹義的校勘學。梁氏主要講了四個方面的校勘方法：一是版本互校，二是他書比校，三是本書比校，四是運用語法字法推校。這四個方面大抵包括了歷代校勘的一般方法，然而清人校勘超越前代的地方並非是對一般方法的運用，而是綜合運用各種知識各種材料的推理校勘，這個方面梁氏則未予很好的總結。

陳垣以元本及諸本校補沈刻《元典章》，得訛誤 12,000 餘條。後做王念孫校《淮南內篇》之例，抽出 1,000 餘條編成《校勘學釋例》一書。其書後記說："《元典章》係一部內容豐富而又極通俗的書，通俗的書難得板本好、寫刻精，沈刻《元典章》不然，寫刻極精，校對極差，錯漏極多，最合適爲校勘學的反面教材，一展卷而錯誤諸例悉備矣。"陳氏把錯誤分成 5 大類：一、行款誤，二、通常字句誤，三、元代用字誤，四、元代用語誤，五、元代名物誤。共統帥 50 例。而《釋例》價值最大的是陳氏對校勘方法的總結。《釋例》卷六《校法四例》的對校法、本校法、理校法，即是陳氏對校勘方法較爲概括的總結。但是陳氏的總結仍有不足之處，一是沒有說明幾種方法之間的關係，二是對每種方法沒有進行詳細的分析。這些我們留待《校勘的方法》一章再予討論。

胡適爲陳垣《元典章校補釋例》作序曾闡述了自己對校勘的一些看法。如：

校勘學的任務是要改正這些傳寫的錯誤，恢復一個文件的本來面目，或使他和原本相差最微。校勘學的工作有三個主要成分，一是發現錯誤，二是改正，三是證明所改不誤。

指出校勘的任務和校勘工作的三個主要成分。再如：

改定一個文件的文字，無論如何有理，必須在可能的範圍之內提出證實，凡未經證實的改讀，都只是假定而已，臆測而已。證實之法，最可靠的是根據最初底本，其次是最古傳本，其次是最古引用本文的書。萬一這三項都不可得，而本書自有義例可尋，前後互證往往也可以定其是非，這也可算是一種證實。此外雖有巧妙可喜的改讀，只是校者某人的改讀，足備一說而不足成爲定論。

提出"證實之法"，分析證實材料的價值層次。再如：

> 所以校勘之學無處不靠善本，必須有善本互校方才可知謬誤，必須依據善本方才可以改正謬誤，必須有古本的依據方才可以證實所改的是非。凡没有古本的依據而僅僅推測某字與某字形似而誤，某字涉上下文而誤的，都是不科學的校勘。

> 王念孫、段玉裁用他們過人的天才與功力，其最大成就只是一種推理的校勘學而已。推理之精者，往往也可以補版本之不足。但校讎的本義在於用本子互勘，離開本子的搜求而費精力於推敲，終不是校勘學正軌。

強調善本在校勘中的作用；論述理校的作用，理校與對校的關係。再如：

> 以上三步功夫，是中國與西洋校勘學者共同遵守的方法……所不同者，西洋印書術起於十五世紀，比中國晚了六七百年，所以西洋古書的古寫本保存的多，有古本可供校勘，是一長。歐洲名著往往譯成各國文字，古譯本也可供校勘，是二長。歐洲很早就有大學和圖書館，古本的保存比較容易，校書的人借用古本也比較容易，所以校勘之學比較普及，只算是治學的人一種不可少的工具，而不成爲一二傑出的人的專門事業，這是三長。在中國則刻印書流行以後，寫本多被抛棄了，四方鄰國偶有古本的流傳而無古書的古譯本，大學與公家藏書又都不發達，私家學者收藏有限，故工具不夠用，所以一千年來，够得上科學的校勘學者不過兩三人而已。

最早把中西方的校勘進行了比較。

另外，他説陳垣"拼得用極笨的死功夫，所以能有絶大的成績"，這對校勘工作者所應具有的工作態度有普遍的意義。

胡適的這篇序雖有一些值得商榷的地方，如過分強調異本的互勘作用、説"一千年來，够得上科學的校勘學者不過兩三人而已"等，但却不失爲一篇優秀的校勘學論文，在校勘學的發展史上應該佔有重要的地位。

上面是前人對古書訛誤及其原因和校勘的條例、方法、功用等的論述。

三四十年代出版了幾種以"校讎"或"校讎學"命名的專著，如胡樸安、胡道靜的《校讎學》，向崇魯的《校讎學》，蔣元卿《校讎學史》、蔣伯潛的《校讎目録學纂要》，劉咸炘的《校讎述林》《續校讎通義》等。這些都是研究廣義校讎的，但都或多或少涉及一些校勘學的内容，如論校讎史有校勘史的內容,論校讎方法有校勘方法的內容。諸如此類都是建立校勘學的基礎。

　　80年代以後,陸續出版了幾種校勘學的專著,如戴南海的《校勘學概論》,倪其心的《校勘學大綱》,錢玄《校勘學》,王雲海、裴汝誠的《校勘述略》,謝貴安的《校勘學綱要》,管錫華的《校勘學》,田代華主編的《校勘學》,林艾園的《應用校勘學》,程千帆、徐有富的《校讎廣義·校勘編》,張涌泉、傅傑的《校勘學概論》等。管錫華在1986年定稿的《校勘學》一書中在總結了三四十年代以前的校勘學發展後寫道:"綜上所述可見:(1)校勘與校勘學的發展不相協調,校勘成績不小,而理論建樹不夠。(2)可以說至今仍沒有獨立系統的校勘學。"①80年代以後出版的這些校勘學專著則真正建立起了獨立系統的校勘學理論體系。

　　臺灣方面,幾十年來校勘學的研究也取得了豐碩的成果,專著有黃寶實的《校勘學講稿》,楊家駱主編的《校讎學系編》,王叔岷的《斠讎學》等。

練習題

1. 簡述漢唐清三代校勘的成就。
2. 簡述20世紀80年代以來大陸校勘的成就與特色。
3. 試析梁啟超與陳垣校勘方法的異同。
4. 簡述陳垣以後校勘學的新發展。

---

①　安徽教育出版社1991年版,頁76。

第三章　古書訛誤的一般情況

古書在流傳過程中所發生的訛誤情況是很複雜的，前人比較詳細條列的有彭叔夏《文苑英華辨證》，洪亮吉《卷施閣文甲集》卷七《上石經館總裁書》，高郵王氏父子的《讀書雜志·淮南內篇第二十二》《經義述聞》卷三十二，俞樾《古書疑義舉例》卷五、六、七和陳垣《校勘學釋例》等。綜而觀之，古書訛誤的情況不外誤、脫、衍、錯位四種，但是，從訛誤的形式和原因來看，誤、脫、衍、錯位各自又有許多不同的類型。現分節詳述於次。

第一節　誤

誤，指字形的錯訛。

一、鈔刻而誤

（一）形近而誤

（1）一般的形近而誤　漢字的形體有不少相差甚微，如戊戌戍戎戒、已巳己、日曰等等，只是多一點少一點、一筆長一筆短，或者是筆畫全同僅字形長一些扁一些、有鈎無鈎而已，這些字在鈔刻（包括排印）中極易發生訛誤。我們先看"日""曰"之例。

《老子》五十五章：

　　知和曰常，知常曰明，益生曰祥，心使氣曰強。

河上公注："人能知道之常行，則日以明達於玄妙也。"成玄英疏："多貪世利，厚益其生，所以煩惱障累，日日增廣。"又說："是以生死之業，日日強盛。"可見漢、唐二家所見之本則已誤為"日祥"、"日強"了。馬王堆漢墓出土的帛書《老子》甲乙本皆作"曰"字。

《經典釋文》遇到這樣的字也有注爲二音的,如《周易·大畜九三》"曰閑輿衛"下曰:"'曰'音越……鄭人實反。"《詩·七月》"曰爲(改歲)"下曰:"上者越,……一讀上而實反。"人實反、而實反均切爲"曰",可見"曰"、"日"二字互訛的現象在古書中已屬常見。

又如《韓非子·説林下》:

> 弱子扜弓,慈母入室閉户。

句中"扜"字實爲"扜"字之誤。扜弓即引弓。《説文·弓部》收有"弙"字,釋曰:"滿弓有所鄉(通向)也。"此字多寫作"扜",如《大荒南經》:"有人方扜弓射黃蛇。"郭璞注:"扜,挽也,音紆。"《吕氏春秋·雍塞篇》:"扜弓而射之。"高誘注:"扜,引也。"皆是。《韓非子》此句言弱子扜弓,則矢必妄發,故慈母入室閉户,若作"扞禦"之"扞",則義不可通。

(2) 古文相似而誤

《左傳·昭公十二年》:

> (楚)王曰:"昔諸侯遠我而畏晉,今我大城陳、蔡、不羹,賦皆千乘,子與有勞焉。諸侯其畏我乎?"(左尹子革)對曰:"畏君王哉!是四國者,專足畏也。又加之以楚,敢不畏君王哉?"

這裏"四"是"三"字之誤。"三國"指上言陳國、蔡國和不羹城的城邑。古文"四"作四橫畫"亖"與"三"形近。

又如《戰國策·趙策》:

> 逾年歷歲未見一城也。

《史記·趙世家》"見"作"得",是。"得"古文作"导",因而誤爲"見"。

(3) 篆文相似而誤

《吕氏春秋·别類》:

> 小方大方之類也,小馬大馬之類也。

"小方大方"義不可通。"方"即"犬"字之誤,"犬""馬"義正相類。篆文"方"作"𣂑","犬"作"𤝈"形近。

又如馬王堆漢墓帛書《戰國縱橫家書》:

> 禾穀豐盈。

今本《戰國策》《史記》"禾穀"皆作"年穀",帛書"禾"是"年"字之誤。古籍多言"年穀",如《禮記·曲禮下》"年穀不登",《荀子·富國篇》"年穀復熟",《列子·黃帝篇》"年穀常豐"皆是,而罕言"禾穀"。"年"篆文作"秂""禾"作"木",形似而誤。

（4）隸書相似而誤

《淮南子·道應》：

乃止駕，止柸治（高誘注：楚人謂恨不得爲柸治也），悖若有喪也。

後"止"是"心"字之誤。隸書"心"作"㣺"，"止"作"㫖"，二形相似。《論衡·道虛》作"心不台"，"不台"即"柸治"，亦即"不怡"。

又如《公羊傳·定公四年》：

闔廬曰："士之甚，勇之甚。"

《穀梁傳》"士"作"大"。作"大"是有道理的。伍子胥父被楚所誅，伍子胥挾弓離楚，去見闔廬。這句即是闔廬對伍子胥欲爲父報仇的稱道，意謂你報復這種行動偉大得很啊，勇敢得很啊。"士"隸書作"士"，"大"隸書作"大"，形近致誤。

（5）俗書相似而誤

《淮南子·兵略》

風雨可障蔽，而寒暑不可開閉。

"開"是"關"字之誤。寒暑無所不入，所以不可關閉，作"開"則義不可通。俗書"關"字作"开"，與"開"字相似。

又如《氾論》：

越城郭，踰險塞，姦符節，盜管金。

"金"是"璽"字之誤。"金"與繁體的"璽"字字形相差甚遠，難以致誤。因俗書"璽"字作"玺"，故誤作"金"。

還有一種情況比較特殊，即由於某字的俗書與他字相似而誤成了某字。

《淮南子·要略》：

通古今之論，貫萬物之理。

唐寫卷子原本《玉篇》"譚"字下引《淮南子》此文作"通古今之風氣，以貫譚方物之理"。"萬"作"方"是。"方物"謂各方產物，即《尚書·旅獒》"無有遠邇，畢獻方物"之"方物"。蓋"方"與俗書"萬"字形近，"方"誤爲"万"而又寫爲"萬"。

（6）草書相似而誤

《淮南子·天文》：

故祭祀三飯以爲禮，喪紀三踴以爲節，兵革三军以爲制。

兵革之事，以三軍爲制。"軍"字草書作"军"，與"罕"相似而誤。

又如《逸周書·程典》：

津不行火,藪林不伐。

《管子·輕重甲篇》曰:"齊之北澤燒,火光照堂下。"尹知章解曰:"獵而行火曰燒。"是"澤"爲行火之地,而"津"非行火之地。"津"、"澤"草書分別爲"㳊""㵎",相似而誤。

(7) 半字相似而誤

《國語·魯語》:

　　夫惠本而後民歸之志,民和而後神降之福。

"本"是"大"字之誤。"大"與"本"上半相似。

(8) 壞字

《淮南子·人間》:

　　爲大室以臨二先君之廟,得無害於子乎?

"得無害於子乎"義不可通。"子"是"孝"字的壞字。《太平御覽》卷一七四引《新序》逸篇有近似文句,"子"正作"孝"。

(二) 音近而誤

(1) 音同而誤

《淮南子·道應》:

　　將軍與軍吏謀曰:"今日不去,楚君恐取吾頭。"則還師而去。

"楚君"是"楚軍"之誤。"君""軍"上古、中古皆同音,文韻見母平聲。

(2) 音近而誤　聲韻皆相近。

《墨子·非攻上》:

　　殺百人,百重不義,必有百死罪矣。當此天下之君子,皆知而非之,謂之不義。今至大爲不義攻國,則弗之非,從而譽之,謂之義。

"弗之非","之"是"知"字之誤。"之"上古、中古皆爲之韻章母,"知"上古、中古皆爲支韻,上古端母,中古知母。聲韻皆近而誤。

(3) 雙聲而誤

《莊子·外物》:

　　儒以《詩》《禮》發冢,大儒臚傳曰:"東方作矣,事之何若?"小儒曰:"未解裙襦,口中有珠。""《詩》固有之曰:'青青之麥,生於陵陂。生不布施,死何含珠爲?'接其鬢,壓其顪,儒以金椎控其頤,徐別其頰,無傷口中珠。"

"儒以金椎控其頤"之"儒"是"而"字之誤。"儒""而"上古、中古皆日母。"未解"下皆大儒之語,"儒以"句是説你用鐵椎敲他的面頰。"而"是第二人稱代詞,代小儒。

(4) 疊韻而誤

馬王堆漢墓帛書《戰國縱橫家書》第四章：

> 公玉丹之趙致蒙，奉陽君受之。

"丹"是人名，文中數見，皆不作"玉丹"。"玉"爲"欲"字之誤。上古"玉"屋韻疑母入聲，"欲"屋韻喻母入聲。其韻正同。這句是説薛公欲使丹至趙獻蒙地，奉陽君接受此地。下文："臣之齊，惡齊、勺（趙）之交，使毋予蒙而通宋使。"是説蘇秦至齊，制止薛公獻蒙地。"毋予"與"欲致"相反爲義，可證。

（三）字近而誤

字近而誤不指字形相似而誤，而指字在文句中距離不遠互相發生影響而產生的訛誤。

(1) 偏旁類化

① 涉上字偏旁而類化者

《爾雅·釋詁》：

> 簡、箌，大也。

"箌"本從"艸"作"萄"，因上文"簡"從"竹"類化而誤。

② 涉下字偏旁而類化者

《楚辭·怨世》：

> 年既已過太半兮，然坱軻而留滯。

《後漢書·馮衍傳》："非惜身之坱軻兮，憐衆美之憔悴。"李賢注："《楚詞》曰：'然坱軻而留滯。'王逸曰：'坱軻，不遇也。'"是"坱"本從"土"作"坱"，因下文"軻"從"車"類化而誤。

(2) 偏旁搬家

① 一字搬到另一字

《吕氏春秋·本味》：

> 肉之美者，猩猩之脣，獾獾之炙，雋觿之翠。

找遍《說文》《玉篇》《廣韻》《集韻》等古字書，皆未見從"角"從"燕"之字。後世類書《北堂書鈔》《初學記》《太平御覽》等皆引作"燕"。"雋觿"實是"觽燕"偏旁搬家之誤。"山"在訛誤過程中脱落。新《辭源》收有"觿"字。引前人説，以爲訛字。

② 本字偏旁位置錯亂

《淮南子·俶真》：

> 吟德懷和。

"吟"當爲"含","口""今"錯位之誤。這句句内對仗工整,若作"吟德"則與"懷和"不相類了。

（3）一字分爲二字

《淮南子·道應》：

> 軍吏曰："原不過一二日將降矣。"

"一二"是"三"字所分。古書竪行,"三"上一畫斷開即爲"一二"。《國語·晉語》《韓非子·外儲説左上》《新序·雜事四》述此事皆作"三日"。

又有一字誤分爲二字輾轉而衍者。

《宋會要輯稿》食貨：

> 草以稻草乾茭人草兼收買。

《永樂大典》作"芡人草",系將"茭"字誤書爲二字。《輯稿》改正前者而後者不删,遂成"茭人草"而衍"人"字。

（4）二字合爲一字

《夢溪筆談》：

> 北岳常岑謂之大茂山者是也。

"岑",《説文》："山小而高。"北岳恒山,"恒岑"不可通。"岑"實爲"山今"二字之誤合。《類苑》所引正作"山今"。常山即恒山,漢避文帝劉恒諱而改"恒"爲"常"。

又有二字合爲一字而原字仍存者。

《禮記·檀弓下》：

> 從母之夫,舅之妻,二夫人相爲服。

後"夫"是"二人"誤合之字,而"二人"仍存於句中。實又變成了衍一"夫"字。

（5）涉上文而誤

上幾類也是涉上下文而誤,但畢竟與下所列各例有不同之處。

《韓非子·顯學》：

> 雖有不恃隱栝而有自直之箭、自圜之木,良工弗貴也。

"雖有……而有"句子不通,下"有"字是涉上"有"字而衍之字。去此"有"字,文通字順,毫無滯礙。

又如《墨子·公孟》：

> 國亂則治之,國治則爲禮樂；國治則從事,國富則爲禮樂。

後"國治"爲"國貧"之誤。"治"與"亂"對,"富"與"貧"對。"國貧"作"國治"是涉上文"國治"而同化。

（6）涉下文而誤

《墨子·號令》：

> 令卒之少居門内，令其少多無可知也。

上"少"字是"半"字之誤。這句話是説使其卒一半在門外，一半在門内，不讓人知道卒的多少。《雜守》文"卒半在内，令多少無可知"可證。此"半"作"少"是涉下文"少多"之"少"而誤。

（7）涉上下文而誤

《史記·五帝本紀》：

> 帝顓頊高陽者，……静淵以有謀，疏通而知事；……北至於幽陵，南至於交阯，西至於流沙，東至於蟠木。動静之物，大小之神，日月所照，莫不砥屬。

第三個"至於"本作"濟於"。《正義》："濟，渡也。"張守節作注時所用本未誤。《群書治要》引作"濟"。《大戴記·五帝德》亦同。"濟於"因上下文有三個"至於"而致誤。

（8）涉注文而誤

《周禮·冬官·梓人》：

> 强飲强食，詒女曾孫諸侯百福。

注："曾孫諸侯，謂女後世爲諸侯者。"此注中上"諸侯"當爲"侯氏"，涉注之下文而誤。正文"諸侯"亦當作"侯氏"，又涉注文而誤。《大戴記·投壺》載此祭辭正作"曾孫侯氏百福"。

（9）受後世常語影響而誤

《漢書·嚴助傳》：

> 留軍屯守空地，曠日持久，士卒勞倦，越出擊之。

"持"爲"引"字之誤。"曠日持久"是後世常語，"曠日引久"則很少説，因而誤"引"爲"持"。

（5）至（9）都是語言的類化作用，（9）稍不同的是這種誤是由於人的語言習慣，不爲上下文所致。

二、臆改而誤

（1）不識古字改而誤

《禮記·大學》：

> 見賢而不能舉，舉而不能先，命也；見不善而不能退，退而不能遠，過也。

"先"爲"近"之誤。"近""遠"對文成義。"近"古文作"片",學者不識,疑爲篆文"先"(先)字之誤,即改爲"先"。

(2) 不諳古音改而誤

《逸周書·時訓》:

　　水不冰,是謂陰負,地不始凍,咎徵之咎,雉不入大水,國多淫婦。

"咎徵之咎"本作"灾咎之徵"。上古蒸、之二部字可通押,後人不知古今音變,以爲"徵"不叶"負""婦",故改爲"咎"以叶之。①

又有不知古押韻形式改而誤者。

《淮南子·説林》:

　　槁竹有火,弗鑽不然。土中有水,弗掘無泉。

"無泉"本作"不出"。後人不知這四句以"水"與"火"隔句爲韻,"鑽"與"然"、"掘"與"出"在句中各自爲韻,即改"出"爲"泉"以與"然"相押,遂造成了大錯。《文子·上德》"無泉"正作"不出"。

(3) 不知古義改而誤

《淮南子·齊俗》:

　　故聖王執一而勿失,萬物之情既矣,四夷九州服矣。

高誘注:"既,盡也。"正文及高注"既"本作"測",《羣書治要》引此文"既"作"測"。《原道》《主術》的"深不可測",《吕氏春秋·下賢》的"深而不測"高並注"測"爲"盡"。後人只知"既"有盡義,而不知"測"有盡義,於是以其所知而改其所不知。

又如《韓非子·外儲説右上》:

　　甘茂之吏通穴聞之,以告甘茂。

道藏本"通"作"道",作"道"是。道者由也,"道穴聞之",即由穴聞之。今本作"通",是後人不知"道"之古義所臆改。

(4) 不懂語法改而誤

《文選·鄒陽〈上書吴王〉》:

　　高皇帝燒棧道,灌章邯。

"灌"爲"水"字之誤。古漢語名詞"水"可以活用爲動詞,當"以水澆灌"講。《戰國策·魏策》"決熒澤而水大梁"之"水",用法即同"水章邯"之"水"。後人不懂"水"字活用,遂改爲同義詞之"灌"。《漢書·鄒陽傳》載此《書》

---

① 詳第一章《緒論》第四節《校勘要運用各種知識》"運用音韻學知識校勘例"下。

正作"水"。

（5）不知專業用語改而誤

《關漢卿戲劇集·望江亭》四折終場詞：

> 將衙內問成殺犯，杖八十削職歸田。

臧懋循編《元曲選》本"殺犯"作"雜犯"。"雜犯"是元代法律用語，指惡、殺、姦、盜等之外的犯罪。《元典章》刑部有諸惡、諸殺、諸毆、諸姦、諸贓、諸盜、詐偽、雜犯等論罪處刑的條格和判例。"雜犯"一章中之非違一節，內容多係恣逞威權、陵轢善良之類，處杖決並降職或罷職。可見《戲劇集》本之誤是校者不了解元代法律用語妄改所致。

（6）避諱改而誤

古代帝王、長、賢不可直呼其名，而必須避諱。此習亦反映在古書之中，前人刻書凡遇所諱之字即予避開。避諱的方法之一就是改字。如清康熙皇帝名玄燁，因而清人或改"玄"爲"元"。我們翻開清阮元校刻的《十三經注疏》，可以看到"鄭玄"成了"鄭元"，"唐玄宗"成了"唐元宗"，"玄鳥"成了"元鳥"，等等。①

又如《吕氏春秋·長利》：

> 堯理天下，吾子立爲諸侯。

《莊子·天地》《新序·節士》並作"堯治天下"。上文亦有"堯治天下，伯成子高立爲諸侯"，此獨作"理"者，爲唐人避高宗之諱所改。

又有因避諱改字而輾轉致誤者。

《管子·霸言》：

> 故貴爲天子，富有天下，而伐不謂貪者，其大計存也。

"伐"本作"世"，唐人避太宗李世民諱，改"世"爲"代"，後人傳寫又誤"代"爲"伐"。

避諱的另一種方法是字缺筆，如"孔丘"之"丘"中間少一小豎爲"丘"。這種方法也有致字誤者。新、舊《唐書》均有《姚班傳》。姚班本爲姚珽。宋人撰《唐書》避宋曾祖趙珽之諱缺筆作"班"，因而誤作"班"。

（7）修飾前文（詩）改而誤

《楚辭·九歌·湘夫人》：

> 洞庭波兮木葉下。

---

① 宋人亦避"玄"。始祖玄朗，故以"元"、"真"等代"玄"。

"波"原作"坡"。後人以爲此句用"波"字要比"坡"字空靈有味而改。

三、其他誤

(1) 符號誤爲字
① 重文號誤爲字
《莊子·胠篋》：

> 故田成子有乎盜賊之名，而身處堯、舜之安，小國不敢非，大國不敢誅，十二世有齊國。

《莊子》原文本作"世⹀有齊國"，説田成子後代世世有齊國。古代重字有不書而以重文符號（在字右下角作二小短橫）表示的。衍"十"字，又誤重文號爲"二"而倒於"世"前，遂成了"十二世有齊國。"

又有重文號與他字合而爲一，所代之字仍存者。
王梵志《衆生眼盼盼》：

> 衆生眼盼盼，心路甚堂堂。三種憐兒女，一種逐耶娘，一種惜身命，一種憂死亡。

"三"字是"一"字之誤。蓋因上句"堂堂"有個重文符號，古書竪行，鈔錄者遂連"一"字而誤寫爲"三"。此詩之"一種"義爲一樣、同樣，張相《詩詞曲語辭匯釋》和蔣禮鴻《敦煌變文字義通釋》均有釋，此不贅引。

② 空圍誤成口字
《文獻學論著輯要》（張舜徽主編）：

> 宋張邦基《墨莊漫録》云："……今世間所傳《唐韻》，猶有口旋風葉，字畫清勁，人家往往有之。"

"口"(kǒu)爲空圍"□"(wéi)之誤。這個空圍是初刻《墨莊漫録》時多刻一字挖掉所作，並非"猶有"下有缺文，更不是"口"字。①

(2) 古字當作今字
《國語·晉語》：

> 獻公使寺人勃鞮伐公於蒲城，文公逾垣，勃鞮斬其祛。及入，勃鞮求見，公辭焉，曰："……爲惠公從余於渭濱，命曰三日，若宿而至。若干二命，以求殺余。"

"二命"義不可通。"二命"當是"上命"。古字"上"作"="，保留在書中，後

---

① 參見稗海本《墨莊漫録》卷三。

人即當作"二"。

爲了某種目的而篡改的,我們在第一章中已經提及。這裏再舉一例。明朝張居正有一首七律《聞警》,原文是:

> 初聞胡騎近神州,殺氣遙傳薊北秋。
> 間道雖絕嚴斥堠,清時那忍見甄裘!
> 臨戎虛負三關險,推轂誰當萬里侯?
> 抱火寢薪非一日,病夫空切杞人憂。

明刻本《張太岳文集》保存了原貌,而清刻本《張文忠公全集》"胡騎"便被改成了"鐵騎",很顯然,這是怕觸犯清朝之忌而篡改的。

前人校勘又用"訛"爲"誤"。《漢書·地理志》:"鹵城。虖池河 東至參合,入虖池別。"《讀書雜志》:"齊曰:參合,當是參戶之訛。"

第二節　脫

脫,指原文少去了字句。

從脫文的多少和脫文所在的書寫材料看,有脫一字、數字,一句、數句,簡、行、頁等。從原因看,有鈔刻訛誤,有臆改。下分別舉例。

一、從脫文的多少和脫文所在的書寫材料看

(1) 脫一字

《敦煌變文集·搜神記》:

> 忽然不見瓦舍,唯見大墳巍巍,松柏參天,(辛道)度慌怕,衝林走出墓外。看之,懷中金枕仍在。遂將詣市賣之。

甲卷"詣"後有"秦"字,此脫。補之,語義方才完備。

(2) 脫二字

《敦煌變文集·搜神記》:

> (元)皓曰:"弟既云從命,且放弟再宿三日,日中克取弟來,嚴備裝束待我。"

乙卷"嚴備裝束待我"前有"弟須"二字,此脫。補之,結構方才完整。

(3) 脫數字

《敦煌變文集·搜神記》:

> 管輅……語諺子曰:"……若借問於卿嗔怒,拜之勿言。吾在此專待卿消息。"

甲卷"拜之勿言"作"但向拜之,慎勿言,其中有一人救卿",此三句因脱數字而成了一句。

(4) 脱一句

《敦煌變文集·搜神記》：

　　昔有侯霍,在田營作,聞有哭聲,不見其形,經餘六十日。

甲卷首句後有"白馬縣人也"一句,此脱。

(5) 脱數句

《敦煌變文集·搜神記》：

　　女郎遂於後牀上,以九子籢(籠)中開取繡花枕,價值千金,與(辛道)度爲信。其籢中更有一金枕,女郎曰："金枕是我母遺贈之物,不忍與君。"

甲卷"其籢中更有一金枕"後有"度是生人,貪心金枕,乃不肯取繡枕,欲得金枕"四句,此脱。補之,故事來龍去脉方才清楚。

(6) 脱簡

簡爲漢前所用的書寫材料,古人校書常言脱簡、錯簡,如劉向《尚書歐陽經叙錄》説："臣向以中古文校《歐陽》《大、小夏侯》三家經文,《酒誥》脱簡一,《召誥》脱簡二。"那時校書以簡爲對象,故有此言。今校書對象多不是簡,故少言脱簡。上世紀 60 年代武威出土一批漢代木簡,中有《泰射》文,其甲本第 84 簡,在"升"與"辨"二字之間,較今本少"再拜"至"三耦射爵"62 字。據陳夢家所校,此是"甲本《泰射》所據的原本就已脱去此六十二字。該原本亦和甲本相似,乃六十二字爲一簡的。故脱去六十二字,即脱去一簡。"①這是出土文物,今方有脱簡可言。

(7) 脱行

張舜徽用商務百衲本《二十四史》校清代武英殿本《二十四史》,發現殿本有不少缺行的地方。如《舊唐書·李白傳》脱 1 行。《宋史·田況傳》脱 18 行。②

(8) 脱頁

百衲本《魏書·刑罰志》第 14 頁末行作"父賣爲婢體本是良回轉賣之日應有遲疑而",後無第 15 頁,就直接跳到第 16 頁,其第 11 行作"賣者既

---

① 《漢簡綴述·錯簡》,中華書局 1980 年版,頁 307—308。

② 文繁不錄,詳參《中國古代史籍校讀法》第一編《通論·校讀古代史籍的基本條件》第四節《古書的版本》,中華書局 1962 年版,頁 95。

以有罪買者不得不坐但賣者以天性",上下文義不連貫,而中無第 15 頁頁碼,是爲缺 1 頁。

二、從脱文的原因看

(一) 鈔脱刻丟

鈔脱刻丟是鈔刻者不細心所致。字義相近之字和重文,鈔刻者鈔脱刻丟的最多。

(1) 字義相近之字脱去其一

《史記·龜策列傳》:

> 求財買臣妾不得。

本句所在的一段文字中,上下皆"財物"連言,此"財"後脱一"物"字,因"財""物"二字義近之故。

(2) 重文脱去其一

《穀梁傳·襄公十年》:

> 稱盜以殺大夫,弗以上下道,惡上也。

此釋《春秋》"盜殺鄭公子斐、公子發、公孫輒"之"盜殺"之意。是説《春秋》稱"盜殺"是因爲鄭伯不修政刑而致殺大夫。按上下之道言,則當説"鄭人殺大夫",《春秋》不以上下之道言,是惡鄭伯的緣故。"道"下當更有一"道"字。

這是句中同字脱其一。更常見的是句與句之間,即前句尾字與後句首字同字脱其一。如:

《逸周書·周月》:

> 凡四時成歲,有春夏秋冬。

"歲"下原更有"歲"字。《太平御覽》時序部二引此正作"歲有春夏秋冬"。

前已言,古人行文,常於重文下加"="省代,"="易脱落,所以古書中多有重文脱去其一的情況。又如:

《論衡·語增》:

> 凡天下之事,不可增損。考察前後,效驗自列。自列,則是非之實有所定矣。

此文本作"考察前後,效驗自列。效驗自列,則是非之實有所定矣"。漢時原書作"考察前後,效=驗=自=列=,則是非之實有所定矣",後之鈔刻者鈔脱刻丟了"效驗"二字之後的重文符號,遂成今本之文。

(3) 涉上下文脱

《管子·山權數》：

　　湯七年旱，禹五年水，民之無檀（稠粥）賣子者。……民之無檀賣子者。

第一個"賣子者"前本有"有"字，因下文"民之無檀賣子者"句同化而脱落"有"字。

(二) 臆删而脱

臆删之臆原因頗多，下舉主要者以見。

(1) 不知訓詁删而脱

① 不知虚實之分删而脱

《漢書·張馮汲鄭傳》：

　　吾獨不得廉頗、李牧爲將。

"爲"前脱"時"。《群書治要》引不脱，《史記·馮唐列傳》此句亦有"時"字，今無"時"字，是後人不解"時"爲虚詞而删之。"時"在此是連詞，用爲"而"。句言"吾獨不得廉頗李牧而爲將"，"而"連接一先一後兩個動作。《漢書·司馬遷傳》"剚決於名時失人情"之"時"亦用作"而"。《史記·自序》原即作"而"。可爲旁證。

② 不解詞義删而脱

《淮南子·道應》：

　　敖幼而好游，至長不渝。

《太平御覽》引作"至長不渝解"，《蜀志》注引作"長不喻解"，《論衡》作"至長不偷解"。"解"與"渝"同義連用，《太玄·格次三》"格礐鈎渝"范望注："渝，解也。""解"即"懈"之古字，"渝解"即懈怠，後人不知，妄删"解"字。

③ 不知假借删而脱

《淮南子·人間》：

　　此何遽不爲福乎？

句本作"此何遽不能爲福乎"。下文"此何遽不能爲禍乎"即其證。《藝文類聚》禮部、《太平御覽》禮部引此兩句"能"皆作"乃"。"能"通"乃"，作"就"解，全句意謂這怎麼不就是福呢？後人不知而妄删，删而又未盡。

(2) 不懂語法删而脱

《吕氏春秋·決勝》：

　　巧拙之所以相過，以益民氣與奪民氣，以能鬭衆與不能鬭衆。

陳昌齊《呂氏春秋正誤》不知"闢衆"是使動結構,欲刪兩"衆"字。①

（3）不知句讀刪而脫

《紅樓夢》研究所校注本《紅樓夢》七十四回：

> 只見晴雯挽著頭髮闖進來,豁一聲將箱子掀開,兩手提著底子,朝天往地下盡情一倒,將所有之物盡都倒出。

箱子"朝天往地下盡情一倒"義實難解。

人民文學出版社出的程乙本這段文字則作：

> 只見晴雯挽著頭髮闖進來,"嚗啷"一聲,將箱子掀開,兩手提著底子,往地下一倒,將所有之物盡都倒出來。

把"朝天"二字刪掉,讀起來確文通理順了。但這段話中的"朝天"二字並非衍餘之文,此因不知句讀而妄刪的,若知作如下標點則不會妄刪了。

> 只見晴雯挽著頭髮闖進來,"嚗啷"一聲,將箱子掀開,兩手提著,底子朝天,往地下一倒,將所有之物盡都倒出來。②

還有出於某種目的的刪削。

黃侃以顧炎武《日知錄》的今刻本和清朝雍正年間的一個舊鈔本對校,發現刻本有不少地方因爲怕干犯清廷禁忌而被刪削了,如卷六的"素夷狄行乎夷狄",卷二十八的"胡",整條都被刪掉了。③

又有用"奪"爲"脫"者。《堯典・虞書》"乃命羲和,欽若昊天,歷象日月星辰,敬授人時"疏："其必在宿,分二十八宿。"孫詒讓《十三經注疏校記》曰："'其'下疑奪'會'字。""脫"又寫作"敚"。

第三節　衍

衍,與脫相反,指比原文多出了文字。

從衍文的多少和衍文所在的材料看,與脫文一樣,有衍字、句、行、頁等,茲不贅舉。從衍文的原因看,有鈔刻而衍和臆加而衍。下面詳加分述。

---

① 詳第一章《緒論》第四節《校勘要運用各種知識》"運用現代語法學知識校勘例"下。

② 詳參周林生等《〈紅樓夢〉標點一得》,文載《學術研究》1985 年第 1 期。

③ 參《日知錄集釋(外七種)》黃侃《日知錄校記》。上海古籍出版社 1985 年影印本,頁 3363、3368。

一、鈔刻而衍

（1）涉上一字而衍出一形似字

《史記·扁鵲列傳》：

> 扁鵲曰："……太子……上有絶陽之絡，下有破陰之紐（赤脉），破陰絶陽之色，已廢脉亂，故形静如死狀。"

後"之"字涉上文兩"之"字而衍。"已"字爲涉"色"字之誤而衍出的一個形似字。《太平御覽》人事部脉類引此正作"破陰絶陽，色廢脉亂"。（方術部引已衍"之"、"已"二字，係後人依誤本《史記》所加。）

（2）涉下一字而衍出一形似字

《史記·天官書》：

> 其食（日食），食所不利；復生，生所利；而（如）食益盡，爲主位。

"益"字爲涉下"盡"字而衍的形似字。《漢書》無"益"字可證。古人以天象兆凶吉。"而食盡，爲主位"是説如日食盡，則其罪在主位。（不盡，則其罪在臣位。）

有一字異認未定、誤存而衍者。

帛書《老子》甲本後第一篇佚書：

> 聖之結於心也者也。

這是 1974 年文物出版社出的《馬王堆漢墓帛書》的釋文。檢原帛書，"心也"只有一字作"⊕"。帛書《老子》甲本隸篆兼行，此句中"心"的篆書爲"⊕"，與"也"的篆書"⊕"形近，釋者兩疑，先寫"心"、後寫"也"，後未加斷定去其誤識字即付印出版，遂誤衍一"也"字。

又有涉上字或下字衍出一個形聲皆近之字者。

《墨子·耕柱》：

> 子墨子游荆，耕柱子於楚。

句子不通。《墨子》中這類句型，"游"後皆直接所與游的對象，如《魯問》："子墨子游公尚過於越。"此句不當有"荆"字插入，"荆"是涉下文"耕"字而衍的一個形聲俱近之字。

（3）涉上文而衍

《藝文類聚》百穀部穀下：

> 《穀梁傳》曰："一穀不升曰嗛（通歉），二穀不升曰饑，三穀不升曰饉，四穀不升曰康，五穀不升曰大侵。……"《墨子》曰："一穀不收謂之饉，二穀不收謂之旱，三穀不收謂之凶，四穀不收謂之餽（通匱），五穀不收謂之饑饉。五穀不熟謂之大侵。"

《墨子·七患》並無"五穀不熟謂之大侵"句,《類聚》乃涉上文《穀梁傳》而衍。

(4) 涉下文而衍

《墨子·法儀》:

> 故父母(父母多仁寡)、學(學說多仁寡)、君(君子多仁寡)三者,莫可以爲治法(作爲治天下治大國的法則)而可。然則,奚以爲治法而可?故曰:莫若法天(天行廣無私)。

既說"莫可以爲治法",則無"而可"可言。"而可"二字涉下文"而可"而衍。

(5) 涉上下文而衍

《荀子·王制》:

> 子産,取民者也,未及爲政者也;管仲,爲政者也,未及修禮者也。

元刻"未及爲政""未及修禮"後無"者"字,《韓詩外傳》《群書治要》及《文選·永明十一年策秀才文》注,引此皆無兩"者"字。這是涉上下文的"者"字而衍。

(6) 涉注文而衍

《漢書·儒林傳》:

> 韋賢治《詩》,事博士大江公及許生。

注:"晉灼曰:'大江公即瑕丘江公也。以異下博士江公,故稱大。'"由注可知正文本無"博士"二字。"博士"二字是涉注文"博士江公"而衍。《經典釋文·序錄》:"韋賢受《詩》於江公及許生。"正本此文。

(7) 聯想而誤衍

帛書《戰國縱橫家書》:

> 成昭襄王之功。

當戰國之世,燕有昭王,不聞有"昭襄王"。今本《戰國策》作"昭王"即其明證。帛書"昭"下有"襄"字,是傳鈔者因"昭王"聯想到"襄王"而誤加了"襄"字。

(8) 誤重

《公羊傳·文公九年》:

> 毛伯來求金,何以書?譏。何譏爾?王者無求。求金,非禮也。然則是王者與?曰:非也。非王者,則曷爲謂之王者,王者無求。

此傳釋上文"王者無求",故云"曷爲謂之王者無求"。句中誤重"王者"二字。

在兩句相接之處最容易發生誤重。

《孟子·盡心上》：

  君子所性，仁義禮智根於心。其生色也，睟然（潤澤貌）見于面，盎（顯現）於背，施（延及）於四體，四體不言而喻。

"不言而喻"是指君子仁義禮智之性及其表現，非專言四體。"四體"二字因上句而誤重。

（9）涉篇名而衍

《淮南子·地形》：

  地形之所載，六合之間，四極之内。

這一篇全説地之所載，"地"下不應有"形"字。"形"是涉篇名而衍。高誘釋篇名説："紀東西南北、山川藪澤，地之所載，萬物形兆所化育也。"可見正文正無"形"字。《淮南》此句實本《海外南經》"地之所載，六合之間，四海之内"之語，所本亦無"形"字。

（10）誤合兩本異文而衍

有合兩本一正一誤而衍者：

《史記·禮書》：

  孰知夫士出死要節之所以養生也，孰知夫輕費用之所以養財也，孰知夫恭敬辭讓之所以養安也，孰知夫禮義文理之所以養情也。

首句本作"孰知夫出死要節之所以養生也"。"出"隸書寫成"㐀"，故一本誤爲"士"。後人把正本誤本之字合在一起即變成了"士出"，衍一"士"字。

又有合兩本同詞異形字而衍者：

《戰國策·趙策》：

  夫董閼安於，簡主（倨傲之主）之才臣也。

"閼"與"安"是異文。《左傳·定公十三年》《國語·晉語》《吕氏春秋·愛士》《史記·趙世家》《漢書·古今人表》皆作"董安於"。《韓非子·十過》《淮南子·道應》皆作"董閼於"。二者實是一人。作"董閼安於"是後人誤合二本爲一所致。

又有合兩本同義詞而衍者：

《戰國策·秦策》：

  大王覽其説而不察其至實。

本作"不察其至"，"至"即"實"。師古注《漢書·東方朔傳》："至，實也。"後世鈔刻古書以"至"字義僻而以同義詞"實"字代之，再鈔刻見兩本字異而合在一起，以致衍一同義詞。《史記·張儀列傳》只作"其實"，是司馬遷轉述時亦只用一同義詞代之而已，不作"至實"。

（11）旁注誤入正文而衍

古人讀書常於眉頭地脚、字裏行間做一些校讀注釋評論，後世傳鈔翻刻，往往將這些旁注的文字誤入正文。

《文選·非有先生論》：

> 舉賢才，布德惠，施仁義，賞有功，躬親節儉。

"躬親節儉"上下11句皆3字，此不得獨作4字。李善本此句本作"親節儉"，讀者見五臣本、《漢書·東方朔傳》並作"躬節儉"，遂記異文"躬"與"親"旁，後世鈔刻者即誤以"躬"爲李善本正文，故誤衍一字。

這是校讀之字誤入正文例。

《管子·山權數》：

> 北郭有掘闕而得龜者。

"掘"字衍。"闕"《廣韻》求月反，"掘"《廣韻》又讀其月反，故古二字可通。《左傳·隱公元年》"若闕地及泉，隧而相見，其誰曰不然"中之"闕"即借爲"掘"。後人讀《管子》此文，注"掘"於"闕"旁以示其本字，鈔刻者即誤以爲正文，故衍一字。

這是注釋之字誤入正文之例。

上二例誤入正文都只有一字，還有成句誤入正文的。

《淮南子·齊俗》：

> 義者，循理而行宜者也；禮者，體情而制文者也。義者，宜也；禮者，體也。

"循理而行宜者也"、"體情而制文者也"即是對"義"、"禮"詳細的解釋，其後不會再有"義者，宜也；禮者，體也"這樣簡單的重復。"義者，宜也；禮者，體也"，正是讀者旁注之語。

旁注誤入正文以校讀注釋的文字爲多，評論的文字爲少。因爲前者與原文的意義聯繫較爲緊密，易於誤入；而後者與原文的意義距離較遠，不易誤入。

二、臆改而衍

臆改而衍最常見的情況有下面兩種。

（1）不懂訓詁妄加而衍

① 有不知古義而妄加者

《史記·孟嘗君列傳》：

> 人或毀孟嘗君於齊湣王,曰:"孟嘗君將爲亂。"及田甲劫湣王,湣王意疑孟嘗君。

"意"古有"疑"義。《文選·長楊賦》注引《廣雅》曰:"意,疑也。"《吕氏春秋·去尤》:"人有亡鈇者,意其鄰之子。"《史記·梁孝王世家》:"梁王……陰使人刺殺袁盎及他議臣十餘人,於是天子意梁王。"《張儀列傳》:"嘗從楚相飲,已而楚相亡璧,門下意張儀。"皆用"意"爲"疑"。後人不解,遂妄加"疑"字。《太平御覽》所引正無。

② 劃不清虛實界限妄加而衍

《淮南子·覽冥》:

> 夫陽燧取火於日,方諸取露於月。

"夫燧"又名"陽燧"。《周禮·秋官》:"司烜氏掌以夫遂(即燧)取明火於日。"鄭注:"夫遂,陽燧也。"高誘注《淮南子》曰:"夫,讀大夫之夫。"可見"夫"非語詞,後人不知而又妄加"陽"字。

③ 不知通假妄加而衍

《荀子·儒效》:

> 不恤是非然不然之情。

"然不然"本作"然不"。"然不"即"然否","不"通作"否"。後人不知通假而妄加"然",以"不然"與"然"對,却未顧及到與"是非"不對了。《哀公》:"情性者,所以理然不取舍也"。句法用字正與此同。

(2) 不懂語法妄加而衍

《荀子·榮辱》:

> 夫貴爲夫子,富有天下,是人情之所同欲也;然則從人之欲,則勢不能容,物不能贍也。故先王案(於是)爲之制禮義以分之,使有貴賤之等,長幼之差,知賢愚能不能之分,皆使人載其事而各得其宜。

"賢"字衍。"使有"句爲兼語句,"貴賤之等,長幼之差,知(智)愚能不能之分"三個偏正結構並列做"有"的賓語。後人不知,讀"知"爲本字(動詞),遂加"賢"與"愚"對,以"賢愚能不能之分"爲"知"的賓語,鑄成大謬。元刻本正無"賢"字。

(3) 誤斷文句妄加而衍

《戰國策·趙策》:

> 與秦城何如? 不與何如?

後"何如"衍文。本句當作"與秦城,何如不與?"讀,後人於"何如"後斷句,因而又妄加"何如"與"不與"成句。《太平御覽》人事部引此正無後"何如"字。

(4) 不懂修辭妄加而衍

《史記·匈奴列傳》：

　　高帝先至平城，步兵未盡到，冒頓縱精兵四十萬騎圍高帝於白登，……匈奴騎，其西方盡白馬，東方盡青駹馬，北方盡烏驪馬，南方盡騂馬。

"青駹""烏驪"下本皆無"馬"字。古人行文有時爲了取得音諧的修辭效果，往往省略句子的某些成分，如《孟子·滕文公上》："夏后氏五十而貢，殷人七十而助，周人百畝而徹。""五十""七十"後皆省"畝"字，以與"百畝"音節相等。又如《論語·爲政》："知之爲知之，不知爲不知，是知也。"第二小句二"不知"後皆省"之"字。上《匈奴列傳》之文的後四句，首尾二句皆五音節，中二句若用"馬"字，則與前後不諧。因此，作者進行了省略，以使五五相對。《藝文類聚》獸部上、《太平御覽》獸部五引此，中二句皆無"馬"字。《漢書·匈奴傳》作"匈奴騎，其西方盡白，東方盡駹，北方盡驪，南方盡騂馬"，"駹"與"驪"後亦無"馬"字。

前人校勘又有用"長"、"剩"等爲"衍"者。《漢書·高帝紀》："夏五月，太上皇后崩。"晉灼曰："五年，追尊先媼曰昭靈夫人，言追尊，則明其已亡。《史記》十年春夏無事，七月太上皇崩，葬櫟陽宮，明此長'夏五月太上皇后崩'八字也。又《漢儀注》先媼已葬陳留小黃。"《荀子·五霸》："是故百姓貴之如帝，親之如父母，爲之出死斷亡而不愉者，無他故焉，道德誠明，利澤誠厚也。"楊倞注："不愉，'不'字剩耳。"

第四節　錯位

錯位，指文字位置的顛倒錯亂，包括常說的"錯簡"、"倒"等。有錯簡的情況只限於簡牘文字，而後世書多非簡牘，故把一切位置的錯亂皆說成錯簡實在不科學。稱爲"倒"也不科學，因爲倒一般指甲乙相鄰互錯其位，有很多情況不能包括，如"甲乙丙丁，戊己庚辛"，"庚"誤在"甲"後，或"乙"、"己"互串，則不好稱之爲倒了。因此，我們這兒以"錯位"來統括之，簡稱錯。

從錯位文字的多少看，有一字數字數十字乃至整章整篇的錯位；從錯位的遠近看，有句中句間乃至篇章之間的錯位；從錯位的原因看有鈔刻而錯和臆改而錯。下面分別舉例以見之。

一、從錯位文字的多少看

(1) 一字錯位

《大戴記·夏小正篇》：

　　二月，往耰黍，禪。禪，單也。初俊羔助厥母粥。俊也者，大也。粥也者，養也。言大羔能食草木而不食其母也。

"初"在"俊羔"前無義。據上下文義，"初"原在第一個"禪"前。"二月，往耰黍，初禪"言二月去給黍除草培土，開始（初）穿單衣。

(2) 二字借位

《賈子·瑰瑋》：

　　夫雕文刻鏤周用之物繁多，纖微苦窳之器日變而起。民棄完堅，而務雕鏤纖巧，以相競高。作之宜一日，今十日不輕能成。用一歲，今半歲而弊。作之費日挾巧，用之易弊。不耕而多食農人之食，是天下之所以困窮而不足。

從文意看，"挾巧"二字應在"不耕"之上。"作之費日"以下幾句本作"作之費日，用之易弊，挾巧不耕而多食農人之食，是天下之所以困窮而不足"。

(3) 數字錯位

《呂氏春秋·精通》：

　　今攻者砥厲五兵，侈衣美食，發且有日矣。所被攻者不樂，非或聞之也，神者先告也。

"侈衣美食"原在"不樂"之前。"所被伐者，侈衣美食不樂"幾句是說，被攻伐的國家雖侈衣美食但不感到快樂，不是已經聽說別國要來攻打，而是精神上的預感。

(4) 數十字錯位

《管子·揆度》：

　　其在色者，青、黃、白、黑、赤也；其在聲者，宮、商、羽、徵、角也；其在味者，酸、辛、鹹、苦、甘也。二五者，人君以數制之。味者所以守民口也，聲者所以守民耳也，色者所以守民目也。人君失二五者亡其國，大夫失二五者亡其勢，民失二五者亡其家。

"味者所以守民口也"下 24 字當在"酸、辛、鹹、苦、甘也"下，與上文色聲味對應；"二五者，人君以數制之"與"人君失二五者亡其國"遞相承接。如此，方文通字順。

還有錯位數百字的。

《墨子·備穴》"城壞或中人"與"為之奈何"之間，舊本有"大鋌前長尺"云云 700 餘字，所述皆爲"備城門"之事而不是"備穴"。所以孫詒讓《墨子閒詁》以爲這一段文字即是《備城門》篇因錯位而入於《備穴》篇的。古書中數百字錯位亦較常見。

（5）整篇錯位

張舜徽以《百衲本二十四史》校清武英殿本《二十四史》，殿本《北齊書·元暉業傳》錯置於《元弼傳》後；《新唐書·祝欽明傳》末的《山惲附傳》誤列於《傳贊》之後。①

二、從錯位的遠近看

（1）倒　相鄰文字的錯位。

① 句中互倒

《禮記·月令》：

　　制有小大，度有長短。

"長短"是"短長"互倒。《吕氏春秋·仲秋紀》正作"小大""短長"，相對成義。

② 句間互倒

《大戴記·王言》：

　　明王之所征，必道之所廢者也。彼廢道而不行，然後誅其君，致其征，弔其民，而不奪其財也。

"誅其君"與"致其征"互倒。"彼廢道而不行，然後致其征"是補説前"所征"之意的。"誅其君，弔其民，而不奪其財"是説"征"的目的的。

③ 章間互倒

據帛書《老子》校今本《老子》，其四十一章（"上士聞道，勤而行之……"）應在四十章（"反者道之動，弱者道之用……"）前。是四十章與四十一章互倒。

④ 篇間互倒　見前《元暉業傳》與《元弼傳》的錯位。

（2）串　指串入不相鄰的文字之中。

① 句中串

《大戴記·小辨》：

　　禮樂而力忠信，其君其習可乎？

---

　　① 詳參《中國古代史籍校讀法》第一編《通論·校勘古代史籍的基本條件》第四節《古書的版本》，中華書局 1962 年版，頁 95—96。

"君其習"三字原在句首。此句原作"君其習禮樂而力忠信,其可乎?"
　② 句間串
　　上舉《吕氏春秋·精通》例即此類。
　③ 章間串
　　據馬王堆漢墓帛書《老子》校今本《老子》,第二十四章("企者不立,跨者不行……")是在二十二章("曲則全,枉則正……)之前。是二十四章從二十二章前串到二十三章後。
　④ 篇間串　前舉《墨子·備城門》串入《備穴》七百餘字即是此類。
　⑤ 互串　指不相鄰的兩處文字互換了位置。
　《墨子·非儒下》:
　　　夫仁人事上竭忠,事親得孝,務善則美,有過則諫。
"得"與"務"互串。"務孝"與"竭忠"對,"得善"與"有過"對。
　這是兩句中不在相對位置上的文字的互串,又有在相對位置上的文字的互串。如《論語·季氏》:
　　　丘也聞有國有家者,不患寡而患不均,不患貧而患不安。
"寡""貧"二字互串。"貧"指財富言,財富不均勻就還不如貧。"寡"指户口言,社會不安定就還不如人口少。
　又如《孟子·告子下》:
　　　昔者,王豹處於淇,而河西善謳;緜駒處於高唐,而齊右善歌。
"謳""歌"二字互易。《説文》:"謳,齊歌也。"《太平御覽》引《古樂志》:"齊歌曰謳。"高唐爲齊邑,故云齊右善謳。唐寫卷子原本《玉篇》言部"謳"下引《孟子》正作"緜駒處於高唐,而齊右善謳。"

三、從錯位的原因看

　(1) 鈔刻錯位
　① 涉注文而錯位
　《淮南子·原道》:
　　　扶摇抮抱羊角而上。
"抮"原在"扶摇"之前,"抮扶摇"與"抱羊角"爲同構同義並列詞組。錯位是由於高誘注"抮抱引戾(通捩,扭轉)也"所致。高注實謂"抮、抱,引戾也"。古書原無標點,後人以爲"抮抱"連文,故移正文"抮""抱"至一處遂致錯位。

② 分篇誤而錯位

《呂氏春秋·貴信》：

> 管仲可謂能因物矣，以辱爲榮，以窮爲通，雖失乎前，可謂後得之矣。物固不可全也。

"物固不可全也"句與上文語義不相連貫，它實是下篇《舉難》的首句。此句連《舉難》的前幾句讀爲："物固不可全也，以全舉人固難；物之情也，人傷堯以不慈之名，舜以卑父之號，禹以貪位之意，湯武以放弒之謀，五伯以侵奪之事。由此觀之，物豈可全哉？"語義正相連貫。分篇者誤以此句入上篇以致錯位。

③ 正文與注互錯

古代鈔刻書，多是正文大字單行，注文小字雙行，亦或單行，不加標點。注文字變大則易錯爲正文，正文字變小則易錯爲注文。

a. 正文錯作注文

《呂氏春秋·愛士》：

> 凡敵人之來也，以求利也。今來而得死。

高注："是不得利而進。""是不得利而進"下承上幾句而言，本爲正文，後人鈔刻此句作小字雙行，遂錯爲注文了。

b. 注文錯作正文

《莊子·齊物論》：

> 昔者莊周夢爲蝴蝶，栩栩然蝴蝶也。自喻適志與！不知周也！

"自喻適志與"是後人注文誤入正文之語。正文無此句，文義正相連貫。且此句口氣亦似後人。

音入正文，音亦爲注。如《廣雅·釋詁》：

> 搖亦咲反，治也。

"亦咲（古"笑"字）反"三字非被解釋語，而是曹憲爲"搖"字所作的反切注音。

又有正文錯入音者，如《廣雅·釋詁》：

> 䅏䄱穜，積也。

各本"䄱"字均誤入曹憲音內，刻爲"䅏 咨履 穜 垂毀 積 子賜"。當刻爲"䅏 咨履 䄱父……"："䄱"爲被解釋字，"父"爲注"䄱"讀音之字。（原豎刻，今引橫之。）

④ 涉後世常語而錯位

《漢書·嚴助傳》：

>男子不得耕稼種樹，婦人不得紡績織紝。

"樹""種"同義連文。宋景祐本、殿本都作"樹種"。此因後世多説"種樹"而誤倒。

⑤ 誤讀重文號而錯位

《論衡·卜筮》：

>夫卜筮兆數，非吉凶誤也。占之不審吉凶，吉凶變亂。變亂，故太公黜之。

"占之不審吉凶"文不成義。此文本作"占之不審，吉＝凶＝變＝亂＝，故太公黜之"。按照古代重文例，本應讀爲"占之不審，吉凶變亂。吉凶變亂，故太公黜之"。鈔刻者誤將四字一句之重文分兩截讀之，遂致錯位。

(2) 臆改而錯位

① 據注妄改正文而錯位

注是爲了疏通文義的，它不一定與原文在意義、結構等方面完全對應。因此，用注文去律改原文，或者用疏文去律改注文，如果不慎重，往往就會鑄成大錯。下舉一例。

《逸周書·周祝》：

>故惡姑幽，惡姑明，惡姑陰陽，惡姑短長，惡姑剛柔。

"剛柔"本作"柔剛"。後人見晁注作"柔剛"即改而從之，却不知正文倒"剛柔"爲"柔剛"是爲押"陽"、"長"之韻的需要，又不知換變式爲常式是注家訓詁的一種常用方法，並非原文有錯。

② 不諳古音妄改而錯位

《荀子·解蔽》：

>《詩》曰："鳳皇秋秋，其翼若干，其聲若蕭，有鳳有皇，樂帝之心。"

"有鳳有皇"本作"有皇有鳳"。此詩"秋""蕭"爲韻，上古二字皆在幽部；"鳳""心"爲韻，上古二字皆在侵部，后人不知而改與首句"鳳皇"相對以致錯位。

③ 不懂訓詁妄改而錯位

a. 不解古義妄改而錯位

《國語·晉語》：

>若無天乎？云若有天，吾必勝之。

"云"即"有"。《公羊傳·文公二年》："大旱之日短而云災，故以災書；此不雨之日長而無災，故以異書。""云""無"對文，"云"正作"有"用。後人不知，以"云"用爲常義而倒於"若"前，又加"有"字，以致本與"若無天"相對成義的"若云天"錯訛成了"云若有天"。

b. 不知通假妄改而錯位

《國語·魯語》：

　　土發（春分）而社，助時也。……今齊社而往觀旅，非先王之訓也。

"往觀旅"本作"旅往觀"。"旅"爲"魯"之借字，指魯莊公。後人不知借字，又因爲文中含有齊借祭社向"客"炫耀軍事武力之意，遂誤解"旅"爲軍旅之衆而妄移於"觀"後。

④ 誤斷文句妄改而錯位

《逸周書·克殷》：

　　周公把大鉞，召公把小鉞以夾王，泰顛、閎夭皆執輕呂（劍名）以奏王，王入即位于社太卒之左。

"太卒"即"大卒"，本在"奏王"之後。"奏"爲進義，"奏王太卒"，爲雙賓語結構，言進王大卒以保衛王。後人誤於"奏王"後斷句，以致"太卒"無屬，遂妄移於"社"後。

⑤ 不懂語法妄改而錯位

古今語法有異，後人有所不知而改古從今。

《呂氏春秋·疑似》：

　　秦襄、晉文之所以勞王，勞而賜地也。

此下高注引《左傳》："平王東遷，晉、鄭焉依。"畢沅《呂氏春秋校正》說："'焉依'舊誤倒，今從《左傳·隱六年》乙正。"這是說高誘之注舊本作"晉、鄭依焉"。陳奇猷《校釋》補充說："畢乙正是，今從之。《左傳》：'周桓公曰："我周之東徙，晉、鄭焉依。"'則焉猶是也。"改高注是後人只知"焉"字常用於句末，而不知可用於句中作爲提前賓語的標志所致。"焉"作爲提前賓語的標志的用法，古籍中常見，《左傳·襄公三十年》："安定國家，必大焉先。""必大焉先"即"必先大"。"大"指"大族"，句言一定要優先照顧大族。又如《國語·吳語》："今王播棄黎老，而孩童焉比謀。""孩童焉比謀"即"比謀孩童"。意謂如今大王抛棄老人，却跟小孩子合謀。此皆"晉、鄭焉依"之例。

上面四節所述多爲一例一誤，實際上，古書的訛誤有時並不如此簡單，一方面，在一個句子或者一個語段之中可能有好幾處訛誤，另一方面，可能因爲某種訛誤的存在而又引起了其他訛誤，這類訛誤我們可以稱爲複雜誤。複雜誤的類型難以盡舉，但總是上四節所述訛誤的錯綜相加，因此我們沒有必要一一列舉，下僅舉數例以見之。

（1）一句或一個語段之中有數誤

《漢書·地理志》：

（太原郡廣武）河主、賈屋山在北。
"河主"本作"句注"。"句"誤作"可"，"注"之水旁又搬家於"可"。一句有二誤。

又《淮南子・主術》：
　　夫寸生於稯，稯生於日，日生於形，形生於景。

"稯"，《字彙補》："禾穗也。"與"寸"無涉。"穟"是數量單位。《宋書・律曆志上》："律之數十二，故十二穟而當一分，十二分當一寸。"又"穟生於日"以下三句文不成義，據上下文和義理推，這幾句本應作"夫寸生於穟，穟生於形，形生於景，景生於日。"如此則文通字順，且與下文"樂生於音，音生於律，律生於風"文義一律。一個語段之中，句句有誤。

(2) 某種訛誤的存在又引起其他訛誤
① 因字誤而又妄刪以致脫文
《荀子・宥坐》：
　　故先王既陳之以道，上先服之（行之）；若不可，尚賢以綦（通基，教也）之；若不可，廢不能以單（通憚）之；綦三年而百姓往矣。

"往"，《太平御覽》治道部五引、《韓詩外傳》及《説苑・政理》並作"從風"。因"從"誤爲"往"，"往風"二字義不可通，後人故又妄刪"風"字。

② 因誤衍而又妄移以致錯位
揚子《太玄・玄瑩》：
　　陰陽所以抽嘖也，從橫所以瑩理也，明晦所以昭事也。嘖情也，抽理也，瑩事也，昭君子之道也。

由上文可知後幾句本作"抽嘖也，瑩理也，昭事也，君子之道也。"因涉"嘖"字衍了一個形似字"情"，於是又妄移"抽"於"理"前，妄移"瑩"於"事"前，妄移"昭"於"君子"前。

上面幾節所分類型，是爲了叙述方便、歸納完備、條理清晰之計，實際上有些訛誤有兩屬或兩可的情況，請讀者自酌之。

練習題
1. 簡述古書訛誤的主要類型。
2. 簡述古書訛誤的主觀原因與客觀原因。
3. 試評王念孫、陳垣訛誤條例的價值與局限性。
4. 綜合彭叔夏、洪亮吉、王念孫、王引之、俞樾、陳垣各家所列訛誤類型，整理出一個科學系統的《古書訛誤通例》。

第四章　校勘的先導工作

　　校勘，首先要選擇校勘的對象。在對象選定以後，就要搜集現存的各種版本，並對這些不同的版本進行源流系統的分析、校勘價值的比較，以作為選擇底本、對校本和參校本的依據。校勘一種古籍，除了利用異本對校以外，往往離不開利用其他校勘資料；如果一種古籍只有一種版本，那麼其他校勘資料就更為重要了。因此，在選定底本、對校本和參校本（單版本的沒有對校本和參校本）之後，還要廣泛搜集其他校勘資料。有些古籍前人已做過了或多或少的校勘工作，取得了一定的校勘成果，它們可以幫助進一步校勘。因此，在具體校勘之前還要搜集前人的校勘成果。這些工作做完以後，擬一個校勘體例，就可以進入具體的校勘階段了。

第一節　選擇校勘的對象

　　校勘的對象是古籍，而我們從事校勘的具體對象則是某一種古籍。由於古籍本身價值上的差別和當代社會的需求不同等各種原因，我們就不能隨意地取某一種古籍作為校勘的對象，而要有所選擇。選擇校勘對象的原則大致有四項：（1）看古籍的學術價值；（2）看古籍的史料價值；（3）看古籍的傳世情況；（4）看閱讀是否有困難。下面以《八旗通志》為例加以說明，以供參考。

　　（1）看古籍的學術價值

　　《八旗通志》以八旗兵制為經，以八旗法令、職官、人物為緯，分為八志、八表、八傳三個部分。這部古籍不僅是研究八旗制度興衰的專書，而且也是研究滿族共同體形成、後金政權的性質、清初八旗貴族人物評價等問題的重要書籍。

（2）看古籍的史料價值

《八旗通志》也是一部八旗制度的史料匯編。它是採摭清初四朝《實錄》《會典》《盛京通志》等書的有關部分，分門別類加以編纂的。因爲《實錄》等書幾次被竄改，而它保存了部分原始資料，同時還收録了大量當時有關八旗制度的檔案、文書，其史料價值無疑應當受到重視。

（3）看古籍的傳世情況

經過對《八旗通志》版本的考察，發現該書僅在乾隆四年（1739）由武英殿刊刻一次，印數極少，流傳不廣。在近年複製之前，吉林省只有一部，藏東北師範大學圖書館。遼寧省圖書館、北京圖書館、故宫博物館等單位雖然有書，但不是藏入善本庫，就是戰備裝箱，不易借閱。點校排印，勢在必行。

（4）看閱讀是否有困難

書中除了滿語、漢語並存，名稱同音異譯等等以外，刊刻誤、脱、衍、錯頗爲嚴重。如"已"誤作"巳"，"凶"誤作"兇"，"寇"誤作"冦"，"攻城"誤作"功城"，"牛録"誤作"奇録"，"右侍郎"誤作"右侍即"，不一而足。①

《八旗通志》符合選擇校勘對象的四項原則，因而可以選來作爲校勘對象。

第二節　搜集現存各種版本

在選定某種古籍爲校勘對象以後，接下來的工作就是搜集這種古籍現存的各種版本。

搜集現存古籍的各種版本，主要靠目録，靠目録所提供的綫索去查找。如王瑞來校勘《鶴林玉露》所用的 11 種版本，就是根據《增訂四庫簡明目録標注》等目録著作提供的綫索搜集到的。②

有些古籍現存的某些版本，靠目録已搜集不到了。如上海古籍出版社校《徐霞客遊記》所用的季會明鈔本和徐建極鈔本兩種鈔本就不是通過目録提供的綫索搜集到的。校本《徐霞客遊記·前言》對這兩個鈔本的發

---

① 詳參《從點校〈八旗通志〉談到古籍整理》，文載《古籍整理研究學刊》1985 年第 1 期。

② 詳參王瑞來點校《鶴林玉露》的《點校説明》和書後所附的《鶴林玉露版本源流考》一文，中華書局 1983 年版。

現經過做了較爲詳細的交代：

  我們在重新整理《遊記》的過程中，却一舉得到了兩部被認爲已失傳的《遊記》早期鈔本。這看來頗爲偶然，實際上，偶然之中寓有歷史的必然。首先，譚其驤先生的無私襄助，爲兩個早期鈔本的發現，提供了第一個，也是最關鍵的綫索。譚其驤先生得知我社正在組織整理《遊記》，當即向參加這一工作的吳應壽先生提供了他珍藏已久的徐建極鈔本。正是這個鈔本首册封面上鄧之誠先生的題識"《徐霞客遊記》季會明原本。此書存六、八、九、十凡六册（九、十分上下），其七原闕。一至五册昔在劉翰怡家，若得合併，信天壤間第一珍本也"啓示我們，被認爲已經失傳的季會明本還有重新找到的可能。經多方調查，在北京圖書館、文物出版社等單位和張政烺先生的大力協助下，我們很快找到了季會明鈔本，並作出了鑒定。季會明鈔本卷首季夢良的序、鈔本內容以及汲古閣藏書印章，都表明它就是徐霞客族兄徐仲昭交給錢謙益、錢又推薦給毛晉的《遊記》殘本。

前一種鈔本是別人貢獻出來的，後一種鈔本是根據前一種鈔本的"題識"經多方調查才找到的。

  由此看來，搜集現存版本，並不是一件容易的事情。除了根據目錄來查找外，還要通過各種途徑來發現。

第三節　分析歸納版本的源流系統，比較各本的校勘價值

  在搜集各種版本以後，要做的工作有兩項：分析歸納版本的源流系統和比較各本的校勘價值。

一、分析歸納版本的源流系統

  分析歸納版本的源流系統，主要從三個方面著眼：(1)各本的鈔刻年代，(2)各本的序跋説明，(3)版本間篇目、文字、版本等的異同。有些古籍現存版本較少又有明確的序跋説明，分析歸納版本源流系統就比較容易，如《燕丹子》現存只有程毅中點校本、[1]《平津館叢書》本、《問經堂叢書》

---

[1]　中華書局1985年版。

本、《岱南閣叢書》本、《永樂大典》本及其影印本數種。程本《點校説明》已説清楚其底本爲《平津館叢書》本。再查《平津館叢書》本,《平津館叢書》本即是孫星衍據輯自《永樂大典》的鈔本校訂刊刻的本子。《問經堂叢書》本、《岱南閣叢書》本亦是據《大典》鈔本刊刻的。於是,《燕丹子》現存版本源流就考清楚了。

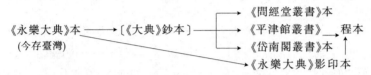

有些古籍現存版本多又缺少明確的序跋説明,那就要多從一、三兩個方面來比較分析了。下面請看李漢秋對《儒林外史》現存版本源流系統分析歸納的例子。

(1) 卧本、清本、藝本

《儒林外史》的初刻本是乾隆年間的金棕亭本,此本至今未發現。

今見最早刻本是嘉慶八年(1803)卧閑草堂的巾箱本(簡稱卧本)。其次是嘉慶二十一年的清江浦注禮閣本(簡稱清本)和藝古堂本(簡稱藝本)。清本和藝本的版框、行格、文字都與卧本完全相同,連卷首閑齋老人序的字迹、行款也一模一樣,僅僅是内封上的版主和刊行年代經過挖補作了更動,實際上都是卧本的覆印本。

(2) 鈔本和蘇本

蘇州潘氏鈔本(簡稱鈔本)是今僅見的清鈔本。卷首封面剪帖有"文恭公閲本儒林外史"大字題籤,旁一行小字"同治癸酉二月祖蔭重裝並題簽"。"文恭"是潘世恩的謚號。潘世恩生於乾隆三十四年(1769),卒於咸豐四年(1854)。鈔本既是潘世恩的閲本,出現的下限可斷在1854年,當是嘉慶咸豐間的鈔本。鈔本之後有蘇州群玉齋本(簡稱蘇本)。鈔本、蘇本同出於卧本,回目與卧本相同,卧本所無第四十二至四十四、第五十三至五十五凡六回回評,鈔本、蘇本也無。卧本的空缺訛誤鈔本蘇本也沿襲了下來。

(3) 申報館排印本、從好齋輯校本

申報館第一次排印本(簡稱申一本)是以蘇本爲直接底本的,申報館第二次排印的巾箱本(簡稱申二本)是直承申一本的。蘇本對卧本校改錯誤或不準確的地方,申一、申二本許多都承襲了下來,這是申一申二本以蘇本爲直接底本的明證。從好齋輯校本也是以蘇本爲底本的,並附有徐允臨、王承基、華約漁的題跋、書信多則。

(4) 商務本、亞東本

商務印書館印本(簡稱商務本)是據申二本重排的。上海亞東圖書館鉛印本(簡稱亞東本)是今見頭一個正文只有五十五回的本子。前三版是參照藝古堂本、齊本、商務本、增補齊本校改的,採取"取其所長,舍其所短"的辦法折衷於其間。第四版起專用藝本作底本。

(5) 齊本和增補齊本

齊省堂增訂本(簡稱齊本)是巾箱本。它是從卧本、鈔本等本衍生出來的本子。卷首有同治甲戌十月惺園退士手書的序言、閑齋老人序(經過改動)和"齊省堂增訂儒林外史例言"五則。齊本對原書作了大量的減省改動。增補齊省堂本(簡稱增補齊本)。除妄增四回外,其他各回正文和眉批上承齊本,個別文字有所改動。此本翻印本很多,如光緒三十一年(1905)上海慎記書店石印本等。

辛亥革命後至今出現的本子,連近年臺灣、香港出版的本子計算在内,不下四五十種,率依違於以上各本之間。

通過這一番分析比較,《儒林外史》現存版本的源流系統就大致弄清楚了。

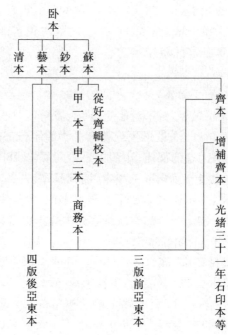

二、比較各本的校勘價值

在有了版本源流系統以後,我們就可以按系統成類地比較各本的校勘價值了。比較各本的校勘價值主要是比較各本篇目的多少和文字訛誤的情況,這些工作在分析歸納版本源流系統時為判定某些版本之間的源流關係已做過了一部分,這一部分的比較可以作為全面比較的基礎。比較的方法和步驟是,按版本系統,縱向比較各本及其底本,橫向比較同一底本所出的同層次的各本。或者是先縱向比較再橫向比較,或者是縱橫交替進行,這要視具體情況而定。此仍以《儒林外史》的版本為例。

(1) 臥本、清本、藝本

清本、藝本都是臥本的覆印本,只是內封上的版本和刊行年代經過挖補作了更動。因此清本、藝本沒有校勘價值。

(2) 鈔本和蘇本

鈔本、蘇本同出於臥本。鈔本訂正了臥本的一些明顯訛誤,有一些是後來各本所未曾訂正或改得不妥的,在校勘上就更有價值。鈔本絕大部分章回都按臥本照鈔,極少改動。但第三十七回以及第五十二至五十六回則作了較多的減省和改動。如第五十四回就改動了 200 餘處,減省去 220 字左右。蘇本同鈔本一樣,訂正了臥本中一些明顯易辨的訛誤,也沿襲了許多訛誤,還新增了許多訛誤。

清本、藝本、鈔本、蘇本都同出於臥本,但清本、藝本只是臥本的覆印本,沒有校勘價值,而鈔本、蘇本雖新增了許多訛誤,但它們校正了臥本一些訛誤,就有不小的校勘價值了。

(3) 申報館排印本、從好齋輯校本

申二本直承申一本,申一本又是以蘇本為直接底本的。申一、申二本都承襲了蘇本的不少訛誤,但申一本校正了蘇本、臥本的許多訛誤;申二本在申一本的基礎上又做了一番校訂,訂正了過去各本的許多訛誤,它在校勘上可以提供許多獨有的依據,因此二本在校勘上都有不小的價值。從好齋輯校本亦出於蘇本。徐允臨在跋語中說他曾借得"揚州原刻",覆勘一過。用"揚州原刻"覆校過的本子,價值當在他本之上。但是,這個本子曾經過王承基的改動,今天已辨別不清哪些是王承基的改動,哪些是徐允臨根據"揚州原刻"的校勘了。因此,它的校勘價值還是在同層次的申本之下。

(4) 商務本、亞東本

商務本出於申二本,對申二本個別的地方有所訂正。亞東本前三版爲採藝本、齊本、商務本、增補齊本所長而成的本子,去取的標準不妥當。四版後出自藝本,但是用了已經作了大量的減省刪改的齊本作對校,對校本就不好。因此,商務本、亞東本的校勘價值就較小了。

（5）齊本和增補齊本

這兩種本子都是增訂本,屬於《儒林外史》版本的另一個系統。齊本對原本作了大量的減省改訂。"刪潤"、"修飾"遍布全書,改訂者率以己意刪改,有許多傷筋動骨之弊。但齊本在"刪潤"字句之際,對原書的誤字確做了一番訂正的工作,改正了以前各本的許多錯誤,因此,齊本仍有一定的校勘價值。增補齊本在齊本的基礎上又妄增了四回。但對齊本個別文字有所更訂,因此,增補齊本也有一定的校勘價值。

拿其他各本與卧本比較,其他本子雖然直接或間接地改正了卧本的一些錯誤,但各本比卧本離原本面貌則要遠得多。

辛亥革命後的幾十種版本,都依違於上述各本之間,在校勘上就沒有什麽價值了。①

通過上面的縱橫比較,我們就可以了解到《儒林外史》現存各版本校勘價值的有無、大小了：卧本最接近原本面貌,價值最大；鈔本、蘇本、申一本、申二本可以直接或間接地校出卧本的許多訛誤,價值次之；從好齋輯校本、商務本、齊本、增補齊本、亞東本可以直接或間接校出卧本的一些訛誤,價值又次之；清本、藝本及辛亥革命後的幾十種版本沒有什麽校勘價值。

第四節　選擇底本、對校本和參校本

了解了現存版本的源流系統和各版本的校勘價值,就可以著手選擇底本、對校本和參校本了。

底本是用來進行校勘的工作本。對校本是用來與底本逐一比對的本子。參校本是用來供解決某些問題需要時查對相關部分的本子。

---

①　上據李漢秋《儒林外史會校會評本》前所附《儒林外史的版本及其沿遞》一文節述,上海古籍出版社 1984 年版。

一、選擇底本

底本是用來校勘的工作本,它要求選擇最接近於原本的本子。底本可以是現存最早的本子,因爲現存最早的本子往往就是原本或最接近於原本面貌的本子。如司馬光《資治通鑑手稿》、蒲松齡《聊齋志異》手稿(半部)等就是作者的原本。有些現存最早的本子不是原本,如上舉《儒林外史》卧本,但它却是後來眾多版本的祖本,它是最接近原貌的本子,因此可以用來做底本。但並不是所有現存最早的本子都適合於用來做底本的。因爲有些現存最早的本子與原本中間有一段很長的沿遞過程,現存最早的本子離原本本來的面貌已經較遠了。後出的本子或許要比最早的本子更接近原貌。如《史記》現存最早的版本是百衲本用以匹配成完本的宋慶元時黃善夫刻本和明震澤王鏊本,但是宋明本離《史記》原本已經經過了1000多年,其間經過多次傳鈔翻刻,因此,宋明本與原本面貌並不是很接近的。而比宋明本晚了幾百年的金陵書局《史記集解索隱正義合刻本》,則是經過了張文虎根據錢泰吉的校本和他自己所見到的各種舊刻古本時本以及其他校勘資料詳加考訂的本子,這個本子就比宋明本更接近於原貌。因此,上世紀50年代中華書局點校《史記》就沒有用現存最早的宋明本作底本,而選用了金陵書局本作底本。總之,底本應該選擇現存版本中最接近於原本面貌的本子。至於哪一種本子最接近原貌,這可以從版本系統的分析中和各本校勘價值的比較中了解到。

選擇底本時可能還會遇到這樣一種情況,即通過分析歸納版本源流和比較各本的校勘價值以後,了解到了某種版本是最接近於原本面貌的本子,並選擇它做爲底本。但是,這個本子却是殘本。在這種情況下,我們就只好再選擇一個可以補充此本殘缺部分的比較接近於原本面貌的本子和殘本一起做底本了。如《徐霞客遊記》現存最早的版本是季會明的原始鈔本,無疑這個鈔本會被校勘家選來作爲底本。但是,這個本子是個殘本,只在卷二至卷四上保留了完備的部分。因此,這個殘本是不能單獨充當底本的,只好再選擇《徐霞客遊記》的初刻本即乾隆四十一年徐霞客族孫徐鎮刻本與殘鈔本一起用作底本。殘鈔本只作卷二至卷四上部分的底本,其餘的則由徐本充當底本。[①]

選擇底本時可能還會遇到一種情況,即通過分析歸納版本源流系統

[①] 褚紹唐、吳應壽整理《徐霞客遊記·前言》,上海古籍出版社1980年版。

和比較各本校勘價值的大小，可能發現幾種最好的版本各有長短，分不出主次，從而難以選定某一本爲底本。在這種情況下可以同時取這幾種版本作底本，其餘的作對校本或參校本。如中華書局校《魏書》就是這樣選擇底本的。其《出版説明》對這種情況作了交代：

  我們這次校勘所用各本有：一、商務印書館印百衲本二十四史本（簡稱百衲本）。此本雖稱影印，但曾據殿本校改許多刻誤，間有誤改。二、明萬曆二十五年(1597)南京國子監本（簡稱南本）。三、明萬曆間北京國子監本（簡稱北本，所用之本有明初補版）。四、明末汲古閣本（簡稱汲本）。五、清乾隆四年(1739)武英殿二十四史本（簡稱殿本）。六、清同治十一年(1872)金陵書局本（簡稱局本）。以上六個本子實是一個系統，直接間接同祖三朝本，也都作了些校改，這些校改有得有失。六本中我們通校了百衲本、南本、殿本、局本，參校北、汲二本，擇善而從。

這些用來通校的百衲本、南本、殿本、局本都是底本。

  底本的選擇是否恰當將直接影響到校勘工作量的大小和校本刊行後的使用價值。選的底本訛誤多就要多做許多校勘記，校勘的工作量就大，校本刊行以後，讀者在使用時看到的訛誤也就增加了許多，這就影響了校本的使用價值。這在校勘史上是有過教訓的。如陳垣校勘《元典章》，用訛誤極多的沈本做底本，而用較好的元刻本作對校，結果校出了沈本訛誤之處竟達 12,000 條，做了 12,000 餘條的校勘記。我們今天讀陳校《元典章》，仍是滿目訛誤，很難讀懂讀通。如果陳氏選用元刻本做底本，而以沈本作對校，那麼底本的錯誤就會減少很多倍，也就不必花那許多功夫去做校勘記，校本讓人讀起來也省力得多。

二、選擇對校本和參校本

  選擇對校本和參校本是在除去用爲底本以外的版本中進行的。有校勘價值的本子都可用來做對校本和參校本。把有校勘價值的本子劃爲對校本和參校本的主要依據是這些本子對於校勘底本的校勘價值的大小。對於底本校勘價值大的選用爲對校本，對於底本校勘價值小的就選用爲參校本。如《儒林外史》，根據上面對其各種版本的校勘價值大小的比較確定，就可以選定鈔本、蘇本、申一本、申二本爲對校本，從好齋輯校本、商務本、齊本、增補齊本、亞東本爲參校本。

  根據校勘對象異本的不同情況，選擇對校本、參校本也有不同的變化。

　　有時候選出對校本、參校本以後,還按校勘價值的大小把對校本再分爲主要對校本和次要對校本。如陳杏珍等點校《曾鞏集》,選擇了"校刊精、流傳廣、影響大"的清康熙五十六年(1717)長洲顧松林刻本《南豐先生元豐類稿》爲底本,選用了"時代較早、文字精審、較能反映曾鞏著作原貌的元大德八年(1304)東平丁思敬刻本《元豐類稿》"爲"最主要校本"。除元刻本外,還選了"其他主要校本"明嘉靖王抒刻本、明隆慶五年邵廉刻本等10種。最後選有參校本4種。① 這裏所說的"最主要校本""其他主要校本"就是主要對校本與次要對校本。無論主要次要,對校本的校勘價值總是要比參校本大,主次只是對於對校本本身的價值大小而言的。

　　有時候校勘對象的異本很少,就只選對校本。如王文錦點校清王聘珍《大戴禮記解詁》就只"是以清光緒十三年廣雅書局刻本做底本,同咸豐元年刻本進行了對校"。②

　　有時候校勘對象的異本雖然較多,校者或者以爲不必要又是對校、又是參校,就只選出對校本而不選參校本。如余嘉錫校《世說新語》,採用王先謙重雕紛欣閣本爲底本,只"以影宋本(日本尊經閣叢刊中所影印的宋高宗紹興八年董芬刻本)、袁本(明嘉靖間吳郡袁褧嘉趣堂重雕宋孝宗淳熙十五年陸游刻本)、沈寶硯本(沈寶硯做校記的清初徐乾學傳是樓所藏宋淳熙十六年湘中刻本)對校"。③

　　有時候也可能是因爲校勘的對象異本少或校者以爲不必要而只選參校本不選對校本。如中華書局校清王夫之《尚書引義》,以金陵刻本《船山遺書》本爲底本,只"參照……太平洋書店排印本做了校勘"。④ 又如羅根澤校《西京雜記》,以明程榮校《漢魏叢書》本做底本,只"參校明嘉靖孔天胤刊本、李栻《歷代小史》、吳琯《古今逸史》、商濬《稗海》、毛晉《津逮秘書》、清人盧文弨《抱經堂叢書》、馬俊良《龍威秘書》和張海鵬《學津討原》諸本"。⑤

　　有時候校勘的對象雖有異本,却不選來做對校本,而選用他書來做對

---

① 參陳杏珍等點校《曾鞏集·前言》,中華書局1984年版。
② 王文錦點校《大戴禮記解詁·前言》,中華書局1983年版。
③ 余嘉錫《世説新語箋疏·凡例》,中華書局1983年版。
④ 中華書局校本《尚書引義·前言》,中華書局1976年版。
⑤ 程毅中點校《西京雜記·出版說明》,中華書局1985年版。

校之本。這也是從比較異本與他書校勘價值的大小的角度來做選擇的。如顧士鑄校宋袁樞《通鑑紀事本末》選用宋大字本作底本，就沒有選用宋小字本做對校本，而選用了他書《資治通鑑》做對校之本。這是因爲《通鑑》比《本末》的異本更有校勘價值。①

如果校勘的對象是單版本的古籍，那就既不存在選擇底本的問題，也不存在選擇對校本和參校本的問題了。

第五節 搜集其他校勘資料

校勘一種古籍，除了運用異本對校以外，總要或多或少地利用異本以外的其他校勘資料。如果一種古籍沒有異本，那麼其他校勘資料就更重要了。因此，校勘還必須搜集其他校勘資料。其他校勘資料主要包括如下幾個方面。

一、引文

引文包括一般書籍的引文、類書引文和注解引文。

（1）一般書籍的引文

古人在寫書時常常引用前書，這些書的引文可以用作校勘被引原書的資料。如《莊子》引用的《老子》之文，可以用作校勘《老子》的資料。②

（2）類書引文

類書是摘引他書文字按意編出的工具書。類書所引的各書之文可以用作校勘各原書的資料。後世校勘常用以搜集引文的類書主要有隋末唐初人虞世南編撰的《北堂書鈔》、唐初歐陽詢等編撰的《初學記》、唐白居易撰、宋孔傳續撰的《白孔六帖》、宋太宗時王欽若、楊億等編撰的《冊府元龜》、南宋王應麟編撰的《困學紀聞》《玉海》等。這些唐宋、特別是唐代的類書，其引文的校勘價值要大些，因爲這些類書是在没有刻本或者刻本沒有大量流行以前編成的，所以這些類書的引文主要是引自古鈔本的。從理論上說，這些引文應該比後代的版本更接近於原書的本來面貌。宋代以後還有一批類書，如宋《事物紀原》《海錄碎事》《山堂考索》《古今合璧事

---

① 參顧士鑄點校《通鑑紀事本末·前言》，中華書局 1964 年版。
② 例參第五章《校勘的方法》第三節《他校》。

類備要》《事文類聚》《綿繡萬花谷》,明《經濟類編》《天中記》《山堂肆考》,清《淵鑑類函》《格致鏡原》等等,其引文也有一定的校勘價值。

搜集類書引文資料,要做大量的閱讀尋檢工作。有些後代影印或重印的類書考慮到檢索的困難,補編了引書索引。如上海古籍出版社1982年1月新1版《藝文類聚》後就附有按四角號碼編排的《書名篇名索引》,這類索引可供我們在搜集類書引文時利用。比如校勘《爾雅》,搜集《藝文類聚》所引《爾雅》之文,查上述索引,可以在"1022_7 爾70 爾雅"條下看到《類聚》共引《爾雅》163條,並知道各條在此新版《類聚》中的卷數、頁碼。按頁碼一一鈔出來即可,不必要花很大的功夫去通讀尋檢。

(3) 注解引文

古人注書往往援經據典,廣徵博引,《漢書・藝文志》説漢人"説五字之文,至於二三萬言",桓譚《新論・正經》説:"秦延君能説《堯典》,篇目兩字之説,至十餘萬言,但説'曰若稽古'三萬言。"對訓詁來説,這是極其繁瑣無用的,然而對校勘來説則是引文越多越好,只可惜這些注並沒有傳下來。古代傳下來的有一大批在訓詁上有價值的注,這些注中所引之文都可以用作校勘原書的資料。後世校書常用以搜集引文的書注有劉孝標的《世説新語》注、裴松之的《三國志》注、酈道元的《水經注》、李善的《文選》注、《十三經注疏》等等。注中引文分散在注中各處,要耐心通讀檢索,方可得到。有些書注後代補編了引書索引,如原哈佛燕京學社引得編纂處編的《〈世説新語〉劉注引書引得》《〈三國志〉及裴注綜合引得》《〈爾雅〉注疏引書引得》今人編的《〈史記〉三家注引書引得》等,都可以爲我們查檢書注引文提供方便,免去通讀尋索之勞。比如校《説文》,搜集《史記》三家注所引《説文》之文,利用《〈史記〉三家注引書引得》,可以在"0861_6 説 00 説文"條下了解到三家注共引《説文》121條,並知道各條在中華書局點校本《史記》中的具體頁碼,按圖索驥,很快即可搜集齊全。

二、有相承關係的他書之文

後世之書往往轉述使用前書之文,後書中的這些轉述使用之文可以用作校勘前書的資料。如《史記》述用了許多先秦之書,《漢書》又述用了《史記》的很多部分,《資治通鑑》又述用了《史記》《漢書》的許多內容,《通鑑》中述用《史記》《漢書》的文字可以作爲校勘《史記》《漢書》相應部分的資料,《漢書》中述用《史記》的文字又可用作校勘《史記》相應部分的資料,《史記》中述用先秦諸書的文字又可用作校勘先秦諸書相應部分的資料。

又有些後世之書是憑借前書而撰寫成的，這些後世之書中的有關文字可以用作所憑借之書相關部分的校勘資料。如顧野王撰《玉篇》，曾參考過古本《説文》，所以《玉篇》中的有關文字可用作校勘《説文》相關部分的資料；王楨撰《農書》，曾依據《齊民要術》，所以《農書》中的有關文字亦是校勘《齊民要術》相關部分的資料。

有些書與所校之書並不一定有相承的關係，但它與所校之書在內容文字上有相同相近之處。這些書中與所校之書相同相近的內容文字可以用作所校之書相關部分的校勘資料。如馬王堆帛書《戰國縱橫家書》與《戰國策》《史記》並不一定有相承的關係，但《戰國縱橫家書》有不少內容文字分別與《戰國策》和《史記》相同相近。《戰國縱橫家書》中的這些與《史記》《戰國策》相同相近的內容文字可以用作《戰國策》和《史記》相關部分的校勘資料。

三、釋文

釋文指注解中除去引文部分剩下的解説文字。釋文與原文總有某些對應關係，因此釋文可以用作校勘原文的資料。[①]

四、甲骨金石等文物

文物有些屬於異本，如馬王堆帛書《老子》甲乙本等，這在搜集異本、選擇底本和對、參校本時就應該注意搜集利用。有些屬於其他校勘資料，亦當予以搜集利用。如甲骨金石等就可以用作校勘今本的資料，下舉三例，以見這類校勘資料的重要。(1)《史記·殷本紀》及《三代世表》有云："冥卒，子振立；振卒，子微立。"索隱："《系本》作'核'。"又《漢書·古今人表》作"垓"。王國維《殷墟卜辭中所見先公先王考》一文根據甲骨刻辭中屢見的"王亥"乃商之先王先公的事實，校定了《史記》之"振"即"核"或"垓"之訛。(2)《禮記·大學》引《湯之盤銘》云："苟日新，日日新，又日新。"郭沫若《湯盤孔鼎之揚搉》一文，據古銅器《商句兵》銘文，校定了《大學》引文乃爲"兄日辛，祖日辛，父日辛"之誤。(3)《明史·諸王世表》說："信豐悼惠王磐熑……正德四年(1509)薨。"20世紀60年代江西新建縣發掘磐熑之父寧獻王朱權墓，其墓志有"信豐悼惠王磐熑"之語，既稱諡，則

[①] 詳第五章《校勘的方法》第三節《他校》。

表明磐煤之死早於撰寫墓志之時，其墓志作於正統十四年(1449)。據此，可定《明史》"正德四年薨"乃爲"正統四年薨"之誤。

以上介紹的四個方面，除甲骨金石外，大都可以互爲校勘資料。如校《史記》，搜集《漢書》爲校勘資料；而校《漢書》也同樣搜集《史記》爲校勘資料。餘類推。

在進行具體的校勘之前，除了搜集各種版本和其他校勘資料以外，還要搜集前人的校勘成果。前人的校勘成果許多都附在原書之上，有的寫成定本，有的做成校勘記。這一類校勘成果只要搜集到了各種版本也就同時具有了。但是前人也有許多校勘成果就要另行搜集才能得到了。如《史記》除了張文虎等人的校勘成果體現在金陵書局合刻本等版本中之外，王鳴盛《十七史商榷》、錢大昕《廿二史考異》、趙翼《廿二史劄記》、梁玉繩《史記志疑》、王念孫《讀書雜志》等書中皆有許多關於《史記》的校勘成果，這些成果就必須花氣力去搜集了。

做完上四節所述的工作以後，再擬一個校勘體例，作爲自己（一人校）或者大家（合作校）具體校勘時的工作準則，就可以進入運用各種資料、知識和方法發現問題解決問題的具體校勘工作階段了。請詳見以下各章。

練習題
1. 簡述選擇校勘對象的原則。
2. 選擇底本的原則有哪些？
3. 試選擇一種古籍，分析其版本源流系統。
4. 底本之外的校勘資料有哪些類型？

第五章　校勘的方法

校勘之法古人以爲只能意會不能言傳，唯清人認識超越前人，以爲"勢之不得已"而"校讎之法不可不立"①。其後對校勘方法的總結，較前有所重視。近人葉德輝有死校活校之述，上世紀30年代所出的幾本"校讎學"之書，對校勘方法亦有涉及。然而，較爲科學的則是陳垣在《校勘學釋例》中從運用的材料的角度總結的對校、本校、他校、理校四法。但是，陳氏並未對每種方法做細致的闡述。下祖陳氏之説，參入已見，分節對各種校勘方法詳加申述。

第一節　對校法

陳垣説：

> 對校法即以同書之祖本或別本對讀，遇不同之處，則注於其旁。劉向《別錄》所謂"一人持本，一人讀書，若怨家相對"者，即此法也。此法最簡便，最穩當，純屬機械法。其主旨在校異同，不校是非。故其短處在不負責任，雖祖本或別本有訛，亦照式錄之；而其長處則在不參已見，得此校本，可知祖本或別本之本來面目。故凡校一書，必須先用對校法，然後再用其他校法。

對校又叫版本校。對校主要有兩個方面的功用：一是發現問題，二是解決問題。我們舉《後漢書》的校勘爲例。

中華書局以紹興本爲底本，以汲古閣本和武英殿本爲對校本對《後漢書》及李賢等的注釋作了對校。如：

---

① 《校讎通義·校讎條理第七》。

《烏桓鮮卑列傳》：
　　　夫以世宗神武，將相良猛，財賦充實，所拓廣遠，猶有悔焉。
校記："將相良猛　按：汲本、殿本'相'作'帥'。"又：
　　　既而覺悟，乃息兵罷役，〔封〕丞相爲富人侯。
校記："〔封〕丞相爲富人侯　據汲本、殿本補。"
　　前例通過對校發現了版本間的不同，但問題並沒有解決；後例底本有脫文，於義不通，通過對校，補出了所脫之文，解決了問題。有時候發現了問題對校本身解決不了，就再用別的校法來加以解決。如：
《五行志六》"後二歲三月，鄧太后崩"注：
　　　上收考中人趙任等，辭言地震日蝕，任〔在〕中（官）〔宮〕，竟有廢〔立〕之謀，邰乃自知其言驗也。
校記："辭言地震日蝕任〔在〕中（官）〔宮〕　汲本、殿本作'辭言地震日蝕在中宮'。按：上文言'戊者土主，任在中宮'，足證原本'任'下脫'在'字，'宮'誤'官'，而汲本、殿本則'在'上脫一'任'字也。今據以改正。"
《朱浮傳》"唯賢是登"注：
　　　身無金痍痼疾，（世）〔卅〕六屬不與妖惡交通、王侯賞賜。
校記："（世）〔卅〕六屬　《集解》引惠棟説，謂注'世'別本作'卅'，音先合反。今按：《通典》卷二十七引後漢督郵板狀作'三十六屬'，則此'世'字當作'卅'，因版刻'卅'字往往作'丗'，與'卅'形近而誤。今據改。"
《郡國志一》"凡縣名先書者，郡所治也"注：
　　　中元二年，民户四百二十七萬千六百三十四，口（三）〔二〕千一百萬七千八百二十人。
校記：汲本、殿本"三"作"二"，"按：惠棟《補注》引李心傳説，謂西漢户口至盛之時，率以十户爲四十八口有奇，東漢户口率以十户爲五十二口。此上云'民户四百二十七萬千六百三十四'，以十户爲五十二口計之，祇二千一百萬餘，則原作'三千一百萬'，訛也。"據汲本、殿本改。
　　第一例對校校出了版本間互有異同，本校從上下文考察解決了問題。第二例對校校出了版本間的異同，他校以他書引文解決了問題。第三例對校校出了異同，理校考當時典制並予以推算解決了問題。有時即使再用其他方法，問題也不一定能解決徹底。如：
《五行志五》"靈帝光和元年，司徒長史馮巡馬生人"注：
　　　巡馬生胡子，問養馬胡蒼頭，乃好此馬以生子。
校記："乃好此馬以生子　汲本、局本'好'作'奸'。按：好與奸形近，疑作

'奸'是。"

　　對校校出了異同，理校從字形的角度予以推理，但沒有確證，只能提出一種傾向，而未能徹底解決對校發現的問題。有時候用於校勘的所有版本在文字上沒有任何差異，但實際上仍然存在著訛誤。對校對這類問題不用說解決，就連發現也不可能。

　　《律曆志下》：
　　　　　丈

校記："丈　'丈'下原有'四寸二分'四字。《集解》引李銳說，謂案祖沖之術二至晷景與此同。其至前後各氣晷景，以此至前後晷景兩兩相加，折半得之。如此術大雪景丈二尺五寸六分，小寒景二尺三寸，相加半之，得沖之術大雪、小寒景一丈二尺四寸三分是也。覆檢此文，惟立冬一氣不合。案祖沖之稱《四分志》立冬中景長一丈，立春中景九尺六寸，相加半之，得九尺八寸，與沖之術立春、立冬景正合。然則此文立冬晷景丈四寸二分，誤衍'四寸二分'四字耳。今逕據刪。"

　　總的看來，對校發現問題最容易，解決問題則多要靠其他的方法予以幫助了。如果一種書沒有異本，那就只能用其他校法了。

第二節　本校法

　　陳垣說：

　　　　本校法者，以本書前後互證，而抉摘其異同，則知其中之繆誤。……此法於未得祖本或別本以前，最宜用之。予於《元典章》曾以綱目校目錄，以目錄校書，以書校表，以正集校新集，得其節目訛誤者若干條。至於字句之間，則循覽上下文義，近而數葉，遠而數卷，屬詞比事，牴牾自見，不必盡據異本也。

　　如果一種書沒有異本，或者雖有異本但對校解決不了問題，那就要採取其他校法，本校即是其中之一。本校是據上下文來校正古書文字訛誤的一種校勘方法。它是利用本書本篇本文的各種對應關係進行的。這些對應關係包括內容很廣，歸納起來主要有用例對應、語音對應、意義對應和結構對應四類。

一、用例對應

（1）用字對應

《新序·義勇》"白公之難"章：

> 既懼何不返？

"反""返"二字古通用。但是檢《新序》全書皆用"反"字，此句亦不應例外。

（2）用詞對應

《淮南子·原道》：

> 授萬物而無所前後。

"授"上當有"禀"字。上文有"禀授無形"、"布施禀授而不益貧"，下文有"禀授於外而以自飾也"，皆"禀授"連文，此不會獨用"授"字。

（3）用語對應

《呂氏春秋·當務》：

> 有妻之子，而不可置妾之子。

"而不可"當作"不可而"，即"不可以"。本書每有此例，如《功名》："故當今之世，有仁人在焉，不可而不此務，有賢主不可而不此事。"《不屈》："惠子曰：若王之言，則施不可而聽矣。"《用民》："處次官執利勢，不可而不察此。"皆此例。

又《敦煌變文集·佛説阿彌陀經講經文》：

> 劍樹刃山霜雪白，有人見者總心寒。

"刃"當爲"刀"，形近而訛。劍樹刀山或刀山劍樹屢見於《變文集》（見462、484、490、529、705、726、737、756頁），無一作"刃"者，故知"刃"必爲訛字。

（4）用句對應

在一本書中同一句話往往並非只説一次，不止一次出現的句子發生訛誤，可以互校。

帛書《戰國縱橫家書》：

> 興師救韓……發信□□亓（其）車，重亓敝（幣）。

本章下文有"興師，言救韓，發信臣，多車，厚亓敝。"同句重見。所缺二字必爲"臣""多"了。

運用用例對應的方法校勘，一定要精熟全書（篇、文）整個用字用語的情况，否則就發現不了問題，解決不了問題。錢大昕對《尚書》《毛詩》做了全面觀察，才得出了二書"例用'于'字"的結論，從而糾正了二書鈔刻改"于"爲"於"之誤。如《金縢》"爲壇於南方北面"，《酒誥》"人無於水監，當於民監"和《邶風》"俟我於城隅"、《秦風》"於我乎夏屋渠渠"中之"於"字等。王筠綜觀《説文》釋語之例,才得出了會意字説解只言"從某某"或"從某從某",而不明言"會意",象形字説解只言"象形"、"象某某之形",而不言"從"的結論,從而校出大徐本"信,誠也,從人從言,會意"、"日,實也,大昜(太陽)之精不虧。從口一,象形"中的"會意"、"從口一"爲衍文。

二、語音對應

利用語音對應進行校勘,主要是利用上下文的押韻關係進行校勘。古籍中不僅詩詞有韻,散文中往往亦夾有韻句。因此,我們不僅可以用這種方法校詩詞,也可以用這種方法校散文。

校詩詞之例,如:

《荀子·解蔽》:

《詩》曰:"鳳皇秋秋,其翼若干,其聲若簫,有鳳有皇,樂帝之心。""有鳳有皇"當作"有皇有鳳"。此詩"秋""簫"爲韻,"鳳""心"爲韻,若作"有鳳有皇",就失其韻了。

校散文之例,如:

《莊子·秋水》:

且彼(指莊子)方跐(踩)黄泉而登大皇(天高處),無南無北,奭然四解(無阻礙地四通八達),淪於不測;無東無西,始於元冥,發於大通。

後六句爲三三式對句,前三句一三"北""測"相押,後三句也應該一三相押,但是"西"不與"通"押,只有"東"才與"通"押,可見"無東無西"本作"無西無東"。

有時"語音對應"要和"用例對應"等參合作用,校勘的結果才能令人更加相信。

《逸周書·柔武》:

以德爲本……靡適(通敵)無□。

"無"下原缺一字,據義和音我們可補一"下"字,"下"與上文"序"、"苦"、"鼓"、"武"相押,上古這些字都是魚韻。但是符合上述義和音的條件並不是只有一個"下"字,比如補個"去"字,義也可通也押韻。這樣我們對補"下"字的可靠性不得不產生了懷疑。可是當我們在同書《允文》篇找到了"靡適不下"這個相同的用例時,我們對這兒補"下"字的可靠性就堅信不疑了。

三、意義對應

（1）趨向對應

這種對應不指上下兩個語言單位之間的意義相同相近，而指兩個並列的語言單位意義趨向相同，此可運用於校勘。

《淮南子·人間》：

> 發一端，散無竟；周八極，總一筦（中心），謂之心。

分號前後爲對句，但前者意義趨向由一至多，而後者則由多至一。故"總一筦"當在"周八極"之前。

（2）承接對應

文有先提論點，再證成其意者，前後意義相承，此可運用於校勘。

《逸周書·史記》：

> 文武不行者亡。昔者西夏性仁非兵，城郭不脩，武士無位。

西夏之例只證"武不行者亡"的論點，與"文"字無涉，"文"字當爲衍文。上文有"武不止者亡"與之相對，亦可證之。

又有先申説後總結者，這種對應特點亦可用於校勘。

《淮南子·詮言》：

> 目好色，耳好聲，口好味……此四者，耳目鼻口不知所取去，心爲之制，各得其所。

後面總結爲"耳目鼻口""四者"，而前面申説唯有目、耳、口，劉文典以爲"耳好聲"後脱"鼻好香"，甚是。①

又有多層次並列申説者，這種對應特點亦可用於校勘。

《淮南子·詮言》：

> 有智而無爲，與無智者同道；有能而無事，與無能者同德。其智也，告之者至，然後覺其動也；使之者至，然後覺其爲也。有智若無智，有能若無能。

按並列申説對應關係，此語段當是"智；能。智；能。智；能。"對應排列，但此語段現有只是"智；能。智；□。智；能。"明顯有缺脱，據上下文當在"使之者至"前補"其能也"三字。

又有述説諸多事物以類相從者，這種特點亦可用於校勘。

《淮南子·俶真》：

---

① 參《三餘札記·淮南子校補》。

> 勢利不能誘也,辯者不能説也,聲色不能淫也,美者不能濫也,智者不能動也,勇者不能恐也。

"聲色不能淫也"當在"辯者不能説也"句上,勢利、聲色相類,辯、美、智、勇相類,而且後類皆爲"某者"結構相對,前類不然。

（3）同對應

① 同詞對應

《管子・山至數》：

> 彼善爲國者,不曰使之,使不得不使,不曰貧之,使不得不用。

"貧"字於句義不可通,上"使之""不使"同詞對應,下亦當"用之""不用"同詞對應。"貧"字誤。

② 同義詞對應

《新序・善謀》"楚使黃歇於秦"章：

> 王施之以東山之險,帶之以曲河之利。

"施"於句無義。"施"在此當與"帶"同義。《廣雅・釋宮疏證》以"杝"即今之"籬"字,此"施"即"杝"之形訛字。"帶"在句中用爲動詞,"杝"亦用爲動詞,皆環繞之義。

③ 類義詞對應

大致説來,類義詞是指意義有比較密切的聯繫而又不到同義程度的一組詞。

《管子・明法解》：

> 明主者,上之所以一民使下也；私術者,下之所以侵上亂主也。

"主"與"術"不對,"主"當爲"法"。"法""術"類義對應,於句義正順暢。

（4）反對應

① 不在相應位置上的對應

《孟子・萬章下》：

> 故聞伯夷之風者,頑夫廉,懦夫有立志。

古漢語"廉"與"貪"對,不與"頑"對,此"頑"實"貪"字之誤。[①]

② 相應位置上的對應

《淮南子・地形》：

> 是故堅土人剛,弱土人肥；壚土人大,沙土人細；息土人美,秏土

---

① 參錢大昕《十駕齋養錄》卷三"頑夫廉"條。

人醜。

"大"、"細"對(細即小。《左傳·襄四年傳》:"吾子舍其大而重拜其細,敢問何禮也?"),"美"、"醜"對,而"剛"、"肥"不對。"肥"當是"脆(脆)"之形訛,《廣雅·釋詁》:"脆,弱也。"與"剛"正是反對應。

(5) 偏對應

古漢語中"A 然+B"或"B+A 然"的結構是一種偏正關係的同義結構,"A 然"多是用以狀貌"B"的,這種語義結構的對應關係可以用於校勘。

《逸周書·官人》:

　　怒色薦然以侮。

"薦"義不可通,"薦"當爲"艴",形近而訛。"艴"通"艵"。《孟子·公孫丑》"曾西艵然不悦",趙歧注:"艵然,慍怒色也。""艵然",正狀"怒色"。這是狀前之例,再舉一狀後之例。

《荀子·議兵》:

　　君臣上下之間,滑然有離德者也。

楊倞注:"滑,亂也。""滑然"非可狀"離德"。"滑"當爲"渙",形似而訛。《說卦》《雜卦》皆言:"渙(者),離也。"下文正有言"事大敵堅,則渙然離耳"語。"渙然"即離貌,故曰"渙然有離德"。

上兩例是用這種語義結構校"A 然"之"A"的,反過來亦可以用這種語義結構校"A 然"所狀之"B"。

《淮南子·泰族》:

　　穿隙穴,見雨零,則(反而)快然而嘆之。

"快然"狀喜悦,與"嘆"義不相應。"快然而嘆之"當作"快然而笑之",俗書"笑"作"咲","歎"作"嘆",相似而訛。下文"肆然而喜"、"曠然而樂","笑"、"喜"、"樂"正同義對應。

(6) 交叉對應

《説文》寸部:

　　將,帥也。

段注:"'帥'當作'䢦'。行部曰:'䢦,將也。'二字互訓。"段氏引了他書佐證:"《儀禮》《周禮》古文'䢦'多作'率',今文多作'帥'。《毛詩》'率時農夫',《韓詩》作'帥'。……帥者佩巾,漢人假爲'率'字。'率'亦'䢦'之叚也。許造《説文》,當是本作'將,䢦也'以自申其説。"許慎生當古文經學大盛的東漢中葉稍後的時代,又曾師事古文大師賈逵,並撰《五經異義》以捍衛古文經學，《說文》中大量採納以文字訓詁爲重心的古文學派的研究成果，"率""帥"兩字，古文今文涇渭分明，《說文》取前者釋字當是毫無疑問的。

宀部：

安，竫也。

段注："'竫'各本作'静'，今正。立部曰：'竫者，亭安也。'與此爲轉注。青部'静者，審也'非其義。《方言》曰：'安，静也。'以許書律之，叚'静'爲'竫'耳。"

這兩例都是從語義對應（互訓）來推字誤的，但前例與後例稍異。前者可稱"全交叉對應"（A,B;B,A。A＝A;B＝B）；後者可稱"準交叉對應"（A,B;B,CA。A＝A;B＝B）。這種校法對我們校勘古代訓詁著作尤有價值。

四、結構對應

（1）音節對應

在詩句中由於要求音節相等，任何成分都可以省略，如《詩·七月》："七月在野，八月在宇，九月在户，十月蟋蟀，入我牀下。"前三句皆省"蟋蟀"。在散文中古人亦喜歡音節相對而省略某些成分。這種音節對應的特點可以用於校勘。如前所舉《史記·匈奴列傳》："匈奴騎，其西方盡白馬，東方盡青駹馬，北方盡烏驪馬，南方盡騂馬。"司馬遷行文當爲五五音節相對，而後人不知，即於中二句妄加了中心詞"馬"。此爲音節相同，結構有異之例。又有音節相等結構相同之例。

《淮南子·本經》：

飾職事，制服等，異貴賤，差賢不肖，經誹譽，行賞罰，則兵革興而分爭生。

從音節上看，"差賢不肖"與上下文的三字句有悖；從結構上看，"賢不肖"與上下文的"貴賤"，"誹譽"等不同構。"不"實即"否"，"否"即不肖，此當衍一"肖"字。

（2）語序對應

語序對應指上下對句的語法結構相同，這種對應可用於校勘。

① 校誤

《新序·雜事第五》"魏文侯過段干木之閭而軾"章：

夫君子善用兵也，不見其形而攻已成，其此之謂也。野人之用兵,鼓聲則似雷,號呼則動地也。
"君子"句與"野人"句相對,語序亦應相同。"善"字當爲"之"字之誤。《北堂書鈔》卷一一三、《群書治要》卷四二引,"善"並作"之",亦是其證。
② 校脱
《新序·善謀》"楚平王殺伍子胥之父"章:

  闔閭曰:"大之甚!勇之!"

由上下文義可知,此爲闔閭對伍子胥的贊美之辭,後句"勇之",語義不完。比上句語序,當在"勇之"後補一"甚"字。《穀梁傳·定公四年》正作"大之甚!勇之甚!"
③ 校衍
《新序·節士》"東方有士曰袁族目"章:

  縣名爲勝母,曾子不入;邑號朝歌,墨子回車。

"縣名"句與"邑號"句相對,又上下文皆四四爲句,"縣名爲勝母"句當有誤。據語序對應,"爲"字當衍。本書《雜事第三》此句作"里名勝母",雖"縣"、"里"有異,亦正無"爲"字。
④ 校錯位
《荀子·成相》:

  明君臣,上能尊主愛下民,主誠聽之,天下爲一,海內賓(服)。

"愛下民"當作"下愛民",與上"上能尊主"語序對應。《不苟》《臣道》二篇正有"上則能尊君,下則能愛民"之語。

這是以句中語序對應校錯位之例,再舉一以句間語序對應校錯位之例。
《商君書·更法》:

  愚者笑之,智者哀焉;狂夫之樂,賢者喪焉。

句中"焉"的用法與"之"相同,"笑之"、"哀焉"、"喪焉"語序一律,"之樂"當爲"樂之",與上下三句語序一律。

運用語序對應校脱、衍、錯位最易爲功,因爲對句之中的語序結構最易律比,其成分的缺、羨、串亂最易發現。

上述數種對應是從不同的角度分析出來的,實際上相互之間又有交叉,如意義對應,講的就是意義結構的對應,結構對應除了音節對應,也都是意義對應,等等。

第三節　他校法

陳垣説：

> 他校法者，以他書校本書。凡其書有採自前人者，可以前人之書校之；有爲後人所引用者，可以後人之書校之；其史料有爲同時之書所並載者，可以同時之書校之。此等校法，範圍較廣，用力較勞，而有時非此不能證明其訛誤。

"以他書校本書"之"他書"（不指異本）大致包括以下三個方面。這些方面的材料都可用以他校。

一、引文

引文包括一般書籍的引文、類書引文和注解引文。

（1）一般書籍的引文

本書引用前書之文，可用前書原文校本書所引之文。

《續資治通鑑長編》卷二〇〇：

> 《孝經》曰："嚴父莫大於配天，周公其人也。"

檢《孝經》原文，其《聖治章》"周公"上原有"則"字，此脱。

後書引用本書之文，可用後書引文校本書之文。

《老子》二十八章：

> 知其雄，守其雌，爲天下谿。……知其白，守其黑，爲天下式。爲天下式，常德不忒，復歸於無極。知其榮，守其辱，爲天下谷。

《莊子·天下》："老聃曰：'知其雄，守其雌，爲天下谿。……知其白，守其辱，爲天下谷。'"莊子離老子很近，其所引當爲可信。由此可知，《老子》文衍"守其黑爲天下式爲天下式常德不忒復歸於無極知其榮"23字。原文以"雌"對"雄"，以"辱"對"白"，"辱"即後起之"黷"的古字。《玉篇》："黷，垢黑也。"四十一章"大白若辱"，正以"白"對"辱"。後人不知"辱"與"白"對，以爲"黑"始可對"白"，"榮"始可對"辱"，遂妄加"守其黑"於"知其白"下，妄加"知其榮"於"守其辱"上。又妄加"爲天下式"等四句以與上文"爲天下谿"和下文"爲天下谷"相對，殊不知原文"谿"、"谷"上下相對，"式"廁其中實爲不類。馬王堆帛書《老子》甲乙本亦皆無"知其榮"句。

（2）類書引文

類書大量地摘引了前書的文字，這些引文可以用來校勘原書。

《韓非子·外儲說左上》：

楚人有賣其珠於鄭者，爲木蘭之櫃，薰以桂椒之櫝，綴於珠玉，飾以玫瑰，輯以羽翠。鄭人買其櫝而還其珠。

《北堂書鈔》卷一三三、《藝文類聚》卷八四、《初學記》卷二七、《太平御覽》卷七一三、又卷八〇三、八二八所引皆無"之櫝"二字，當據删。從意義上看，以櫝（即櫃）薰櫃不可通；從結構上看，"薰以桂椒"等四句音節相等、語序一致，它們共同構成並列謂語陳述"木蘭之櫃"，若有"之櫝"二字文法亦不通。又《藝文類聚》引"羽"作"翡"，"翡翠"指青綠色寶石，"羽"當是"翡"之壞字，亦當據改。

有時類書可以解決重大的脱誤問題。如《魏書·刑罰志》載有延昌冀州阜城民費羊皮，爲母辦喪事，賣了自己的女兒，買方張回不説此女本是良民，又將她轉賣給別人一事。在記載這一事件的一節中，各種版本皆脱了 1 頁，如百衲本《魏書·刑罰志》第 14 頁末行作"父賣爲婢體本是良回轉賣之日應有遲疑而"，後面没有第 15 頁，就直跳到第 16 頁，其首行作"賣者既以有罪買者不得不坐但賣者以天性"。檢《通典》卷一六七雜議下所引，"應有遲疑而"下有 47 字爲百衲本等版本所不載：

決從真賣於情固可處絞刑三公郎中崔鴻議曰按律賣子一歲刑五服内親屬在尊長者死賣周親及妾與子婦者流蓋

又檢《册府元龜》卷六一五所引，"應有遲疑而"下有三百一十七字爲百衲本等版本所不載：

決從真賣於情不可更推例以爲永式廷尉少卿楊鈞義曰謹詳盜律掠人賣人爲奴婢者皆死别條賣子孫者一歲刑賣良是一而刑死懸殊者由緣情制罰則致罪有差又詳群盜強盜首從皆同和掠之罪固應不異及知人掠盜之物而故買者以隨從論然五服相賣皆有明條買者之罪律所不載竊謂同凡從法其緣服相減者宜有差買者之罪不得過於賣者之咎也但羊皮賣女爲婢不言追贖張回真買謂同家財至於轉鬻之日不復疑慮緣其買之於女父便賣之於他人准其和掠此有因緣之類也又詳恐喝條注尊長與之已決恐喝幼賤求之然恐喝體同而不受恐喝之罪者以尊長與之已決故也而張回本買婢於羊皮乃真賣於定之准此條例得先有繇推之因緣理頗相類即狀准條處流爲允公郎中崔鴻議曰案律賣子有一歲刑賣五服内親屬在尊長者死期親及妾與子婦流唯買者無罪文然

在這 317 個字中，據《通典》把"期"字校爲"賣"字，再加上《通典》引有而《册府元龜》没有的"固可處絞刑"、"三" 6 個字，再據他引補一"掠"字，得

324字,正合百衲本每行18字、每頁18行、1頁324字之數,恢復了《魏書·刑罰志》所缺之頁的本來面目:

  應有遲疑,而〔決從真賣。於情不可,固可處絞刑,更推例以爲永式。

  延尉少卿楊鈞議曰:"謹詳盜律'掠人、掠賣人爲奴婢者皆死',別條'賣子孫者,一歲刑。'賣良是一,而刑死懸殊者,由緣情制罰,則致罪有差。又詳'群盜強盜,首從皆同',和掠之罪,固應不異。及'知人掠盜之物,而故買者,以隨從論',然五服相賣,皆有明條,買者之罪,律所不載。竊謂同凡從法,其緣服相減者,宜有差,買者之罪,不得過於賣者之咎也。但羊皮賣女爲婢,不言追贖,張回真買,謂同家財,至於轉鬻之日,不復疑慮。緣其買之於女父,便賣之於他人,准其和掠,此有因緣之類也。又詳恐喝條注:'尊長與之已決,恐喝幼賤求之。'然恐喝體同,而不受恐喝之罪者,以尊長與之已決故也。而張回本買婢於羊皮,乃真賣於定之。准此條例,得先有由;推之因緣,理頗相類。即狀准條,處流爲允。"

  三公郎中崔鴻議曰:"案律'賣子有一歲刑;賣五服內親屬,在尊長者死,賣親及妾與子婦流。'唯買者無罪文,然〕賣者既以有罪,買者不得不坐。"①

(3) 注解引文

前面説過古人注書往往旁徵博引,其所引之文,可用來校勘原書。《新序·雜事第一》"禹之興也以塗山"章:

  〔虞丘子〕於是辭位而進孫叔敖,孫叔敖相楚,莊王卒以霸,樊姬與有力焉。

《文選》孫楚《爲石仲容與孫皓書》和潘岳《楊荆州誄》李善注引,"孫叔敖相楚"下並有"國富兵強"4字。原書脫去。

二、述文

述文不指照引原文,而指後書根據前書內容加以叙述之文。如《史記》多採前文前書,《漢書》在武帝前的內容多採《史記》,《資治通鑑》又多

---

① 此項重大成果爲唐長孺所取得。參杜澤遜《文獻學概要》第九章《類書與叢書》,中華書局2001年版,頁293—294。

採前史，但這些書並非照文鈔録，而是轉述。在轉述之中，有的原句被保留了下來，有的文字上做了或多或少的改造，但改造的文句往往與原句的結構、意義相同。因此，轉述之文可用於校勘原書。

《商君書·更法》：

> 臣故曰：治世不一道，便國（爲國謀利）不法古。湯、武之王也，不脩古（不拘守古法）而興。殷、夏之滅也，不易禮而亡。然則反古者（推翻古法的人）未必可非，循禮者未足多是也。君無疑矣。

《史記·商君列傳》和《新序·善謀》對《更法》皆有轉述。二書轉述"不脩古"皆作"不循古"，"不循古"正與下文"循禮"相對，當據改。二書轉述"未足多是"皆無"是"字。"多"即重視之義，（《漢書·灌夫傳》顔注："多，重也。"）"未足多"即未必值得重視。後人不知其義，因而妄加"是"以與上句"非"相對。亦當據删。

亦可據原文校述文。

《漢書·高帝紀》：

> 由所殺蛇白帝子，所殺者赤帝子故也。

《史記·高祖本紀》所述故事原文爲"高祖被酒，夜徑澤中；令一人行前，行前者還報曰：'前有大蛇當徑，願還。'高祖醉，曰：'壯士行，何畏！'乃前，拔劍擊斬蛇。蛇遂分爲兩，徑開。行數里，醉，因卧。後人來至蛇所，有一老嫗夜哭。人問何哭，嫗曰：'人殺吾子，故哭之。'人曰：'嫗子何爲見殺？'嫗曰：'吾子，白帝子也，化爲蛇，當道，今爲赤帝子斬之。故哭。'"由此可知，白帝子爲被殺者，赤帝子爲殺白帝子者。若如《漢書》所作，"所殺蛇"與"所殺者"爲同義結構，則白帝子、赤帝子皆爲被殺者，大謬。由《史記》所述故事原文校之，下"所"字顯爲衍文。"殺者赤帝子"即爲殺白帝子的是赤帝子之義。

三、釋文

前面所説的注解引文是指注解中所引的他書之文，這裏的釋文指注解中除注解引文之外的部分，它包括從原文中摘引的被釋詞語和對這些詞語的注釋説解之文。注解引文用以校被引之書，釋文用以校被注之書。

（一）據從原文中摘引的被釋詞語校

古人注中從原文中摘引的被釋詞語，所據爲古本，當比後世傳刻之本的相應部分更爲可信，因此，這些注中的被釋詞語可以用來校勘。

《史記·酷吏列傳》：

　　　　楊可方受告緡，縱以爲此亂民，部吏捕其爲可使者。
王念孫說："《索隱》本出'求爲可使'四字，注曰：'謂求楊可之使。'據此，則正文本作'求爲可使者'，今本作'捕其爲可使者'，疑後人依《漢書》改之也。"①

這是以被釋詞語校誤。

《戰國策·宋策》：
　　　　公輸般爲楚設機，將以攻宋。
高誘注："機械，雲梯之屬也。"正文當脫"械"字。

有些前校已發現的缺文，亦可據以補之。如《逸周書·大戒》："無□其信，雖危不動。"孔晁於此句下注："轉，移。"可見所缺正是"轉"字。

這是以被釋詞語校脫。

《逸周書·職方》：
　　　　其山鎮曰嶽山。
孔晁注："嶽，吳嶽也。"正文之"山"當是後人依俗本《周官》所加。

這是以被釋詞語校衍。

《周禮·天官·外府》：
　　　　凡祭祀、賓客、喪紀、會同、軍旅，共其財用之幣齎，賜予之財用。
賈公彥疏："從王至軍旅所須財用，皆外府共其泉（錢幣）也。云幣齎之財用，謂王使公卿已下聘問諸侯之行道所用則曰幣齎。云賜予之財用者，謂王於群臣有所恩好賜予之也。"原文"財用之幣齎"當爲"幣齎之財用"。"幣齎之財用"正與"賜予之財用"對。

這是以被釋詞語校錯位。

（二）據注釋說解之文校

注釋說解之文與被解釋的詞語雖有古今方俗之別，然而二者之間的意義總是相同或相近的；注釋說解之文對語句的串講與被串講的語句雖有語序等方面的差別，然而二者在結構上總有對應關係。因此，注釋說解之文可以用來校勘。

《戰國策·齊策》：
　　　　韓自以專有齊國，五戰五不勝。
韓國依附齊國，說"專有"義不可通。高誘注："自恃有齊國之助，故五與魏

―――――――
①　《讀書雜志·史記第六》。

戰而不勝。"由高注可知"專"即"恃"字之誤。"專"、"寺"草書相近,"恃"脱"忄"旁而訛爲"專"。《史記·田完世家》轉述爲"韓因恃齊五戰不勝",也正作"恃"字。鮑彪校《戰國策》徑删"專"字,大誤。

這是據注釋説解之文校誤。

《逸周書·度訓》:

  長幼成而生曰順極。

"長幼成而生"語義不完全。孔晁注:"言使小人大人,皆成其事上之心而生其義,順之至也。"據此"長幼成而生"後當脱一"義"字。

這是據注釋説解之文校脱。

《管子·問》:

  外事謹,則聽其名,視其名,視其色,是(通視)其事,稽其德,以觀其外。

"視其名"於義無取。尹知章於"視其名"前的"聽其名"下注:"當聽其名之真僞。"於"視其名"後的"視其色"下注:"既知其名,又須視其色之是非。"唯不注"視其名"。可知"視其名"三字必是涉上下文而衍的衍文。

這是據注釋説解之文校衍。

《史記·五帝本紀》:

  動静之物,小大之神。

《正義》:"大謂五岳、四瀆,小謂丘陵墳衍。"據此"小大"當爲"大小"之倒。

這是據注釋説解之文校錯位。

注音也是注釋説解之文,據注音亦可校正文之誤。

《淮南子·説林》:

  使但吹竽,使工厭(通擪,一只手按)竅,雖中節而不可聽。

"但"字無義。高注:"但,古不知吹人。但讀燕言鉏同也。""但"不得音"鉏","但"乃"伹"之誤。《廣雅·釋詁》:"伹,鈍也。"《廣韻》上平聲魚韻"伹"釋爲"拙人"(本《説文》"拙也")正合句義。

上所舉皆爲以釋文校正文之例。反過來,亦可以正文校釋文。

《儀禮·聘禮》:

  賓請有事於大夫。

鄭注:"請問,問卿也。不言問(後原有聘,據盧文弨校删),聘亦問也,嫌近君也。"據正文,注文當衍一"問"字。實際上此注並未出被釋語,"請問卿"正釋"請有事於大夫"之義,"請問"即"請有事"。正文只言"請",注文斷不可能出"請問"來加以解釋。

第四節　理校法

陳垣說：

　　段玉裁曰："校書之難，非照本改字不訛不漏之難，定其是非之難。"所謂理校法也。遇無古本可據，或數本互異，而無所適從之時，則須用此法。此法須通識爲之，否則鹵莽滅裂，以不誤爲誤，而糾紛愈甚矣。故最高妙者此法，最危險者亦此法。

理校法是運用分析、綜合等手段據理推正古書文字訛誤的一種校勘方法。它主要有三個方面的功用。

一、論證對校、本校、他校所校出的異文的正誤長短

《後漢書·蔡邕傳》注：

　　玉生於山，制則毀焉，非不寶也，然失璞不完。

校記："汲本'失'作'夫'，殿本作'大'。按：此謂玉經彫琢，失去其璞，則不完也，以作'失'爲是。"

對校校出了各本之異，理校據文義以證異文的長短。

《後漢書·五行志六》：

　　四年二月乙（亥）〔巳〕朔，日有蝕之。

校記："四年二月乙（亥）〔巳〕朔　《集解》引洪亮吉說，謂案《安紀》作'乙巳'，下云乙卯、壬戌，則日辰當以本紀爲是。又引周壽昌說，謂下云'其月十八日壬戌，武庫火'，與紀同。計乙巳朔至壬戌正十八日，若是乙亥朔，則下不得有壬戌，宜從本紀。今按：推是年二月合朔乙巳，日蝕可見，洪、周說是，今據改。"

本校校出了異文，理校考天文歷法以定異文的是非。

《漢書·禮樂志》：

　　桑間、濮上，鄭、衛、宋、趙之聲並出，內則致疾損壽，外則亂政傷民。

王念孫校曰："《漢記》'趙'作'楚'，是也。自'設兩觀，乘大路'以下皆述春秋時事，春秋時未有趙也。"

他校校出了異文，理校據史實以斷異文的正誤。

理校除了用來論證對本他校所校出的異文的誰正誰誤、誰長誰短之外，也用來否定對本他校所校出的各種不同，另作新校。

《後漢書·五行志六》：
　　　六年（十月癸未）〔二月丁卯〕朔，日有蝕之。
校記：“六年（十月癸未）〔二月丁卯〕朔　《獻帝紀》作‘三月丁卯’。《集解》引洪亮吉說，謂‘十月癸未’應作‘三月丁卯’，此因下文十三年而誤。今按：建安六年三月丁酉朔，無丁卯，十月甲子朔，非癸未，推是年二月合朔丁卯，八月合朔甲子，即時曆七月晦，均有日蝕可見。足證志月日俱誤，《獻帝紀》‘三月’則爲‘二月’之訛，今據以改正。”

二、推理現成異文的是非曲直

我們看到現存古籍中有許多“一作某”、“或作某”、“一本作某”、“某本作某”的夾注。這些夾注就是前人校書時留下的異文。因爲這些異文不是我們今天校書比勘各種資料而發現的異文，所以稱之爲現成異文。運用理校推理這些現成異文的是非曲直，應該是我們今天校勘工作的一項重要內容。

一般說來，現成異文的是非曲直是很難推定的，道理很簡單，前人在校書時容易推定的是非曲直，一般就不會以異文的方式留著了。但是，時代已經發展了，人的認識深化了，因此，有些前人解決不了的問題，我們今天就有可能予以解決。下面舉幾個運用理校法推理現成異文的是非曲直的校勘實例。

盡：靜

王維《登辨覺寺》：“窗中三楚盡，林上九江平。”“盡”一作“靜”。（《全唐詩》所存異文，下不另注出處者同此）

杜甫《重簡王明府》：“江雲何夜盡，蜀雨幾時乾。”“盡”一作“靜”。

又《宿江邊閣》：“鸛鶴追飛靜，豺狼得食喧。”“靜”一作“盡”。

從詩的對仗看，前例對“平”作“靜”是，次例對“乾”作“盡”是，末例對“喧”作“靜”是。這是運用詩的對仗定是非之例。

有時候異文皆對仗，那就必須通過別的途徑來證明用何字更合對仗的要求了。

益：一

高適《別張少府》：“歸心更難道，回首一傷情。”“一”一作“益”。

又《淇上別劉少府子英》：“途窮更遠別，相對益悲吟。”“益”一作“一”。

“益”、“一”和與之相對的“更”皆爲程度副詞，但“益”、“更”同是比較級程度副詞，而“一”則不是。“益”、“更”相對，對仗則更爲工整，可見上二詩以作"益"爲是。

禾：木

杜甫《秋雨嘆》："禾頭生耳黍穗黑,農夫田婦無消息。""禾"一作"木"。《杜詩詳注》"禾"字下云："一作木,《漫叟詩話》定作禾。"此詩作"禾"是,"木"乃形訛。《錢注杜詩》云："《朝野僉載》：'俚諺云：春雨甲子,赤地千里；夏雨甲子,行船入市；秋雨甲子,禾頭生耳。'單父人戴寂云：久雨則禾生耳,謂牙蘖卷攣如耳形也。王原叔以禾作木,木固有耳,恐非本旨。"

這是用俚諺定是非。

没：波

杜甫《奉贈韋左丞丈二十二韻》："白鷗没浩蕩,萬里誰能馴？""没"一作"波"。

蘇軾《東坡題跋》卷二云："杜子美云：'白鷗没浩蕩,萬里誰能馴？'蓋滅没於煙波間耳。而宋敏求謂余云：鷗不解没,改作'波'。二詩改此兩字,便覺一篇神氣索然也。"然亦有不同意蘇説者,如吳曾《能改齋漫録》卷一〇云："東坡以杜詩'白鷗波浩蕩','波'乃'没'字,謂出没於浩蕩間耳。然予觀鮑照詩有'翻浪揚白鷗',唐李頎詩有'滄浪雙白鷗',二公言白鷗而繼以波浪,此又何耶？"王楙《野客叢書》卷二九亦云："僕謂善爲詩者,但形容渾涵氣象,初不露圭角。玩味'白鷗波浩蕩'之語,有以見滄浪不盡之意。且滄浪之中見一白鷗,其浩蕩之意可想,又何待言其出没耶？改此一字,反覺意局。"觀以上二説,作"波"作"没"各有其理由,難遽定其是非。然以漢語語法規律斷之,應以作"没"爲允,若作"波",則此句便缺少了謂語動詞,不可通。前人没有語法觀念,故爾缺少判定是非的標準,以致各執一詞,爭論不休。

這是以語法定是非之例。

著：嗜

韓愈《贈張籍》："吾老著讀書,餘事不挂眼。""著"一作"嗜"。"著"(又作"着")字是六朝以迄唐宋應用很廣的一個俗語詞,有貪嗜、愛戀之義,近人張相《詩詞曲語辭匯釋》卷三"著"字條,及蔣禮鴻《敦煌變文字義通釋》"戀著、貪著"條言之詳矣。但這是訓詁家在搜求排比了大量的語言材料後才得出的認識。一般人未必知道"著"有貪、愛之義,因而覺得"著"字在韓詩中講不通,於是改爲他們認爲可以講得通的"嗜"字。這樣,"著"字就出現了異文"嗜"。由此,我們應該取"著"而舍"嗜"。

這是從俗語詞的角度推定是非曲直之例。

烽：峰

李益《夜上受降城聞笛》："回樂峰前沙似雪，受降城下月如霜。""峰"一作"烽"。

又《統漢峰下》："統漢峰西降戶營，黃河戰骨擁長城。""峰"一作"烽"。

以上二"峰"作"烽"是。"峰"乃後人不曉"烽"字之義而臆改。蔣禮鴻《義府續貂》"烽"條云："唐時邊塞之地多以烽名，概以其地置有烽燧故耳。……李益有《軍次陽城烽舍北流泉》詩、《暮過回東烽》詩、《上黃堆烽》詩，亦皆以'烽'爲名。益又有《夜上受降城聞笛》詩云：'回樂峰前沙似雪，受降城下月如霜。'《全唐詩》注：'峰一作烽。'據《暮過回樂烽》一題，足知此詩亦是'烽'非'峰'，而傳寫之本如王士禎《唐人萬首絕句選》、近人高步瀛《唐宋詩舉要》，皆作'峰'字。蓋失考耳。"蔣説極是。又賈島《送慈恩寺霄韻法師謁太原李司空》："清磬先寒角，禪燈徹曉烽。"《全唐詩》於"烽"下亦注云："一作峰"。觀此詩以"曉烽"對"寒角"，亦知作"烽"爲是。

這是從當時社會地名命名的習俗上斷定是非，又輔以詩的對仗爲旁證之例。

怨：死

韓愈《答張徹》："愁狖酸骨死，怪花醉魂馨。"

方崧卿《韓集舉正》卷一云："'死'荊公作'怨'。"王本亦云："或作'怨'。"從字面上看以作"怨"爲是，"怨"對"馨"自較"死"字爲工。羅願《爾雅翼》卷二十"蝯（猿）"條云："雄者善啼，啼數聲則衆蝯叫嘯騰擲如相和焉。其音凄入肝脾，韻含宮商，故巴峽諺云：'巴東三峽巫峽長，哀猿三聲斷人腸。'"正是作"怨"之證。二句可解爲"愁猿之怨啼酸人骨，怪花之香氣醉人魂。"但是，《世説新語·黜免》云："桓公入蜀，至三峽中，部伍中有得猿子者，其母緣岸哀號，行百餘里不去，遂跳上船，至便即絕，破視，其腹中腸皆寸寸斷。"却又是作"死"之證。二句可解爲"愁猿之死酸人骨，怪花之香醉人魂。"細審詩意，當以作"死"爲是。但這"死"不是《世説》腸斷的實詞之"死"，而是虛詞之"死"，義同甚。《漢書·東方朔傳》："朱儒飽欲死，臣朔飢欲死。"即言飽之甚，飢之甚。"馨"，是寧馨的省略形式，亦爲虛詞，含有到了如此程度之義。《世説新語·忿狷》："冷如鬼手馨，彊來捉人臂。"即含有此義。"死"與"馨"俱爲虛詞，二句即是"愁猿之啼聲十分酸骨，山花之奇姿如此迷人"之意。如此，則詩的意境全表現出來了。又，韓詩用口語處極多，如《盆池》之"老翁真個似童兒"、"夜半青蛙聖得知"，《楸樹》之"幸自枝條能樹立，可煩蘿蔓作交加"，《同水部張員外籍曲江春遊寄白二十二舍人》之"曲江水滿花千樹,有底忙時不肯來",皆可資證。

這是從詩人的用語習慣、句意、語法,詩的意境等多個方面綜合分析斷定是非之例。

有些現成異文看起來易定,但實際上並不是那麼簡單。我們如果稍一不注意,就會犯主觀臆斷的錯誤。如:

伏:仗

杜甫《秋風嘆》:"闌風伏雨秋紛紛,四海八荒同一雲。""伏"一作"仗"。

這我們很容易輕斷爲作"伏"是。實則"伏"乃訛字,作"仗"是。仗雨即長雨,謂闌珊之風、冗長之雨也。《苕溪漁隱叢話》後集卷八引《東皋雜錄》云:"杜詩闌風伏雨秋紛紛,伏乃仗字之誤;闌珊之風、冗長之雨也。"蔣禮鴻《義府續貂》"長"條云:"今謂冗長之長,義爲猥多,音與仗同,故亦借仗字爲之⋯⋯寫杜詩者或作長,或作仗,故作仗之本又誤爲伏。"甚是。

我們運用理校法可以推定許多現成異文的是非曲直,但是,由於我們現有方法能力的限制,有些現成異文的是非曲直就無法推定。如:

思:愁

陳子昂《宿空舲峽青樹村浦》:"客思浩方亂,洲浦寂無喧。""思"一作"愁"。

"思"字古有愁、悲、怨、哀之義。故其下出現異文"愁"。張說《南中別陳七李十》:"畫鷁愁南海,離駒思北風。""思"、"愁"對文,則"思"、"愁"同義。鮑照《還都道中作》:"倏悲坐還合,俄思甚兼秋。""思"、"悲"對文,則"思"有悲義。《楚辭·九辨》:"蓄怨兮積思。""思"、"怨"對文,則"思"即是怨。成公綏《嘯賦》:"情既思而能反,心雖哀而不傷。""思"、"哀"對文,則"思"有哀義。這類同義詞異文無法遽斷是非。

鞵:鞋 炙:肏

李商隱《戲題樞言草閣三十二韻》:"逮今兩攜手,對若牀下鞵。""鞵"一作"鞋"。

《玉篇》:"鞵,同鞋。"顧野王時二者即已是異體字。

又《詠懷寄祕閣舊僚二十六韻》:"遇炙誰先啖,逢藜即便吹。""炙"一作"肏"。

二者亦異體字。

寥:遼 瑟:索

王維《老將行》:"蒼茫古木連窮巷,寥落寒山對虛牖。""寥"一作"遼"。

韋應物《溫泉行》:"今來蕭瑟萬井空,唯見蒼山起煙霧。""瑟"一作"索"。

"寥落"與"遼落","蕭瑟"與"蕭索"都是異形連綿字。

這類異體字、連綿字的異文也無法遽斷是非。

三、在没有資料可供比勘的情況下,推正古書中文字的訛誤

上面講的兩個方面都是把理校運用於對校勘已發現的問題的推定,而這裏説的在没有資料可供比勘的情況下推正古書文字訛誤的理校,是把理校直接運用於對原文訛誤的校勘。這種無憑借的推理校勘,比運用其他任何方法進行校勘的難度都要大。它要求校者必須具備廣博的知識,並能熟煉地運用這些知識從不同的角度來觀察分析所校的文字,否則就無法發現問題和解决問題。如《儀禮‧覲禮》:"爲宫方三百步,四門,壇十有二尋,深四尺。"俞樾校"四"爲"三"之誤,證以古制堂深(高)三尺(《考工記》説殷人"重屋"言"堂崇三尺",《大戴記‧明堂》篇説"明堂"言"堂高三尺"),並輔以古字"四"作四橫畫與"三"相似,①很有説服力,可成定論。俞氏若不精通古制,知曉古今文字形體的演變,不用説解决問題,就是發現問題也做不到。

這種没有比勘資料可供憑借的理校,可以運用各種知識從不同角度來進行,因此,我們很難總結出完備的方法條例,下面只就常用的方法作一些舉例性的介紹,以供讀者參考。

(一) 從音韻校

運用音韻學的知識可以發現並解决古籍中不少文字訛誤的問題,下面舉一個以音理校勘誤字的例子。

《説文》食部:

　　　　鍚,飴和饊者也,从食,易聲。

段玉裁《説文解字注》云:"各本篆作餳,云易聲,今正。按鍚从昜聲,故音陽,亦音唐,在十部。《釋名》曰:'鍚,洋也。'李軌《周禮》音唐,是也。其陸氏《音義》:《周禮》辭盈反,《毛詩》夕清反,因之。《唐韻》徐盈切。此十部音轉入於十一部,如行庚觥等字之入庚韻。郭璞《三倉解詁》曰:'楊音盈,協韵。'晉灼《漢書音義》反楊惲爲由嬰,其理正同耳。淺人乃易其鍇聲之

---

① 《群經平議‧儀禮》。

偏旁。《玉篇》《廣韵》皆誤从易。然《玉篇》曰：'餳,徒當切。'《廣韵》十一唐曰：'糖,餳也。'十四清曰：'餳,飴也。皆可使學者知餳糖一字,不當从易。至於《集韵》始以餳入唐韵,餳入清韵,畫分二字,使人真雁不分,其誤更甚,猶賴《類篇》正之。餳古音如洋,語之轉如唐,故《方言》曰：'餳謂之餹。'郭云：'江東皆言餹音唐。'"在没有任何比勘資料的情况下,段氏之所以能够斷定餳爲餳字之誤,是以音理爲根據的：第一,易聲與洋陽唐等音不合,故知必爲易聲之誤。第二,陸氏《音義》辭盈反、夕清反；《唐韻》徐盈反,不過是陽韻與庚韻之轉,不得據以易其諧聲之偏旁。第三,《玉篇》《廣韻》雖有從易之餳,然《玉篇》之反切與《廣韻》之義訓猶可證明餳糖一字,不當從易。①

（二）從文字校

字有不可通者,可以聯想此字與某字的形體相似,或古、或篆、或隸、或草、或俗、或楷等等。代入某體的一個相似字到句中讀,一般説來,最可通者當爲原本之字,可酌予校勘。此在《古書訛誤的一般情况》章有詳列可參,兹不贅述。下舉兩種方法以補充。

（1）以常誤字校

《禮記·檀弓下》：

脩其班制,以與四鄰交。

鄭注："班制謂尊卑之差。"俞樾説："尊卑之差自有一定,無所用其脩也。'脩'當作'循'。'脩'與'循'字形相似,傳寫易誤。《禮器篇》'反本脩古'《正義》曰：'"脩"定本及諸本作"循"。'是其證也。'循其班制以與四鄰交',謂若魯以周班後鄭之類。"②俞説是。王念孫《讀書雜志》列古書"脩""循"之亂有數十百處。二字是常識字。遇古籍有作"脩"不可通而作"循"可通者即可參改。

（2）以古怪字形校

《淮南子·泰族》：

夫矢之所以射遠貫牢者,弩力也。其所以中的剖微者,正心也。

"正心"與上文"弩力"不對,義亦難通。"正"當爲"人"。唐武后造字,"人"作"䨺",形與"正"字相似而誤。這種字在古書中經常發生訛誤,如《杜工

---

① 參郭在貽《從〈説文段注〉看中國傳統語言學的研究方法》,文載吴文祺主編《語言文字研究專輯》(上),上海古籍出版社 1982 年版。

② 《群經平議·禮記》。

部集·解悶十二首》:"勞生重馬翠眉疏"一句中的"生"字,也是"至"字之誤,檢趙本"生"作"至",蔡丙本正作"人"。

如果有兩個形似字皆可通,則以形最近者爲是。

《大戴記·盛德》:

以之禮則國定。

孔廣森《補注》:"按下文'貧則飭司空',此爲對文,似'定'當爲'富',字形之誤也。"俞樾《平議》:"'定'與'富'雖皆從宀,然字形絕不相似。無緣致誤。'定'疑當爲'足',此云'以之禮則國足',故下文云'貧則飭司空'也,必謂'貧'宜與'富'對,失之拘矣。"其實孔言也有道理,"定""富"二字草書相似,只是"定""足"二字比"定""富"二字形體更加相近,故當取"足"耳。

(三) 從詞彙校

(1) 以詞源校

《漢書·高惠高后文功臣表》:

(沛公)即皇帝位,……始論功而定封。……封爵之誓曰:"使黄河如帶,泰山若厲,國以永存,爰及苗裔。"

西漢前無謂"河"爲"黄河"者,且《漢書》喜用古字古語,不會自造"黄河"。"黄"乃後人爲與"泰山"對而妄加。從文句看,此誓詞共四句,其他三句皆爲四音節,不得唯此一句爲五音節,此亦可作衍"黄"字之證。

(2) 就義校

《周易·訟九二》:

象曰:不克訟,歸逋竄也。自下訟上,患至掇也。

"掇"義不可通。此本當作"叕",即"綴"之古字。此句是說患害的到來綴聯不絕。"《集解》引荀爽釋曰:"下與上爭,即取患害如拾掇小物而不失也。"《釋文》說:"鄭本作'惙',陟劣反,憂也。"皆有悖文義。

(四) 從語法校

(1) 以詞法校

《論語·季氏》:

自諸侯出,蓋十世希不失矣;自大夫出,五世希不失矣;陪臣執國命,三世希不失矣。

古人數詞多三五七、一三五七、一三五七九或五七九成套虛用。如《禮記·檀弓下》:"天子崩,三日,祝先服;五日,官長服;七日,國中男女服;三月,天下服。"《莊子·達生》:"齊三日,而不敢懷慶賞爵祿;齊五日,不敢懷非譽巧拙;齊七日,輒然忘吾有四枝形體也。"等等。《論語》倒而以七五三聯用，"十"即"七"之誤。因古文"七"作後代"十"形，形近所致。①
　　（2）以句法校
　　帛書《老子》甲本卷後第一篇古佚書：
　　　　　有大罪而弗□誅，不行也。
根據古漢語否定句代詞賓語提前的句法規律，此處缺文當補"之"字。《墨子·魯問》："綽非弗之知也。"《非攻中》："大國亦弗之從而愛利。"《戰國策·韓策》："秦王以公孫郝爲黨於公而弗之聽。"皆是其例。
　　（五）從修辭校
　　1974年文物出版社影印帛書《老子》甲本後古佚書189行：
　　　　　不行不義，不義不袁，不敬，不敬不嚴。
讀這段文字，我們不難發現作者行文用的是頂針的修辭手法，故知"不袁"後定脫"不袁（遠）"二字，當補。
　　（六）檢古字書校
　　《呂氏春秋·大樂》：
　　　　　萬物所出，造於太一，化於陰陽。萌芽始震，凝溰以形。
檢古各字書，均無"溰"字，可見此字一定有誤。此涉上字而衍水旁。"凝寒"即"凝塞"（"塞"從"寒"省聲），疑結之義。《管子·水地》："凝蹇而爲人。"尹注："蹇，停也。""停""凝"義同。
　　（七）以行文特點校
　　《戰國策·魏策》：
　　　　　長平之役，平都君說魏王曰："……秦恐王之變也，故以垣雍餌王也。秦戰勝趙，王敢責垣雍之割乎？王曰：'不敢。'秦戰不勝趙，王能令韓出垣雍之割乎？王曰：'不能。'臣故曰垣雍空割也。"魏王曰："善。"
古人行文多有自問自答之例，自答之語可用曰字。"曰不敢"、"曰不能"皆爲平都君自答之語。因爲"秦戰不勝趙""臣故曰"上皆無"曰"字，而魏王答平都君之語必加"魏王曰"三字以示區別。後人不知這種行文的特點而誤以"不敢"、"不能"爲王之答語，故於二"曰"字前皆加"王"字。實爲大謬。

---

① 參高明《古文字類編》，中華書局1980年版，頁1。

（八）以常語校

漢徐幹《中論·法象》：

> 立必磬折，坐必抱鼓。

古人坐猶今之跪，無法作出抱鼓之狀。"坐"當作"拱"。《法象》篇此二句乃用古人常語。《尚書大傳》："拱則抱鼓。"《韓詩外傳》一："立則磬折，拱則抱鼓。"《説苑·修文》："立則磬折，拱則抱鼓。"皆其證。

（九）從典制禮俗校

（1）以官制校

《全唐詩外編·補全唐詩·珠英集》原題：

> 石臺殿中侍御史內供奉琅瑘王無競。

"石"當作"右"。《舊唐書·職官志三》："御史臺……光宅元年分臺爲左右，號曰左右肅政臺，左臺專知京百司，右臺按察諸州。神龍復爲左右御史臺。延和年廢右臺，先天二年復置，十月又廢也。"這段關於官制的記載可證。

（2）以禮俗校

古人特別是上層人物，言行舉止都有一定的規範，古書記載若有不合規範的地方，則可據以考校。

《荀子·儒效》：

> 武王崩，成王幼，周公屏成王而及武王，履天子之籍，負扆而坐，君侯趨走堂下。

"扆"指帝王宮殿上設在戶牖之間的屏風，天子於此立見諸侯。盧文弨説："'坐'當爲'立'。"王念孫補充道："《正論篇》：'居（聽朝之時）則設張（帳）容（屏防），負依而坐，諸侯趨走乎堂下。'汪亦云'坐'當爲'立'。古無坐見諸侯之禮，鈔者淺陋，以意改之。"①王説是。《禮記·曲禮下》言："天子當依（扆）而立，諸侯北面而見天子。"《禮記·明堂位》言："昔者周公朝諸侯（使諸侯朝）于明堂之位，天子斧依（負扆）南鄉（通向）而立。"皆言此禮也。

（3）以避諱校

古代，臣下或後輩不得直接稱國君或尊長的名字，在説話或行文時凡是遇到和國君或尊長名字相同的字時，就用改用其他字或缺筆等辦法來回避，這就是避諱。據此可以校勘古書的訛誤。

---

① 《讀書雜志·荀子第二》。

《淮南子·道應》：

　　築長城。

又《主術》：

　　魚不長尺不得取。

淮南王劉安父名長，所以劉安主撰《淮南子》遇"長"皆作"修"。此二處作"長"顯然爲後人所改。

（4）以謚校

謚號是古代在帝王、諸侯、卿大夫、大臣等死後，根據他們的生平事迹而賜給的一種稱號。可據以校書。

《韓非子·十過》：

　　智過曰："魏宣子之謀臣曰趙葭，韓康子之謀臣曰段規，此皆能移其君之計。君與其二子約：破趙國，因封二者各萬家之縣一，如是則二主之心無變矣。

謚是死後所加，"宣"、"康"是魏、韓之謚，而智過不可能稱活人之謚，所以王先慎認爲"宣"、"康"二字是後人所加，可能涉上下文作者叙述語"康子"、"宣子"而誤加。①

（十）以名字對應關係校

古人有名有字，名與字之間往往有某種聯繫，或同義、或反義、或類義等等，如宰予字子我，予、我同義；曾點字晳，點，《說文》釋爲"小黑"，晳者白也，點、晳反義；梁鱣字叔魚，鱣者魚之屬，鱣、魚是爲類義。此可用於校勘。

《通志·藝文略》：

　　《廣雅》四卷　　魏博士張楫

"楫"義船槳，張氏字稚讓，名與字義無涉，由字可推知"楫"乃"揖"之誤，"揖"、"讓"爲同義詞，跟名與字的關係正合。

（十一）考史實校

《文心雕龍·時序》：

　　及明帝疊耀，崇愛儒術。

"疊耀"指相繼即位，而明帝一人則無所謂"疊耀"。考史實，明帝之後是章帝，明、章皆崇儒術，故此當作"明、章疊耀"。因"章"與"帝"形近而訛

---

① 劉文典《三餘札記·韓非子簡端記》認爲此誤爲"作者之過"，則非校勘之事了。但王說勝於劉說。

爲"帝"。

（十二）考地理校

《全唐詩外編·補全唐詩·珠英集》原題：

> 滿州安邑令宋國喬備。

《舊唐書·地理志二》載河中府，隋河東郡，武德元年置蒲州，貞觀十七年以廢虞州之安邑解縣來屬。據此段記載，"滿"字實爲"蒲"字的形訛。

宋岳珂《桯史》"陽山舒城"條：

> 建炎航海之役，張俊既戰而棄鄞，兀朮入之。即日集賈舟，募瀕海之漁者爲鄉導，將遂犯鄞，而風濤稽天，盤薄不得進。兀朮怒，躬命巨艎，張颿徑前，風益猛，自度不習舟楫，……遂下令反棹。……龍舒在淮最殷富，虜自亂華，江浙無所不至，獨不入其境，說者謂其語忌，蓋以舒之比音爲輸也。

金兵南侵，即使至岳珂著錄此條時，也並未"江浙無所不至"，可見此句有誤。考地理，龍州就是舒州，即今安徽舒城縣，地處江淮之間，而不屬於"江浙"這一地域範圍。由此可以推定，"江浙"乃"江淮"之訛。

（十三）考地宜校

《補全唐詩拾遺》佚名《晚秋至臨蕃被禁之作》：

> 昔日三軍雄鎮地，今時百草遍城陰。①

"百"當作"白"。"白草"乃塞外典型植物，故屢見於邊塞詩中，如《全唐詩》卷一九九岑參《贈酒泉韓太守》："酒泉西望玉關道，千山萬磧皆白草。"

（十四）考曆法校

漢徐幹《中論·曆數》：

> 至孝章皇帝，年曆疏闊，不及天時。及更用四分曆舊法，元起庚辰。

四分曆舊法並非元起庚辰，而是元起庚申。《後漢書·律曆志》所記四分曆皆元起庚申。如引蔡邕議云："孝章皇帝改從四分，元用庚申。"此外，靈帝熹平四年，五官郎中馮光、沛相上計掾陳晃言："曆元不正，故妖民叛寇益州，盜賊相繼爲害。曆當用甲寅爲元，而用庚申，圖緯無以庚申爲元者。"靈帝時行四分曆，並說明其元爲庚申。《後漢書·律曆志》云："四分曆仲紀之元，起於孝文皇帝後元三年，歲在庚辰。"仲紀之元，爲後人作爲

---

① 王重民《補全唐詩拾遺》，載《中華文史論叢》1981年第4輯。

計算根據的近距之元,不同於曆法的起元。朱文鑫《曆法通志·漢曆志略》:"古之治曆,首重曆元,必遥推上古甲子朔旦夜半冬至爲元。"古六曆的干支,如黄帝用辛卯,項顓用乙卯,夏用丙寅,殷用甲寅,周用丁巳,魯用庚子,都是東漢人上推二百七十六萬年而附入的,故《後漢書·律曆志》説:"(四分歷)二百七十六萬歲,尋之上行,復得庚申。"庚申誤爲庚辰,蓋在於不明曆法之元與仲紀之元。

《元史·仁宗本紀》載:

　　(延祐五年二月)王子諸王答失蠻部乏食,敕甘肅行省給糧賑之。

"王子"乃"壬子"之誤。依照年月日叙述的順序,五年二月後,當爲某日,"壬子"即某日。據干支排列的順序,壬子的前一日爲辛亥,後一日爲癸丑,再後爲甲寅、乙卯。原文"壬子"條之前,恰爲"辛亥,敕杭州守臣春秋祭淮安忠武王伯顔祠"。其後一日無記載,再後又恰是"甲寅,置寧昌府。乙卯,命中書省汰不急之役"。當據正。

(十五)從義理校

《史記·商君列傳》:

　　而集小都鄉邑聚爲縣。

都大縣小,聞有聚鄉邑爲縣者,而未聞有集都爲縣者,如《秦本紀》"并諸小鄉聚集爲大縣",《六國年表》"初聚小邑爲三十一縣",皆合義理。而"都"於此無義,定爲衍文無疑。

(十六)推算數字校

《周禮·矢人》:

　　參(叁)分其羽設其刃。

古制矢長三尺,刃兼鋌(箭頭裝入箭杆部分)而言,刃鋌長一尺二寸,羽長六寸。若按三分算,則爲二寸,二寸加一尺二寸,再加六寸,才有二尺,與矢長不合。此實衍"分"字,"參其羽"即三倍其羽,如此則爲一尺八寸,一尺八寸加一尺二寸,正合矢長三尺之數。下附古矢示意圖,以顯算法。

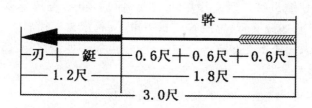

（十七）據成書年代先後校

《尚書·舜典》"朕聖讒説殄行"陸德明《釋文》：

讒，《切韻》仕咸反。……殄，《切韻》徒典反。

陸德明的《經典釋文》成書於陳後主至德元年(583)，陸法言等的《切韻》成書於隋文帝仁壽之初(601)，《經典釋文》成書早於《切韻》19年，自不得引《切韻》音切。當删。

（十八）考典故校

後代詩文常常使用古代的神話傳説、寓言、歷史故事和前人詩文中的成句、熟語來表達言外之意，這些被用的事或語就是典故。考明詩文所用的典故，可以幫助我們校正古書中文字的訛誤。

《梨園按試樂府新聲》卷上馬致遠般涉調哨遍〔耍孩兒三〕：

本不爱争名利。嫌貧污耳，與鳥忘機。

這一套曲爲歸隱之詞，無嫌貧之理。考典故，馬致遠這兒用的是許由洗耳之事。皇甫謐《高士傳·許由》："堯讓天下於許由，……許由曰：'子治天下，天下既已治矣，而我猶代子，吾將爲名乎？名者，實之賓也，吾將爲乎？……堯又召爲九州長，由不欲聞之，洗耳於潁川濱。"由此可斷，"貧"即"賓"字之訛，"貧""賓"形聲俱近。

《全唐詩外編·補全唐詩》李昂《馴鴿篇》：

君不見賈誼袠中推逸才，仇香坐處館長開。

《後漢書·仇覽傳》載覽一名香，能以德化人，故考城令署爲主簿。後世詩文用此事即以"仇香"爲主簿的代稱。李昂此詩乃爲滎陽主簿賈季良所作，故即以"仇香"稱賈。"可見"仇"即"仇"字的形訛。

（十九）從思想校

《王梵志詩校輯·貪暴無用漢》：

積聚萬金花，望得千年有。不知冥道中，車子來相受。

"車子"句子義難通，考王梵志詩。積財留於身後爲妻子兒女所受用是王梵志一貫的説教。如《有錢惜不吃》："有錢惜不吃，身死由妻兒。"又《平生不吃著》："一日命終時，……身苦妻兒樂。"由此可見，"車子"當爲"妻子"之誤。

（二十）據古今習俗校

《韓非子·內儲説上》：

王得宛、葉、藍田、陽夏，斷河內，困梁鄭，所以未王者，趙未服也。
弛上黨在一而已，以臨東陽，則邯鄲口中蝨也。

王先慎釋云："'口'即'圍'之古文。"劉文典曰："王說迂謬難通,邯鄲口中虱,以喻邯鄲之無所逃猶虱之在口中也。……劉義慶《宣驗記》:'晉義熙中,長年寺道人惠祥夢有人衆以繩縛其手足,問何故齧虱',知此風由來久矣。今之貧人,得虱固猶多内口中齧之也。虱非可圍之物,王氏以圍中虱釋之,實爲巨謬。"①劉氏據古今習俗證明了《韓》文的"口中虱"之"口"即是口舌之"口",並非包圍之口(圍)"。

(二十一)以文學形象的統一性原則校

唐李賀《金銅仙人辭漢歌》:

> 茂陵劉郎秋風客,夜聞馬嘶曉無跡。
> 畫欄桂樹懸秋香,三十六宮土花碧。
> 魏官牽車指千里,東關酸風射眸子。
> 空將漢月出宮門,憶君清淚如鉛水。
> 衰蘭送客咸陽道,天若有情天亦老。
> 攜盤獨出月荒涼,渭城已遠波聲小。

詩人借魏銅人搬遷這一歷史題材,以漢宮荒廢的景象作襯托,極力刻畫了銅人離開故都時留戀故主、淚如鉛水的哀傷,而自然界的一切也都爲之愁苦。情調淒婉,表現了作者以古慨今,對唐王朝日益衰微的無限感歎。詩人創造的是一幅悲涼的文學形象。但是,我們現在看到的詩,其第三句"畫欄桂樹懸秋香",呈現給讀者的却又是悦人的秋光,與全詩的形象完全矛盾。嘔心煉字的李賀是不會這樣鹵莽滅裂地破壞全詩文學形象的統一性的。據此分析,"秋香"當爲"枯香"之誤。"畫欄桂樹懸枯香"與下句"三十六宮土花碧"正構成一個小的統一體;畫欄昔日桂花的芳香已盡,諸宮今天苔蘚的綠色已遍;前句寫地上,後句寫地下;前句寫嗅覺,下句寫視覺;從不同的角度相輔相成地在描寫著悲涼。這和全詩悲涼的形象正好做到了和諧的統一。推其誤因,"枯""秋"草書極似,史稱李賀喜"疾書",鈔刻者誤李賀"疾書"之"枯"爲"秋"完全可能。②

以上四節在討論介紹校勘方法時,爲了把各種方法説明白,涉及具體的校例只講或只偏重講一種方法。實際上,在校勘工作中,除了對校的校異和理校的在完全没有比勘資料憑依情況下的校勘之外,常常是把幾種方法

---

① 《三餘札記·韓非子簡端記》。

② 詳參林同濟《兩字之差——再論李賀詩歌需要校勘》,文載《復旦學報》1979年第4期。

掺合起來使用。我們舉王念孫《讀書雜志·漢書第六》"銅陽"條爲例。

《漢書·地理志》："汝南郡銅陽。"孟康注曰："銅，音紂紅反。"王念孫校曰：

"紂"下"紅反"二字，乃後人妄加之也。請列七證以明之。

《玉篇》："銅，直壟切，又直久切。""直久"正切"紂"字，而獨無"紂紅"之音，若孟康音"紂紅反"，則自魏以來相承之音，不應缺略。……其證一也。

《廣韻》平聲一東："銅，徒紅切。"引《爾雅》："鯉，大銅。"上聲二腫："銅，直隴切。魚名。"皆未引銅陽縣。至四十四有"銅，除柳切"，始云"銅陽縣在汝南。"《集韻》《類篇》並與《廣韻》同，則是《地理志》之"銅陽"，孟康但音"紂"。其證二也。

顏師古注《高紀》曰："銅陽音紂，蓮勺音酌，當時所呼，別有意義，豈得即定其字以爲正音乎？"然則"銅陽"音"紂"，師古方不解其意，則其爲孟康之音，而非師古所創甚明。其證三也。

《後漢書·陰興傳》"汝南之有銅陽"，《吳祐傳》"銅陽侯相"，李賢注並曰："銅，音紂。"《晉書·地理志》"汝陰郡銅陽"，何超音義曰："銅，音紂。"若孟康音"紂紅反"，而師古音"紂"，二子不應舍自古相承之音，而從近代一人之臆見。即不以音"紂"爲常，亦當兼存"紂紅"之音，而"紂"外更無他音，則孟康與師古並音"紂"。其證四也。

《太平御覽》州郡部"河南道"，引《漢志》"銅陽屬汝南郡，銅音紂"。此是引孟康之音，非引師古之音，而"紂"下亦無"紅反"二字。其證五也。

《襄四年左傳》釋文曰："銅陽，孟康音'紂'，直九反。"若孟康音"紂紅反"，《釋文》何得言"孟康音紂，直九反"？其證六也。

又考景祐本、汪本《地理志》，"銅音紂"下原無"紅反"二字。則此二字之妄加，實自明監本始。其證七也。

說者皆謂"銅"從同聲，不當音"紂"，不知"紂"字古音在幽部，"同"字古音在東部。東部多與幽部相通。如《大戴禮·勸學篇》以"從"、"由"爲韻，《楚辭·天問》以"龍"、"遊"爲韻。又《齊風·南山篇》"衡從其畝"，《韓詩》"從"作"由"。《昭五年左傳》"吳子使其弟蹶由犒師"，《韓子·說林篇》"由"作"融"，《說文》"東北曰融風"，《易通卦驗》"融"作"調"（見《隱五年左傳正義》）。"調"從周聲，古讀若稠。而《小雅·車攻篇》《楚辭·離騷》《七諫》《韓子·揚攉篇》，並以"同"

與"調"韻。"銅"從同聲,而《史記·衛青傳》"大當户銅離",徐廣曰:"一作稠離。"《漢書》作"調雖"。"同"與"調"、"稠"同聲,則與"紂"聲相近。故"鮦"從同聲而亦讀如紂。(《說文》:"鮦讀若絝襩。""襩从衣龍聲,或作䙱。""从衣賣聲"。"賣"字古音在幽部,"龍"字古音在東部,則"襩"字即是東幽兩通之字。"鮦"讀若襩,固宜其轉入幽韻,而音紛矣。)《洪範》"曰雺"之"雺",音武工反,而其字以"矛"爲聲。"尻"字以"九"爲聲,而《吕氏春秋·觀表篇》注"讀如穹窮之穹"。此諧幽部之聲而讀入東部也。"牢"字古讀若留,而《說文》"从冬省聲"。"狵"字從"狙"聲,古讀與"狙"近,而《齊風》"遭我乎狵之閒兮"《漢書·地理志》引作"巙",其字以"農"爲聲。此諧東部之聲而讀入幽部也。又何疑於"鮦"之音"紂"乎?

王氏運用七證,加上後面從音韻與文字及其他發展(異文、異體、諧聲、音韻的分合等)的角度的進一步論證,實爲八證。此八證,其證七用對校,證五、證六用他校,證三用本校。① 其餘皆用理校。這是四法參合使用的一個典型例子。當然,如果不需要衆法皆用即能把問題說得很清楚,那麼即使衆法皆可用上也不必全用,以免校勘記的煩瑣冗長。

如果就書而論,各書所運用的校勘方法側重點有可能不同。如果有祖本、精本可依,或者有較多的異本可校,那麼,運用對校方法的機會就多。古今校書,這種情況較多,不必舉例。如果是單版本或版本很少,或者版本雖多但都是陳陳相因的一個系統,那麼,運用他校、本校、理校的機會就多。如《風俗通義》現存有元大德本,和明刻單行本、胡維新《兩京遺編》本、何允中《漢魏叢書》本、程榮《漢魏叢書》本、胡文焕《格致叢書》本、郎壁金堂策檻本(上爲十卷本),吴琯《古今逸史》本(四卷本)等等。明刻本雖多,但都源於元大德本。盧文弨校《風俗通義》,發現程榮本與元大德本"殊無大異"。吴樹平曾用大德本爲底本,與上面所提到的有代表性的明刻本對校,發現不但程榮本與元大德本"殊無大異",其他各本情況也大體相同。元大德本存在的訛脱衍錯,明刻本雖偶有糾正,但大多數地方是沿襲了下來,或者以意改之,不足爲據。就整體而言,明刻本都遜色於大德本。在這種情況下,僅靠版本對校是不夠的,於是吴氏把校勘的重點放在了他校方面,再輔以本校和理校,才使得《風俗通義》有了一個較好的校

---

① 《地理志》師古注引孟康作"紂紅反",《高帝紀》師古暗引孟康則曰"鮦陽音紂",以兩引不同校,是爲本校。

本問世。① 由此可見，不僅不同的具體誤例要斟酌使用不同的校勘方法，就是不同的書，也要根據實際情況有側重地使用不同的校勘方法。明乎此，所掌握的校勘方法才能盡其功用。

第五節　關於文物校勘法

在校勘史上，至遲到北齊顏之推就已運用文物（主要指文物上的文字）進行校勘了。後世特別是現代對文物在校勘中的重要作用有了更深刻的認識並且在實踐中也取得了可喜的成績。這我們在前文有數處已談及。這一節中我們著重談兩個方面的問題。

一、文物校勘法與對本他理校勘法的關係

文物校勘法與前面所說的對本他理校勘方法是處在兩個不同平面上的。前者僅從校勘運用的單一材料——文物著眼，其意即運用文物進行校勘，而後者則是校勘方法的一般性概括。因此，一般的校勘方法可能運用文物資料，而運用文物資料進行校勘也是用的一般校勘方法。

宋本《尉繚子·兵談》：

　　量土地肥墝而立邑。建城稱地，以城稱人，以人稱粟。

山東臨沂銀雀山竹簡本《尉繚子》作：

　　……□墝而立邑、建城。以城稱地，以地稱……

兩相比較，宋本有脱誤，應據簡本校正。鄭良樹說，蓋宋本"稱地"上脱去"以城"二字，遂以"建城"二字屬下爲句，又誤"以地稱人"之"地"爲"城"。原本當作"量土地肥墝而立邑、建城。以城稱地，以地稱人，以人稱粟。"②

這是用文物來進行對校。

又如《史記·秦本紀》：

　　（秦昭襄王）四十八年，……王齕將，伐趙（武安）皮牢，拔之。

此爲中華書局標點本文字，此本刪去了"武安"二字。中華本是採用了梁玉繩、張文虎二家之說如此作的。梁玉繩說《白起傳》言齕攻拔皮牢，不言武安，是也。蓋前二十年秦封白起爲武安君，則其地久已屬秦，何待此

---

① 參吳樹平文《〈風俗通義〉雜考》，文載《文史》第 7 輯。
② 參鄭著《竹簡帛書論文集·〈尉繚子〉斠證》，中華書局 1982 年版。

時始拔乎？二字宜衍。"①張文虎也説："《六國表》《趙世家》不載此事，《白起傳》但云王齮攻皮牢，拔之。蓋'武安'二字涉上而衍。"②1975年湖北雲夢睡虎地十一號墓出土的秦簡，其中《大事記》正好有這一條史料的記載：秦昭襄王"卅（四十）八年，攻武安。"③《大事記》的記事很多地方與《史記》的記載一致。據《大事記》本身的内容考定，係當時人記當時事，這樣的記載，應該是可信的。由此可證，《秦本紀》本有"武安"二字不誤，中華本誤删之。④

這是用文物來進行他校。

又如《荀子·禮論》：

> 故天子棺槨十重，諸侯五重，大夫三重，士再重。

《讀書雜志·荀子補遺》從古常以"七五三"聯用和"十"、"七"常訛之例證此"十重"當爲"七重"，然而不必遽定，云："'十'疑當作'七'"。考殷墟出土的甲骨卜辭和銅器銘文，如《殷墟書契前編》五·二八、《殷契佚存》四四〇和《小盂鼎》等，"七"字皆作"十"形，與後世"十"(shí)字無異。可見《荀子》文"十"爲"七"之誤並無可疑之處。

這是把文物運用於理校。

本校是指本書（篇、文）中語言互證的校勘方法，文物與世傳古籍不發生本校關係，然而文物本身也要運用到本校這種方法。如馬王堆漢墓帛書《老子》甲本後古佚書之一文物出版社1974年影印本271行：

> 未嘗聞君子之道□□□嘤（聰）。

檢閱帛書195行有："未嘗聞君子之道，胃（謂）之不恩（聰）。"帛書"嘤""恩"同用爲"聰"。據此，這句話可補爲"未嘗聞君子之道，胃（謂）之不嘤。"

所以我們認爲，"文物校勘法"可稱，但必須明確其函義，弄清它與一般校勘方法的關係。

二、文物在校勘上的價值兩面觀

文物在理論上講，它的年代早，最接近原貌，有很大的校勘價值，如殷

---

① 《史記志疑》，中華書局1982年版。
② 《校刊史記集解索隱正義札記》，中華書局1977年版。
③ 詳參吳樹平《新本"二十四史"的校勘》，文載《讀書》1979年第9期。
④ 詳參伍仕謙《讀秦本紀札記》，文載《四川大學學報》1981年第2期。

墟卜辭是殷代所爲,馬王堆帛書《老子》甲種本"鈔寫年代當在秦亡之後,高祖卒年之前,約公元前 200 年左右。乙本,……鈔寫年代可能在惠帝吕后時期。"③校勘實踐也證明了文物的校勘價值。後人運用文物校正了傳世古書的許多訛誤,解決了許多長久爭論不休的問題。我們在此再補舉一例。

清末孫詒讓研究甲骨文,經常發現"易日"二字,"易"字作"✶""✶""✶""✶",孫氏認爲"易日",猶言"更日",是改期之意。"若釋爲肜日,則于文齟齬難通。"據此考證,便可推定《尚書·高宗肜日》之"肜"乃"易"字之誤,校正了幾千年間傳本中的一個錯字。①

運用文物校正古書的訛誤,大有助於其他學科的研究。我們舉帛書《老子》對今本《老子》的校勘爲例。

目前哲學界把"無爲而無不爲"的思想當作老子的思想。這是根據今本《老子》得出的結論。我們以帛書《老子》與今本《老子》對校,發現今本中的"無不爲"在帛書中皆不復存在。如:

今本《老子》三十七章:

　　道常無爲,而無不爲,侯王若能守之,萬物將自化。

帛書《老子》乙本作:

　　道恒無名,侯王若能守之,萬物將自化。

又今本《老子》四十八章:

　　爲學日益,爲道日損,損之又損之,以至於無爲。無爲無不爲。取天下常以無事,及其有事,不足以取天下。

帛書《老子》乙本作:

　　□云(損)之有(又)云(損),以至於無〔爲,無爲而無以爲〕。取天下,恒無事。及其有事也,不足以取天下。

今本之"無不爲"皆爲後人所爲。從帛書中觀察,《老子》只主張"無爲而無以爲"(乙本三十八章),並没有講過"無爲而無不爲"。"無爲而無不爲"的思想根本不出於《老子》,它是戰國晚期或漢初黄老學派對《老子》"無爲"思想的改造。如《莊子·至樂》:"天地無爲也,而無不爲也,人也孰能得無爲哉!"《老子》的"無爲""無爲而無以爲"與後世的"無爲而無不爲"是有很大不同的。運用帛書校勘,爲我們研究老子思想的特徵、道家思想的演

―――

① 參《契文舉例》上。

變，解決了重大的問題。這個例子從側面證明了文物在校勘中的重大價值。

　　文物的校勘價值我們應該充分肯定，但是應該同時看到文物本身也存在著訛誤，特別是金石竹素的鈔勒之文，無論多古之人，在鈔刻前代書文時與後代人都是一樣的，都可能由於各種原因使被鈔刻的文字不同程度地走樣。如唐開成石經，歷代學者都用它校勘十二經書，並確也取得了不少成績，但是唐石經本身的訛誤亦復不少。如《尚書·洪範》"於其無好"下衍"德"字，《周禮·天官·腊人》衍"府二人，史二人"六字。《爾雅·釋詁》："簡、箌，大也。""箌"字本從艸作"莉"，因"簡"字而從"竹"作"箌"。此誤即從唐石經始。等等。《舊唐書·文宗本紀》就說："石經立後數十年，名儒皆不窺之，以爲蕪累甚矣。"又如馬王堆帛書《戰國縱橫家書》，用今本《戰國策》與之對校，即可以發現很多錯誤。如：

　　第四章：

　　　　大可以得用於齊，次可以得信，下笱（苟）毋死，若無不爲也。以奴自信可，與言去燕之齊可，甚者與謀燕可，期於成事而已。

《戰國策·燕策二》"奴"作"女"，帛書字誤。"以女自信"，以，猶惟也。（《古書虛字集釋》卷一）信，猶保也。《秦策二》"秦武王謂甘茂"章"則慈母不能信也"高注："信，猶保也。"是其證。"以女自信"即汝惟己身是保之意，應上文"下苟毋死"而言。又如：

　　第七章：

　　　　願王之使勺（趙）弘急守徐爲，令田賢急守薛公，非是毋有使於薛公徐之所，它（他）人將非之以敗臣。

"薛公徐"之下當脫"爲"字。"薛公"、"徐爲"皆人名，本章共三次對出，唯此"徐"下無"爲"字，自不當例外。

　　第十二章：

　　　　臣以爲不利於足不下，願王之完三晉之交，與燕也講亦以是。

"足"下之"不"字顯系涉上文而衍之字。

　　第二十二章：

　　　　義（張儀）且以韓秦之兵，東巨（拒）齊宋，義將榑（搏）三國之兵，乘屈匄之敝，東割於楚，名存亡國，……此王業也。

此章上有"秦韓之兵毋東"，下有"秦韓争事齊"、"公令秦韓之兵"、皆稱"秦韓"，唯此獨稱"韓秦"，是傳鈔者誤倒無疑。

　　文物本身即有訛誤，當然不可以文物之誤來校改今書。有時候文物與今傳之本有異，雖然文物本身並不誤，但亦當悉心考察，不可依之遽改而使所校之書不誤致誤。下面這個例子，點校者就没有很好地注意這個問題。

中華書局點校本《明史·諸王傳四·益王傳》：

> 益端王祐檳，憲宗第六子。

校勘記："第六子，當作'第四子'。《文物》一九七三年第三期江西南城出土《益端王壙誌》作'王諱祐檳，憲宗皇帝第四子。'"此處就不宜依改。《明史》以萬貴妃子爲憲宗第一子（未名殤），祐極（悼恭太子）爲第二子，祐樘（孝宗）爲第三子，祐杬（興獻王）爲第四子，祐棆爲第五子，祐檳爲第六子，排列次序井然。除本傳外，《諸王世表五》"興獻王祐杬，憲宗庶四子，……益端王祐檳，憲宗庶六子。"《睿宗傳》："睿宗興獻皇帝祐杬，憲宗第四子。"若《國榷》則以祐杬爲次子，祐棆爲三子，祐檳爲四子。《益端王壙誌》是採同一排次，而屏萬貴妃子及祐極不算。文物、傳書皆無誤。因此，不可一見文物不同於今本所記，輒據以改之，致不誤爲誤。

由上述可以看出，文物既有校勘價值的一面，也有局限性的一面。我們利用文物校勘，必須了解文物這兩個方面的情況，否則，就不能正確合理地利用文物，充分發揮文物在校勘中的作用。

校勘的各種方法已如上述。然而，方法只是一種武器，運用不運用和運用得如何則是靠人的主觀能動作用來决定了。因此，校勘的態度至爲重要。我們只能一絲不苟、潛心求正，否則不僅對不起古人，也對不起今天的廣大讀者。中華書局點校出版新、舊《唐書》自然是人們企願已久之事，然而由於校者工作不細，有的該校而又不難校的地方亦未校出，使讀者感到十分可惜。如：

《舊唐書·楊恭仁傳》有"楊睿交"，《新唐書·楊恭仁傳》作"楊眘交"，係思訓孫，尚中宗女長寧公主，駙馬都尉，預誅張易之有功，神龍中爲秘書監，事迹相同，當爲一人。《新唐書·宰相世系表》有"楊慎交"，思訓孫，嘉本子，駙馬都尉、秘書監。世系與官歷皆合，也當爲一人。"慎"即"眘"字。由此可見《舊唐書》"楊睿交"即"楊眘交"之形訛。

再如《新唐書·藝文志》集録別集類，載李康撰《玉臺後集》十卷。但據《郡齋讀書志》四下、《直齋書録解題》卷十五，撰《玉臺後集》者名"李康成"，非單名"康"。《新唐書》本志又載吳仁璧詩一卷，作字廷寶。但據《全唐詩》卷六九〇、《登科記考》卷二四、《十國春秋》卷八八，皆作字"廷實"，爲大順二年進士，吳越時蘇州人。從上文所言名與字的意義關係看，既名

"仁璧",則其字即當作"廷寳"。

　　這些問題只要稍作比勘分析就可以發現並解決,而校者竟没能做到。由此,我們應該吸取教訓。①

練習題
1. 試析陳垣校勘四法之間的關係。
2. 簡析文物的校勘價值與局限性。
3. 試論定是非的條件。
4. 選擇一種古籍校勘著作,分析其所採用的校勘方法。

---

① 詳傅璇琮等《兩〈唐書〉校勘拾遺》,文載《文史》第 12 輯。

第六章　校勘應注意的幾個問題

在校勘的時候，有許多方面的問題值得我們加以注意。這一章，我們擬從不同的角度選擇其中幾個比較重要的來集中地進行討論。

第一節　不可遷就政治

校勘應該本著科學的精神，儘量校正古書在流傳過程中所發生的一切文字上的訛誤，還古書的本來面貌。不可遷就某些政治問題而放棄校勘的原則，以致影響校勘的質量。我們之所以提出這個問題，正是由於在校勘的實踐中有過這方面的教訓，下面舉兩個例子。

一、中華書局對《續資治通鑑長編》的校勘

宋李燾撰《續資治通鑑長編》，現存有宋本和清本。清本對宋本做了大量的改動，如"胡"、"虜"、"戎"、"狄"等字樣和有關遼、夏王朝的敘述之類，凡被認為與清人思想有違礙抵觸的地方，清本都做了刪削改篡。由於《長編》記自建隆（宋太祖趙匡胤年號，960—962）至靖康（欽宗趙桓年號，1126）167年的史事，有較大的史料和史學價值，而且傳世之本甚少，所以近年來中華書局陸續予以點校出版，這無疑是很有意義的。但是，新點校本由於點校者遷就了我們的現行民族政策，沒有把清本的妄改校正過來，以致於使這個新點校本失去了應有的價值。對此，吳小如評曰："我們整理古籍要重視科學性，不能把新標點問世的古書弄成'拼盤兒'。我們所以據宋本校改，原是為了儘量恢復李燾所著書的本來面目；而現在却存在著大量並非原貌的文字，這就使新印本成了'四不像'。我們的專家、學者是為了得到有關宋、遼、金史第一手的材料，才去檢讀《長編》的；而現在新

印的《長編》,既非李燾原本又非清人改本;難怪有的專家、學者在引《長編》時仍須費時曠日去查宋本,或寧可徑引清刻本,也不用這個新印本。那麼這個新印本究竟有多少參考價值就很難說了。我們的意思是:既尊重宋本,就應悉據宋本以還其原貌,至於執行當前民族政策等的任務,應由研究者即使用這部書的讀者來體現,整理者只求忠實於作者原書或最早的善本,便已盡到責任。不宜用不同的標準或主觀上自相矛盾的體例來決定對原書改或不改,以致使原書失真而不利於研究者對此書的使用。"①這是一個教訓。

二、中華書局對兩《唐書》的校勘

後晉劉昫撰《舊唐書》,北宋宋祁、歐陽修又撰《新唐書》。兩《唐書》在流傳過程中,文字上均發生了許多的訛誤。今天校勘這兩部書,一要充分利用一切可以利用的資料和方法,如進行版本對校,與其他史籍他校,新、舊《唐書》互校,各自本校,等等。二要充分利用前人的校勘成果,如清人沈炳震、張宗泰、趙紹祖、岑建功等對兩《唐書》的校勘成果,均有專書可供利用;還有一些群史筆記,如《廿二史劄記》《廿二史考異》《十七史商榷》中有關兩《唐書》部分的校勘成果,亦可供今天校勘利用。但中華書局1975年2月和5月相繼出的新點校本兩《唐書》,點校者却未能充分利用這些資料、方法和前人的成果來進行校勘,以致兩《唐書》中有許多訛誤沒有校出來,失去了新校點本應有的價值。

兩《唐書》的校勘之所以會出現這種情況,恐怕與點校者遷就政治要求有很大的關係。這從以下的兩個方面可以得到足夠的證明:一、兩《唐書》的出版說明中關於點校的說明,《舊唐書》僅十一行,《新唐書》竟少至三行,其餘的篇幅則大都用來談儒法鬥爭。二、校勘記用來為政治宣傳做考證。下舉《舊唐書·文苑下·李白傳》"李白字太白,山東人"的校記為例。其校記曰:

《新書》卷二〇二《李白傳》作"其先隋末以罪徙西域,神龍初(公元七〇五年)遁還,客巴西。"范傳正《唐左拾遺翰林學士李公新墓碑文》謂"其先隴西成紀人,隋末被竄于碎葉"李陽冰《草堂集序》所述大抵相同。據郭沫若《李白與杜甫》考證,李白原籍隴西成紀,隋末其先

---

① 見吳文《古籍整理中的點、校、注釋問題》,文載《文獻》1985年第3期。

人遷居中亞碎葉(今巴爾喀什湖南面的楚河流域),公元七〇一年他在那裏出生。李白中年時曾在山東住過,故杜甫詩中有"汝與山東李白好"之句,元稹《杜子美墓係銘》遂以李白爲山東人,《舊唐書》沿襲了這一錯誤。

這是兩《唐書》中僅有一條長校勘記。但是,從內容性質上看,這條校勘記並不是校勘,而是考證。點校者爲何做這種明明違背二十四史點校原則的考證呢?瞭解了校兩《唐書》時的政治背景,我們就可以知道其中的道理了。當時,我國報刊上發表了一系列的論文,論證西域一帶與中原地區在政治、經濟、文化上的密切聯繫,以駁斥蘇聯輿論對我國歷史疆域和當代版圖的歪曲。這些論文有不少就是通過對李白生長於碎葉的考證來說明唐時的碎葉屬於唐朝行政管轄區的。可見《舊唐書》的這則考證正是爲遷就當時這種政治宣傳做出來的。①

兩《唐書》的點校者,不去利用一切可以利用的資料、方法和前人的成果,發現和解決兩書文字上的訛誤,而把校勘也納入了爲政治服務的軌道,致使兩書要做重新的點校工作。這不能不說是校勘上的一個教訓。

上面這兩個反面的例子都告訴我們,校勘只有遵循校勘本身的原則,不遷就政治,才能保證校勘的質量。

第二節　不可盡信他書引文

他書引文包括一般書籍的引文、類書的引文和注解的引文。這些他書的引文特別是類書的引文,是校勘古書的重要資料之一,前人特別是清人運用這些資料校勘,取得了很大的成績。但是,任何事物都不可走向極端,走向極端就會導致不良的後果。

清人運用類書引文的同時就注意到了類書引文可靠性的問題,王念孫就曾說過:"《御覽》固多誤字,不必附會。"②朱一新對類書的引文也提出了懷疑,他說:"王文肅、文簡之治經亦然,其精審無匹,視盧召弓輩亦遠勝之。顧往往據類書以改本書,則通人之弊。若《北堂書鈔》《太平御覽》之類,世無善本;又其書初非經訓而作,事出眾手,其來歷已不可恃,而以

---

① 詳傅璇琮等《兩〈唐書〉校勘拾遺》,文載《文史》第 12 輯。
② 《讀書雜志・晏子春秋第一》。

改數千年諸儒斷斷考定之本，不亦愼乎？"①近人劉文典對類書引文的可靠性又加申述，他說："清代諸師校勘古籍多好取證類書，高郵王氏尤甚。然類書引文實不可盡恃，往往有數書所引文句相同猶未可據以訂正者。蓋最初一書有誤，後代諸書亦隨之而誤也。如宋《太平御覽》實以前代《修文御覽》《藝文類聚》《文思博要》諸書參詳條次修纂而成，其引用書名特因前代諸類書之舊，非宋初尚有其書。陳振孫言之詳矣。若《四民月令》一書，唐人避太宗諱改'民'爲'人'，《御覽》亦竟仍而不改。書名如此，引文可知。故雖隋唐宋諸類書引文並同者，亦未可盡恃。講校勘者不可不察也。"②

三家見解完全有道理。但是，他們所說的只限於類書的引文。我們通過對他書引文與原文的細致比較考察發現，不僅類書的引文不可盡信，一般書籍的引文和注解的引文同樣都不可盡信。因爲這些引文同樣都不完全忠實於原文。下面請看我們對他書引文改變原文情況的考察結果。

一、從後世引書改變原文的結果看有誤脱衍錯

（1）誤

如《古今圖書集成·交誼典》餞別部藝文一江淹《別賦》引文，③"驚駟馬之素沫"，"素沫"爲"仰沫"之誤；"刎血相視"，"刎"爲"扠"之誤。④ 又"術將妙而猶學"，"將"爲"既"之誤；"詎能摹暫離之狀"，"詎"爲"誰"之誤。⑤

又如《晏子春秋內篇·諫上》："寡人欲少賦斂，以祠靈山。"《太平御覽》卷八七九引此"祠"誤作"招"。

（2）脱

如《古今圖書集成·乾象典》天部總論之一王充《談天篇》引文，"此天地之極際也"，"此"字後脱"則"字；"今從東海會稽鄞、鄞"，"海"後脱"之上"兩字；"遠則東方之地尚多，多，則天極之北，天地廣大……"，"尚多"之

---

① 《無邪堂答問》卷二。
② 《三餘札記》卷一《類書》。
③ 本節《古今圖書集成》誤例，皆引自馬克昌《略論〈古今圖書集成〉》，文載謝國楨、張舜徽等著《古籍論叢》，福建人民出版社1982年版。
④ 中華書局影印本第336册，頁50。
⑤ 同上，頁51。

後脱"東方之地尚"五字;"如是,鄒衍之言未可非","如"字前脱"夫"字;"今從東海察日及從流沙視日,小大同也","海"字後脱"上"字,"沙"字後脱"之地"兩字;"東海去洛陽三千里","海"後脱"之上"兩字;"推此度,從流沙之地……","此"字後脱"以"字。①

又如《淮南子・本經》:"昔者蒼頡作書而天雨粟、鬼夜哭;伯益作井而龍登玄雲、神棲昆侖。智能愈多而得愈薄矣。"

《太平御覽》卷九二九引此脱"能"字。

(3) 衍

如《古今圖書集成・皇極典》登極部彙考一《高祖本紀》引文,"高祖即自疑之,亡匿,隱於芒碭山澤巖石之間",前一"之"字爲衍文;②"項羽使人陰弒義帝于江南","于"字爲衍文。③

又如《續資治通鑑長編》卷二〇〇:"臣等按《易・豫》之説曰:'先王作樂崇德,薦之上帝,以配祖考。'"此引《易》"先王"後脱"以"字,"薦"前脱"殷"字。

(4) 錯

如《禮記・中庸》:"今天下車同軌,書同文,行同倫。"《文選》卷四干寶《晉紀總論》"太康之中,天下書同文,車同軌",李善注引《禮記》:"子曰:今天下書同文,車同軌。"又卷四〇任昉《奏彈曹景宗》"將一車書",卷四六王融《三月三日曲水詩序》"合車書於南北",李善注引《禮記》"書同文"一並在"車同軌"之上。但《禮記》是古人常見之書,任、王之文又都是先説車後説書的,可見《禮記》的本子肯定是正確的,干寶和李善都引錯了"車同軌"、"書同文"二句的位置。

引誤更明顯者有下面兩種情況。

(5) 同一書兩引同一語而文字不同

如《太平御覽》卷三二〇引《過秦論上》"然後踐華爲城,因河爲池"之文,卷一九三引則爲"秦踐華以爲城,因河以爲池"。引文一有"以",一則無。

(6) 數書同引一語而文字各異

如《淮南子・精神》:"一月而膏,二月而胅,三月而胎,四月而肌。"《文

---

① 中華書局影印本第 7 册,頁 20。
② 235 册,頁 29。
③ 同上,頁 30。

子·九守》作"一月而膏,二月而脉,三月而胚,四月而胎"。《廣雅·釋親》引作"一月而膏,二月而脂,三月而胎,四月而胞",《爾雅·釋詁·釋文》《文選·江賦》注引此又都作"三月而胚"。各引各異。

二、從後世引書改變原文的手段看有換刪增調

（1）換

① 引文換以同義字

如《論語·子罕》:"焉知來者之不如今也。"《新序·雜事篇》引"焉"作"安"。"焉"、"安"是同義疑問副詞。

又如《詩經·思齊》:"刑于寡妻,至于兄弟,以御于家邦。"《淮南子·繆稱》引此改"刑"爲"施",改"以御于家邦"爲"禪於家國"。"刑"、"施"、"御"、"禪"、"邦"、"國"在句中或近義或同義。

② 引文換以本字

如《淮南子·氾論》:"發適戍。"《太平御覽》卷三二七引"適"作"謫"。"謫"即"適"的本字。也有把原字換爲同音通用之字的。如《淮南子·道應》:"强臺者南望料山以臨方皇。"《文選》應休璉《與滿公琰書》李善注引作"吾聞京臺者南望獵山,北臨方皇。""强"作"京"、"料"作"獵",皆同音通用之字。《説苑·正諫》《家語·辯政》"强"、"京"又作"荆"。亦爲同音通用之字。①

③ 引文換以今字

如《墨子·尚賢上》:"今上舉義不辟貧賤。"《群書治要》引"辟"作"避"。"辟"古字,"避"今字。

（2）删

如《古今圖書集成·禽蟲典》蟹部記事載:"《東坡志林》:'予不喜殺生,有見餉蟹蛤者,皆放之江中,不復以口腹之故,使有生之類受無量怖苦爾。'"這則記事文字,同原文相較則面目大異。《東坡志林》卷八所載原文是這樣的:"予少不喜殺生,時未能斷也。近年始能不殺豬羊;然性嗜蟹蛤,故不免殺。自去年得罪下獄,始意不免,既而得脱,遂自此不復殺一物。有見餉蟹蛤者,皆放之江中,雖知蛤在江中無活理,然猶庶幾萬一;便使不活,亦愈於煎烹也。非有所求覬,但以親經患難,不異雞鴨之在庖厨,

---

① 參《三餘札記》卷一。

不復以口腹之故,使有生之類受無量怖苦爾。"兩相比較,可以看到,引文既改了原文之句,又刪掉了原文的77%。大量的刪改,使我們簡直無法看到原文的廬山真面目了。

(3) 增

如《過秦論上》:"信臣精卒,陳利兵而誰何?"《太平御覽》卷三二〇引爲"信臣精卒,陳利兵而誰奈何。"增"奈"字以明意。

(4) 調

如《戰國策·齊策》:"楚有祠者,賜其舍人卮酒。"《藝文類聚》雜器物部、鱗介部,《太平御覽》器物部及《後漢書·袁紹傳》注引此"卮酒"並作"酒一卮"。既調了位置又加了詞語。

三、從後世引書改變原文的原因看有語言原因、記憶原因和省略原因等

(一) 語言原因

(1) 爲了便於理解

由於語言是發展的,前世之書後人有些地方已經不易讀懂了,這樣後人在引書時就可能自覺或不自覺地加以改易了。

① 爲了詞義便於理解

《尚書·湯誓》:

夏罪其如台?

又《高宗肜日》:

乃曰其如台。

《史記·殷本紀》引"如台"皆作"奈何"。

② 爲了句義便於理解

《過秦論上》:

然后踐華爲城,因河爲池。

《太平御覽》卷一九三引爲"秦踐華以爲城,因河以爲池"。原文二句無主語,引者增"秦"字完足句意,又增"以"字以釋"爲"。

(二) 記憶原因

清崔述《考信錄提要》卷上曰:"古者書皆竹簡,人不能盡有也。而亦難於攜帶,纂書之時,無從尋覓而翻閱也。是以《史記》錄《左傳》文,往往與本文異,此記憶失真之故也。此其誤,本事理之常,不足怪,亦不足爲其

書累。"崔氏所說甚是。下再舉二例以助崔氏之說。

《詩經·齊風·雞鳴》："東方明矣，朝既昌矣。"《說文》日部"昌"下引作"東方昌矣"，把二句誤記爲一句。

《爾雅·釋魚》"蜎蠌，小者蟧。"郭璞注："螺屬。見《埤蒼》。或曰即彭蜎也，似蟹而小。"《世說新語·紕漏》劉孝標注："《爾雅》曰：'蜎蠌，小者蟧，即彭蜞也，似蟹而小。'今彭蜞小於蟹，而大於彭蜎，即《爾雅》所謂蜎蠌也。"把郭注記成了《爾雅》正文。

這種誤引之文是不可用以校勘原文的。有時後人用前代詩文也會因記憶失真而發生訛誤，這種他書當然也不能用來校勘原書。下舉三例。

《淮南子·脩務》載："孔子無黔突（深竈），墨子無暖席。"漢班固《答賓戲》用此事則作"孔席不暖，墨突不黔"，張冠李戴。

宋陸游《劍南詩稿·曉雪》："未應便許凝之語，此興何曾有盡時？"南朝宋劉義慶《世說新語·任誕》載，王徽之雪夜思戴安道，即乘小船訪之，"乘興而行，興盡而返。"這正是陸氏所用之事，但陸氏却把王徽之誤記成了王凝之。

同上《西村醉歸》："酒寧剩欠尋常債，劍不虛施細碎讎。"陸氏於其下自注："見孟東野詩。"此又陸氏誤記。陸氏所用乃劉叉《姚秀才愛予小劍因贈》詩："一條萬古水，向我胸中流，臨行解贈君，勿報細碎讎。"

（三）省略原因

後世引前世之書，引者往往根據自己的需要對原文進行省略，從而改變了原文。如《讀書雜志·漢書第八》"忤恨"條下引《漢書·外戚傳》的一段文字是這樣的：

李夫人病篤上自臨候之夫人蒙被謝曰妾久寢病形貌毀壞不可以見帝上欲見之夫人遂轉鄉（通向）歔欷而不復言於是上不說而起夫人姊妹讓之曰貴人獨不可一見上屬託兄弟耶何爲恨上如此

《漢書·外戚傳》原文則爲：

（初）李夫人病篤，上自臨候之，夫人蒙被謝曰："妾久寢病，形貌毀壞，不可以見帝。（願以王及兄弟爲託。）"上曰："大人病甚，殆將不起，一見我屬託王及兄弟，豈不快哉？"夫人曰："婦人貌不修飾，不見君父。妾不敢以燕婧見帝。"上曰："夫人弟一見我，將加賜千金，而予兄弟尊官。"夫人曰："尊官在帝，不在一見。"上（復言）欲（必）見之，夫人遂轉鄉歔欷而不復言。於是上不說而起。夫人姊妹讓之曰："貴人獨不可一見上屬託兄弟邪？何爲恨上如此？"

原文這一段共163字,王氏引時省去了括號中的86字,佔原文的一半還強。引文與原文已是大相徑庭的了。

既然他書引文並非完全忠實於原文,我們運用他書進行校勘就要謹慎從事,不可盡信他書。前人校勘在這方面是有教訓的,如孫星衍校《孫子》,因迷信杜佑《通典》的引文就出了不少錯誤,以嚴謹著稱的校勘大家王念孫也因迷信他書而導致不少校勘上的失誤,下面我們舉王氏《讀書雜志》一例以見。

《淮南子·齊俗》:

屠牛坦一朝解九牛而刀以剃毛。

王氏校曰:

"刀"下當有"可"字。"刀可以剃毛",《賈子》所謂"芒刃不頓"也。脫去"可"字則文義不明。《白帖》十三、《太平御覽》兵部七十七、資產部八引此皆有"可"字。

此校實誤。(一)檢《淮南子》各種版本皆無此"可"字。(二)句中"以"字實用爲"可以"之義,於文義並非不明。《詩經·猗嗟》"以禦亂兮",《詩經·烝民》"以保其身",《論語·雍也》"以與爾鄰里鄉黨乎",《孟子·滕文公下》"大則以王,小則以霸",《孟子·萬章上》"一介不以與人,一介不以取諸人"中的"以"字皆可作《齊俗》"以"字用爲"可以"義之證。可見原文並沒有"可"字。《白帖》《御覽》引文中的"可"字實爲引者所增。考其增"可"之由,是因爲唐宋人對"以"的"可以"義已經感到了陌生,引時即加一"可"字以顯其義。《詩經·大東》"睆彼牽牛,不以服箱",《文選·張平子〈思玄賦〉》李善注引作"睆彼牽牛,不可以服箱",正是其例。王氏不考類書引文是否爲原文所有,即改而從之,以致造成了誤校。

第三節 不可輕改古書

不輕改是校勘的一大原則,也是我國校勘的一個優良傳統。自孔夫子起就強調"不欲令人妄億錯",於其所不知,蓋闕如也。後世校勘家雖然很多人沒有完全做到不輕改,但都非常重視這一原則。在他們的校勘著作中有很多都不改底本,只把校勘的意見寫於校勘記之中。有的甚至只羅列異文而不作任何按斷,留讓讀者自己擇善而從。這些校勘都少有輕改之嫌。但是,前人校書輕改之例亦屢見不鮮。就拿段玉裁注《說文解字》來說吧,他把《說文》中自己認爲錯的地方全部進行了改易。他的校改雖然有許多地方是對的①，但憑臆輕改的地方亦復不少。因此，段書出，"匡段"、"訂段"、"申段"之書即隨之而來，粗略統計，這類著作不下於十數種，如徐承慶的《說文解字注匡謬》、鈕樹玉的《段氏說文注訂》、王紹蘭的《說文段注訂補》等皆是。在這些書中，徐書匡段最力。該書分段謬爲十五目，頗爲詳備可觀：

　　一曰、便辭巧說破壞形體之謬
　　二曰、臆決專輒詭更正文之謬
　　三曰、依他書改本書之謬
　　四曰、以他書亂本書之謬
　　五曰、以意說爲得理之謬
　　六曰、擅改古書以成曲說之謬
　　七曰、創爲異說誑罔視聽之謬
　　八曰、敢爲高論輕侮道術之謬
　　九曰、似是而非之謬
　　十曰、不知闕疑之謬
　　十一曰、信所不當信之謬
　　十二曰、疑所不必疑之謬
　　十三曰、自相矛盾之謬
　　十四曰、檢閱麤之謬
　　十五曰、乖於體例之謬

下舉一、二兩目中兩例以見徐氏糾段氏輕改之誤的一斑。

　　本末，段改作李末，曰：木下曰李，从木从丅。木上曰末，从木从丄。二篆各本作朩末，今依《六書故》所引唐本改。
　　徐按：
　　　　戴侗《六書故》，根據《說文》者皆是，其與《說文》違異者皆非。此本末字，戴氏從《說文》，不以唐本爲可據也。其言曰：唐本《說文》，本从木从丅，末从木从丄，郭忠恕同。以朱例之，此說似是而實不然。是戴氏述之而以爲非。段氏所依，實《汗簡》也。

《六書故》之原意尚未理解即據以校改《說文》，作爲一個大訓詁家實在是輕妄之極。

---

① 參第二章《校勘簡史》第七節《清代的校勘》。

茸，段改从艸聰省聲爲从艸耳聲，曰：今本作聰省聲，此淺人所臆改。此形聲之取雙聲不取疊韵者。

徐按：

原文"聰省聲"，取疊韵是也。以偏旁爲聲較省聲直捷，淺人容改"聰省聲"爲"耳聲"，未必改"耳聲"爲"聰省聲"。①

校書必得審慎，不知則付闕如，不可憑臆輕改。宋彭叔夏年十二三時，手鈔太祖皇帝實錄。其間云："興衰治□之源"，闕一字，意謂必是"治亂"，後得善本，乃作"治忽"。由此，彭氏深有感觸地説："三折肱爲良醫，信知書不可以意輕改。"這是校勘家經驗之談，值得很好體味。

但是，不輕改不是説不改。我們今天校書的目的很明確，誤本不加改正就不能達到目的。光列異文，確便於研究者的擇善而從，但擇善實是校勘本身應完成的工作。利用古籍者多是爲了研究古籍的思想、内容，從中繼承文化遺產，他們希望研究的對象就是原貌，不要再加以校勘即可利用。校勘古書本身是門學問，但這門學問與其他學問有所不同，它是一門爲研究其他學問鋪平道路的學問。如果只校異而不定是非改訛誤，則等於只備有泥、石等築路材料而没有鋪築，行路人仍然要花功夫鋪好，才能通行。我們如果校爲定本，則可大量節約研究者的時間。因此，校書不但要改，而且改得越徹底越好。校異當然可以，但校異應只用於實在無法斷定是非或者不遽定是非的情況下，在這方面中華書局點校《二十四史》和《清史稿》做得較好。如《史記》不出校記直改原文，細細推敲其所改，多有的證而少輕妄。這種定本，研究《史記》各方面的同志，大致是可以放心地使用的。

總之，校書雖重不輕改，但當改則必改，否則，我們就没有完成校勘任務，没有達到校勘的目的。

下面我們再來討論與不輕改、改必徹底有關的兩個問題。

一、校勘對象的詞語有無重點的問題

有人認爲校勘古籍應該有重點，某個句子末尾有没有"也"字，没有必要花大氣力去校；有些地方東校西校都説得過去，都有材料作依據，其中

---

① 詳參胡樸安《中國文字學史》第三編《文字學後期時代　清》，上海書店 1984 年版。

有些無關大體的校勘，可以不必費較大的精力；有些非弄明白不可的，還是要把他弄明白。有些校勘著作的確不重視虛詞與詞序等等這些被認爲不重要的對象。這裏就提出了一個古籍中的詞語是否有價值上的等級之別的問題。我們認爲校勘對象的每句話每個詞每個字在校家的眼裏應該是平等的，都非弄明白不可。上述提法和做法首先違背了校勘的目的，有些被認爲"無關大體"而不校，就不能使所校的本子恢復或接近本來的面貌，研究者也就不好利用。比如研究文學，往往一個語氣詞就能表達出說話人的思想感情、性格特徵等等，有無這個語氣詞或者是換了一個不同的語氣詞，則大有差異。再比如研究語言，我們要研究語言的歷史，比如判斷句的句式問題，有用"者……也"式、"……也"字式和零形式等數種，它們的使用情況正可反映其發展的歷史。如果"也"字不加校勘，語言這方面的確切歷史就寫不出來。因此，我們認爲校勘古籍所謂有重點的說法是不科學的，是違背校勘原則的。

二、沿訛成習的問題

（1）有些古籍有訛誤，但前人不知而加以運用，改不改就必須區別對待。

如《老子》的"夫佳兵者不祥之器"，前人解"佳兵"爲善兵，唐人用以入詩，如陳子昂《陳伯玉文集·送別崔著作東征》詩"王師非樂戰，之子慎佳兵。"不能因爲馬王堆帛書出土斷"佳"爲衍文即去改動陳詩。

又如《文選》所載宋玉《神女賦》，其《序》曰：

> 楚襄王與宋玉遊於雲夢之浦，使玉賦高唐之事。其夜王寢，果夢與神女遇，其狀甚麗，王異之，明日以白玉。玉曰："其夢若何？"王曰："晡夕之後，精神怳忽……見一婦人，狀甚奇異。……"王曰："狀何如也？"玉曰："茂矣，美矣，諸好備矣！盛矣，麗矣，難測究矣！上古既無，世所未見。……"王曰："若此盛矣，試爲寡人賦之！"玉曰："唯唯。"

對於這段文字歷代有多人考訂，如宋朝姚寬《西溪叢語》卷上、沈括《補筆談》卷一、今人袁珂《宋玉〈神女賦〉的訂訛和高唐神女故事的寓意》等，①確認《序》中除末了二"王"二"玉"不誤以外，從"其夜王寢"起，三

---

① 《光明日報》1962 年 8 月 19 日。

"王""玉"都是互誤。夢與神女遇的是宋玉而不是楚襄王。但是梁簡文帝的作品裏用了這個典故,有時說宋玉夢神女,有時又說楚襄王夢神女,如《行雨》詩:

　　本是巫山來,無人覩容色。
　　惟有楚王臣,曾言夢相識。

這用宋玉夢神女。

又《浮雲》詩:

　　可憐片雲生,暫重復還輕。
　　欲使襄王夢,應過白帝城。

則用楚王夢神女。一、二兩說,正誤皆用。

唐人詩中用襄王夢神女的亦不少,如李白《古風》:

　　神女去已久,襄王安在哉?

劉禹錫《巫山神女廟》:

　　何事神仙九天上,人間來就楚襄王。

李商隱《有感》:

　　非關宋玉有微辭,却是襄王夢覺遲。

我們對待這類古籍時,不能從校勘的角度批評或者改動這些詩用典的錯誤。

(2) 沿訛成習還有另一種情況,並不是後人誤用,而確實就是本書之誤,這種訛誤也有不宜改回的。

如《詩經·揚之水》之"揚"本該是"楊"。錢大昕說:"臧鏞堂云:洪氏《隸釋》,載漢石經《唐風》第三章'揚'作'楊'。案《王風釋文》:'"揚"如字,或作"楊木"之字,非。'而《太平御覽》八百十五、八百十六並引《唐》第二章'楊之水',三百卅三引《詩序》'楊之水',又九百五十六引《毛詩義疏》'楊之水',皆從木旁。據此,知《王、鄭、唐風》'楊之水'本作'楊'。自陸德明誤以為非,而唐石經又定從'揚'字,今遂無作'楊'者矣。《尚書·禹貢》揚州,據郭忠恕《佩觿》,本作'楊州',宋本《爾雅·釋地》,亦作'楊州'。"① 考證可謂詳實,"揚"本作"楊"不容置疑。但是,自唐以後幾乎所有《詩》本、選本、引文皆作"揚",成習而不必改回。

---

① 《十駕齋養新錄》卷一"揚之水"條。

第四節　注意語言的内部規律性和時代性

語言是穩定的而又是發展的,因此語言本身有其内部規律性而又有時代性。瞭解或注意了這一點,校勘可以添輝生色,不瞭解或不注意這一點,就會導致誤校。下面討論幾個主要的方面。

一、要瞭解語音的發展與變通

我們前面已經談到利用音韻可以校正古書的訛誤,但不注意語音的發展與變通則易導致濫用而招致謬誤。如:

如《敦煌曲子詞集》〔浣溪沙〕:

□時清。

蔣禮鴻《校議》曰:

"時清"劉盼遂校作"清時",王文才據西北方音互注例,以爲"清"和"迷"、"溪"、"西"通叶,不必改"清時"。王説是對的。敦"煌"《搗練子》詞"杞梁妻"和"入妻房"各一首,伯 2809 卷"妻"字都作"清"字,《敦煌掇瑣》開蒙要訓裏的字的注音,"梯"字注作"聽","鼎"字注作"帝"之類很多。陸游的《老學庵筆記》卷六説:"四方音有誤者,則一韻盡訛。如……秦人訛'青'字,則謂'青'爲'萋',謂'經'爲'稽'。"可見"清"字實在有"妻"的音,可以和"迷"等字通叶,"時清"是不需要倒轉來的。①

不僅古今音異,古音發展到同一時代在各方言裏也是不同的,劉等人闇於此而以古通例律變例,以今音律古語方言以致誤校。

《吕氏春秋·召類》:

以龍致雨,以形逐景。禍福之所自來,衆人以爲命,焉不知其所由。

《讀書雜志·餘編上》"焉不知其所由"條校曰:

"焉不知其所由",本作"焉知其所"。其"不知其所由"五字,乃是高注,非正文也。今本作"焉不知其所由"者,正文脱去"知其所"三

---

① 《敦煌變文字義通釋》附録三《敦煌曲子詞集校議》,上海古籍出版社 1984 年版。

字,而注內"不知其所由"五字,又誤入正文耳。此以"雨"、"景"、"所"爲韻。若"所"下有"由"字,則失其韻矣。前《應同篇》曰:"故以龍致雨,以形逐景。師之所處,必生棘楚。禍福之所自來,衆人以爲命,安知其所。"高注云:"凡人以爲天命,不知其所由也。"是其明證矣。

裴學海《評高郵王氏四種》正之曰:

> 王説不確。"焉不知其所由"者,焉,而也,即"而不知其所由"也。此文是"雨"、"影"(即"景"今字)爲韻,(古韻"雨"在模部,"影"在唐部,模唐是對轉韻。)"來"、"由"爲韻,(古韻"來"在哈部,"由"在幽部,哈幽是旁轉韻。)皆無所謂失韻。《經詞衍釋》曰:"焉,而也。"《荀子·非相篇》"面長三尺焉廣三寸",即而廣三寸也。①

王氏不知"來"、"由"可以變通押韻而誤校。

二、要注意文字的發展與使用

(1) 文字的發展——古今字與誤字

在不同的歷史時期中,用來表示同一意義的兩個不同形體的同音字,產生在前的稱爲古字,產生在後的稱爲今字。如表示日落的意思古用"莫"字,《詩經·東方未明》"不夙則莫"之"莫"即是,後代表示日落的意思用"暮"字,"莫"爲古字,"暮"爲今字,二者爲古今字關係。校勘上的誤字則指鈔刻錯了的字。古今字與誤字本無聯繫。但在實際校勘之中校勘者對古今字的關係認識不清,也可能把古字當作誤字而以今字校改之。如:

《敦煌變文論文錄》所附《蘇聯所藏押座文及説唱佛經故事五種·佛報恩經講經文》:

> 未到先排珂貝倚,遙來已卷水精簾。②

有人就把"倚"字校作"椅"。其實,"倚"即"桌椅"之本字。而"椅"本爲樹名,到宋歐陽修《新五代史》中才用爲"桌椅"字,成了"倚"的今字。可見此"倚"並非誤字。

(2) 文字的使用——通假字、記音字、避諱字與誤字。

① 通假字與誤字

某個詞義已經有一個本字却不用,反而借用表示其他詞義的音同音

---

① 《河北大學學報》1962 年第 3 期。
② 明文書局 1985 年版。

近字來表示，這借來的字就叫通假字。如《史記·項羽本紀》"蚤自來謝項王"之"蚤"即是"早"的通假字，司馬遷寫《史記》時未用"早"而用了"蚤"。校勘上的誤字上文已經說過，則是指鈔刻者鈔刻錯了的字。二者本亦無聯繫。但因為通假也是用誤字，因而發生了糾葛，在校勘古書時可能分不清哪是原作者之借，哪是傳鈔輾轉之誤。蔣禮鴻說："'通假'之與'錯字'，本來就是孿生弟兄一樣地難以分辨的。"指的就是這種情況。如：

《周禮·梓人》：

搏身而鴻。

俞樾《平議》："注曰：'鴻，傭也。'樾謹按：訓鴻為傭，未詳其義，疏亦無說。鴻當讀為鳿。《說文》隹部：'雅，鳥肥大雅雅也。或從鳥作鳿。'搏身而鳿者亦謂其肥大也。作鴻者叚字或學者多見鴻少見鳿而臆改之耳。"是通是誤，難以斷定。

正因為誤與通有如此糾葛，所以校勘者一不小心就可能以通為誤而造成誤校。如：

《王梵志詩校輯·吾富有錢時》：

人有七貧時，七富還相報。徒財不顧人，且看來時道。

梵志詩本作"徒"，《校輯》改為"從"。實則原作"徒"並不誤，"徒"乃"圖"之借字。敦煌卷子中常見借"徒"為"圖"例，如《捉季布傳文》"為立千金搜季布，家家徒費罷耕耘"的"徒賞"即"圖賞"；又如梵志詩《夫婦擬百年》"入戶徒衣食，不肯知家事"的"徒衣食"即"圖衣食"，皆為其證。校者不知借字而誤以誤字對待。又如：

敦煌《雲謠集雜曲子·風歸雲》詞：

待公卿迴故日。

俞平伯校，"故乃顧之誤。"實際"故"是借字。"故"借為"顧"典籍屢見。下舉二例。

《公羊傳·桓公十一年》：

少遼緩之，則突可(故)出，而忽可故反。

前"故"涉後"故"而衍。"故反"即"顧返"。

《史記·趙世家》：

秦服其勞而趙受其利，雖彊大不能得之於小弱，小弱故能得之於彊大乎！

《戰國策·趙策》"故"用本字"顧"。

古書多借字，我們校勘必須慎重其事，沒有確證，可通假之字即不能以誤字對待，否則以通爲誤的誤校就難以避免。

② 記音字與誤字

通假字實際也是記音字，但通假字是作者誤書之字，而這裏的記音字則指記録音轉的記音字和記録不同譯法的記音字。

a. 記録音轉的記音字

牲畜去勢叫騸，如把去勢的馬叫騸馬，把騸了的小公雞叫騸雞。元以前如此稱，元以後某些地方的語音發生了變化，而字也隨之變化了。

元湯式《〔雙調〕慶東原·田家樂》曲：

> 黍稷秋收厚，桑麻春事好。婦隨夫唱兒孫孝。綫雞長臕，綿羊下羔，絲繭成繰。

這個"綫"字不可以爲誤字。今成都市及其附近的一些縣境仍説"騸雞"爲"綫雞"即是其證。

上例是音隨時變而字變之例，還有音隨地變而字變的。如"們"、"每"二字，在宋元之時北方（黃河流域及東北）和南方（長江流域及西南）使用有別，北系方言用"每"，而南系方言用"們"。如宋傳《京本通俗小説》通用"們"，《古今雜劇》盡用"每"字。我們不可以"們"改"每"，亦不可以"每"改"們"。①

b. 記録不同譯法的記音字

外語或別族語的譯音，往往同一事物有不同的寫法。如《明史·李成梁傳》有"西部叉漢"，即"插漢"，也就是《張學顏傳》的"察罕"。《大清一統志》又作"察哈爾"。我們不可以《一統志》改《明史》，亦不可以《張傳》改《李傳》。

於此亦有多事者。

《明史·西域傳二·西番諸衛傳》：

> 及俺答卒，傳至孫扯力克。

有校者説："'扯力克'，本書卷二二二《王崇古傳》《鄭洛傳》，卷三二七《韃靼傳》，皆作'諸力克'。"校者欲使統一，則是改書不是校書。

③ 避諱字與誤字

前代由於避諱易字、缺筆、空字等造成古籍的文字混亂實不可輕估。但是，我們校勘則有改，有不改，那就是作者本用的避諱字不改，而後代鈔

---

① 參吕叔湘《漢語語法論文集·説們》，商務印書館，1955 年版。

刻前代之書所改換的避諱字則要改回。前者如：

《史記·淮陰侯列傳》：

> 吾悔不用蒯通之計，乃爲兒女子所詐。

"蒯通"本名"蒯徹"，司馬遷爲避漢武帝劉徹之諱改"徹"爲"通"，這是著作者本用之諱字，不當改。後者如阮元校刻的《十三經注疏》，凡"玄"皆改爲"元"，或缺筆成"玄"，如"鄭玄"作"鄭元"，"玄鳥"作"玄鳥"等等。《十三經》及其注疏皆爲清前所作，原文"玄"字皆當用本字。這類諱字，理當全部改回。

有不知當改不當改之例而妄改諱字者。

《淮南子·覽冥》：

> 譬若羿請不死之藥於西王母，恒娥竊以奔月。

漢代避文帝劉恒之諱，"恒"改爲"常"，如《離騷》"民生各有所樂兮，余獨好脩以爲恒"被改爲"……以爲常"，恒山被改爲常山，恒州被改爲常山郡，劉安等撰《淮南子》不會不避"恒"字，"恒娥"原當作"常娥"，後人回改之也。本用諱字，後人回改，此則又當改回。

哪是原諱字，哪是後世所改易的諱字？這要對歷代的避諱情況有全面的了解才能作出準確的判斷以定改與不改。

異體字理當存舊，不當妄校。

《敦煌寫本王梵志詩校注》（伯三二一一號文書）：

> 耶娘無偏頗，何須慈父母。

校注說"慈"當是"怨"字誤寫，《掇瑣》直錄爲"怨"。項楚《補正》："'慈'是'怨'的異體，並非誤字。"①

但是對異體字也應作適當的處理，我們將在《體例》一章中加以詳述，此處從略。

三、要熟知詞彙的發展與詞的形式、意義及用法

古今校書由於沒有充分注意詞彙的發展與詞的形式、意義及用法而誤校的亦復不少。

《文心雕龍·才略》：

> 孫楚綴思，每直置以疏通。

---

① 項楚《〈敦煌寫本王梵志詩校注〉補正》，文載《中華文史論叢》1981年第4輯。

范文瀾説：" '直置'不可解，'置'或'指'之誤歟？"楊明照説："按'直置'二字當乙，始能與下句'循規'相對。"陳書良正道：" '直置'乃南北朝成詞，似爲直率之意。庾肩吾《書品·宗炳》：'放逸屈攝，頗效康許，量其直置孤梗，是靈運之流'，又江淹詩：'直置忌所宰，蕭散得遺慮。'"①一個時代有一個時代的詞彙，范、陳未加注意而誤校。

《敦煌變文集·妙法蓮華經講經文》：

　　直饒珠寶如山岳，遮不綾羅滿殿堂，煞鬼忽然來到後，阿誰能替我無常？

徐震堮校："'遮不'當作'遮莫'。"實際上，"遮不"有多形，除"遮莫"（如《破魔變文》："遮莫金銀盈庫藏，死時争豈與君將？"）之外，又有"占不"（如《醜女緣起》："遮莫七寶叫身鋪。"此句乙卷作"占不頭盈白玉梳。"），元曲中又作"者莫"、"者麽"、"折莫"、"折麽"、"折末"等。② 徐未考一詞多形而誤校。

《敦煌變文集·李陵變文》：

　　陵下散者，可有千人。有命得至漢朝者，總有四百人。

徐震堮説："'命得'二字互倒。"③項楚正道："原文不誤，徐氏蓋不知'有命'爲詞，故有此説。'有命'即是俗語所謂'命不該絶'，這當然是迷信的觀念。下面略舉數例。《廬山遠公話》：'世間妙術，只治有命之人，畢死如何救得。''畢'爲'必'音訛，'必死'與'有命'反義對舉……稗海本《搜神記》卷一：'扁鵲善明醫術，游行虢國時，遇虢君太子早夭，經七日。鵲聞之，請入而弔。弔訖出門，知太子有命，語左右曰："太子莫不要却生否？"'，'知太子有命'亦謂知太子尚不應死。……《李陵變文》的'有命'和上述'有命'相同，並非誤倒也。"④徐不知定形之詞而以其中一個詞素與他詞相倒乙以致誤校。

《史記·滑稽列傳》：

　　爲治齋宮河上，張緹絳帷，女居其中，爲具牛酒飯食，行十餘日。

《讀書雜志·史記第六》説："此謂居齋宮中十日也。'十餘日'上不當有

---

① 陳書良《〈文心雕龍〉校注辨正》，文載《中華文史論叢》1981年第4輯。
② 參蔣禮鴻《敦煌變文字義通釋》和陸澹安《戲曲詞語匯釋》。
③ 徐震堮《敦煌變文集·校記再補》，文載《華東師大學報》1958年第2期。
④ 《項楚敦煌語言文學論文集·敦煌變文語詞校釋商兑》，上海古籍出版社2011年版。

'行'字,蓋涉下文'浮行數十里'而誤衍耳。《太平御覽》方術部引此無'行'字。"這裏王氏把"行"字當作"行走"來理解了,所以認爲是衍文。其實這裏的"行"字,不是"行走"義,而是由"行走"義引申出來的"經過"或"經歷"義。"行"古文作圥,像四達之道,是"道路"的意思,《詩經·七月》"遵彼微行"即用的本義。後來走在路上也叫"行",如《論語·述而》:"三人行,必有我師焉。"這才是"行"幾千年來的基本義。由此基本義又引申爲抽象的行走,如《左傳·襄公二十五年》:"言之無文,行而不遠。"不論具體意義的行走還是抽象意義的行走,都是從一點移動到另一點,在兩點間則有一段距離(包括時空),從一點到另一點的運動要經歷兩點間的這一段距離,所以"行"又由此引申爲"經過"、"經歷"義。"行十餘日"之"行"正用的這一引申義。再如:

①《國語·晉語》:"行年五十矣。""行年"就是"經過的年數"。
②《管子·問》:"城粟軍糧其可以行幾何年也?"

王氏未考"行"有"經歷"這一引申義的用法而過信類書以致誤校。中華書局點校本《史記》括去了"行"字,正是沿王氏之誤校。

四、要掌握語法的發展與通例

從縱的方面看,古今語法有異,從橫的方面看,人們在表達同樣的内容時可以用不同的語法形式。因此,校勘一定要從縱橫兩個方面把握語法原則,否則會造成大謬。下面我們著重談四個方面的問題。

(1)句法成分的易位與倒

在古代漢語裏,有好多種句式在今天看來則是某種成分的易位,如賓語前置、謂語前置等等。這類易位不是文字上的誤倒,一般不成問題。但是,如果校者只片面地強調古代漢語中這種易位的句式而忽視了一般的句式,也會造成誤校。

《史記·周本紀》:

比三代莫敢發之。

《讀書雜志·史記第一》說:"'莫敢發之'本作'莫之敢發',淺學人改之耳。《鄭語》作'莫之發也'。《文選·幽通賦》注、《運命論》注引《史記》並作'莫之敢發',《列女傳·孽嬖傳》同。"裴學海說:"王氏此說是静止看問題。'莫之發也'('莫之敢發'與'莫之發也'句式同)與'莫敢發之'是否定句的兩種句式。前一種是代詞'之'字作賓語在動詞前。後一種是代詞'之'字作賓語在動詞後。前一種較普遍,後一種雖不如前一種普遍,然而在《詩經》和《論語》中也有句子。（見於《詩經》者，如'不知我者'、'愛莫助之'；見於《論語》者，如'其未得之也'、'不食之矣'。）《史記》把《鄭語》'莫之發也'改爲'莫敢發之'，和把'莫我知也夫'（《論語·憲問》）改爲'莫知我夫'（《孔子世家》）是一樣。王氏謂《史記》作'莫敢發之'，是淺學人所改，那麽'莫知我夫'也是淺學人所改嗎？以上所述的兩種句式，在古人本是隨便使用。如《國語·齊語》'桓公曰：施伯魯君之謀臣也。夫知吾將用之，必不予我矣'，《管子·小匡篇》作'彼知吾將用之，必不吾予也'，《史記·淮陰侯傳》'上拜以爲治粟都尉，上未之奇也'，《漢書·韓信傳》作'漢王以爲治粟都尉，上未奇之也'。皆其例也。"①周光午統計十數種先秦文獻，結果"莫"字否定句動詞帶"之"字賓語，提前的 156 例，後置的 36 例，後置的約占 19％，統計三種西漢文獻，這種句式提前的 24 例，後置的 7 例，后置的約占 23％。② 我們不好說這 19％和 23％都是誤倒。此正可證成裴說。

反過來，如果校者只片面地強調了古代漢語中一般的句式而忽視了易位的句式。也會造成誤校。

《墨子·七患》：

今有負其子而汲者，隊其子於井中，其母必從而道之。今歲凶，民饑道餓，重其子此疢於隊，其可無察邪？

王念孫《讀書雜志·墨子第一》引王引之說："'重其子此疢於隊'，當作'此疢重於隊其子'，疢，病也，言此病較之隊其子者爲尤重也，今本顛倒，不成文義。"

王校誤。從句意看，這是以母救子喻君王救百姓。子墜井中，母必救之，而現在凶歲荒年，子快餓死了，這比他墜到井中更嚴重，母親能不管麽？因此，"重其子此疢於隊"，猶言"其子此疢重於隊"。若依王氏，釋爲"此疢重於隊其子"，則是言母之病重於隊其子，與上文不一致，不能始終圍繞"母救子"這一比喻，會造成語義混亂。

從句式看，"重其子此疢於隊"，應看作"其子此疢重於隊"的倒裝，因爲上下文的語言環境提供了理解這句話的條件。這種特殊的倒裝爲古人文法之一，其特點是多由虛詞（如介詞、連詞等）構成，比一般倒裝要複雜

---

① 裴學海《評高郵王氏四種》，文載《河北大學學報》1962 年第 3 期。
② 參周光午《先秦否定問句代詞賓語位置問題》，文載《中國語文叢書·語法論集》第 3 集。

些。如《左傳·昭公十九年》,"其一二父兄懼墜宗主,私族於謀而立長親。"王引之曰:"私族於謀而立長親者,私謀於族而立長親也,倒言之則曰私族於謀矣。《十一年傳》:'王貪而無信,唯蔡於感。'言唯憾於蔡也。本年傳'諺所謂室於怒,市於色'者,言怒於室,色於市也。文義並與此相似。"①

王引之此說甚確,這三句皆有介詞"於",因而產生了兩部分以上的倒置,"重其子此疢於隊"也同樣因有"於"字而產生了特殊倒置。這類句型還有,如《說文》"玉,石之美有五德者。……不撓而折,勇之方也。"段注:"謂雖折而不撓。"《洛陽伽藍記》卷一《城内》"恤深怨於骨肉,解蒼生於倒懸",此言恤骨肉於深怨也。杜甫《月下賦》:"久判野鶴如霜鬢,遮莫鄰雞下五更。"謂久判霜鬢如野鶴也。② 王氏以一般句式律易位句式而造成了誤校。

(2) 語法成分的省略與脱

古代漢語的句子成分省略尤多,各種成分都可以在一定的語境中省去。若劃不清省、脱的界限,誤校則紛至。

《淮南子·繆稱》:

雍門子以哭見孟嘗君,涕流沾纓。

俞樾說:"'孟嘗君'下當疊'孟嘗君'字。涕流沾纓,以孟嘗君言,非以雍門子言也。"③其實,這是承上賓語省略主語。如:

①《論語·為政》:"吾與回言終日,不違如愚。""不違"上承上文"與"之賓語省"回"主語。

②《左傳·成公二年》:"射其左,越于車下;射其右,斃于車中。""越于"上承上文省"其左","斃于"上承上文省"其右"。

③《左傳·定公八年》:"陽州人出,顏高奪人弱弓。籍丘子鉏擊之,與一人俱斃。偃且射子鉏,中頰,殪。""與"上承上文省"之(高)","殪"上承上文省"子鉏"。

④《史記·項羽本紀》:"項梁弗聽,乃使宋義使於齊,道遇齊使者高陵君顯,曰:'公將見武信君乎?'""道遇"上、"曰"上承上文省"宋義"。

⑤《漢書·嚴延年傳》:"又延年察獄史廉,有臧不入身,延年坐選舉

---

① 《經義述聞》卷十九。
② 詳參王雲路《讀〈讀書雜志〉札記》,文載《中國語文》1986 年第 1 期。
③ 《古書疑義舉例》卷六《字以兩句相連而誤脱例》。

不實貶秩。"師古曰:"延年察舉其獄史爲廉,而此人乃有臧罪,然臧不入身。"可見"有臧"上承上文省"獄史","不入身"上承上文省"臧"。

此類例不勝枚舉。今仍有人認爲漢語若暗換主語,則主語必出現。這種認識不辨明,則上述暗換的主語不都變成了脱文而當予以補出了嗎?

《大戴記·保傅》:

太子乃生,固舉之禮。

《經義述聞》卷十一:"'之'當作'以'。言大子方生,固以舉之以禮矣。《桓六年左傳》'子同生,以大子生之禮舉之'是也。'以'譌作'之',則文義不明。《太平御覽》皇親部十二引此已譌作'之'。《魏書·李彪傳》引此正作'以'。《賈子·保傅篇》《漢書·賈誼傳》並同。"裴學海《古書虚字集釋》"之時"條:"'之','以'也。《經義述聞》謂'之'爲'以'之誤,失之。"

二説皆誤。我們考察古漢語的省略情況可知,古漢語"動+之(述賓)+以+賓(介賓)"這種句式中的"之"、"以"可以任省其一。如:

①《論語·顔淵》:"草,尚之風,必偃。""之"指"草"。尚,加。"尚之風"即"尚之以風"之省"以"。

②《左傳·閔公二年》:"衣之尨服,遠其躬也;佩以金玦,弃其衷也。""衣"活用爲動詞。"衣之尨服"即"衣之以尨服"省"以";"佩以金玦"即"佩之以金玦"省"之"。

③《吕氏春秋·求人》:"堯傳天下於舜,禮之諸侯,妻以二女,臣以十子。""'之'下省'以','以'下皆省'之'。"禮"、"臣"都是爲動用法。這句意思是堯把天下傳舜,以諸侯來禮遇他,以二女嫁給他,以十子給他做臣子。

④《韓詩外傳》卷三:"夫散其本教而待之刑辟,猶决其牢而發以毒矢也。"前"之"後省"以",後"以"後省"之"。

⑤《晏子春秋·雜篇》:"君之賜卿位,以尊其身;寵以百萬,以富其家。"《讀書雜志》卷六校"之賜"是"賜之"之倒,是。但説"寵以"當作"寵之",誤。"賜之卿位"即"賜之以卿位"之省,"寵以百萬"即"寵之以百萬"之省。

校者只知介詞賓語可以省略而不知介詞亦可省略,以致誤校。

《墨子·非攻下》:

古者天子之始封諸侯也,萬有餘;今以并國之故,萬國有餘皆滅。

王樹柟《墨子三家斠注補正》:"'萬有餘'應作'萬國有餘',下文申之曰'萬國有餘皆滅'是其證。"這是省略中心詞,而不是脱誤。這種省略中心詞的現象,古漢語比比皆是。如:

①《尚書·舜典》："舜生三十徵庸,三十在位,五十載陟方乃死。"兩個"三十"後皆省"載"。

②《孟子·滕文公上》："夏后氏五十而貢,殷人七十而助,周人百畝而徹。""五十""七十"下皆省"畝"字。

③《史記·天官書》："其南爲丈夫,北爲女子喪。""丈夫"下省"喪"。

④《史記·酷吏列傳》："一歲至千餘章,章大者連逮證案數百,小者數十人;遠者數千,近者數百里會獄。""數百"下省"人","數千"下省"里"。

⑤《史記·田完世家》："於是盡誅鮑、晏、監止及公族之彊者。""監止"下省"族"。

把各種省略當作脫文以致誤校的情況比較嚴重。要避免這種誤校,校者必須充分瞭解各種省略的普遍現象,認真劃清省、脫的界限;若無的證即不視爲脫文而視爲語法上的省略。

(3) 語法成分中的疊加現象與衍

古漢語同義詞連用,我們稱之爲疊加現象。因爲這種用法是幾個同義詞共同充當一個句子成分,去其一、二,保留其一並不影響句子的結構和意義,因而校勘者就有可能把這種疊加結構中的某個詞視爲衍文以致於誤刪掉。

《經傳釋詞》卷七"若"條下:

若,猶"此"也。……連言之則曰"若此",或曰"此若"。

劉師培《左盦外集》卷十三《文例釋要》說:"古籍'此'、'若'並言,'此'均後人據注而增。王引之'此若'爲連言之例,非也。"其實,古漢語"此若"疊用作一個成分的情況較多。如:

①《墨子·節葬下》："若以此若三聖王者觀之,則厚葬久喪果非聖王之道。……若以此若三國者觀之,則亦猶薄矣。"

②《管子·山國軌》："此若言何謂也?"

③《荀子·儒效》："行一不義,殺一無罪,而得天下,不爲也;此若義信乎人矣。"

④《禮記·曾子問》："子游之徒有庶子祭者,以此若義也。"

⑤《史記·蘇秦列傳》："王何不使辯士以此若言說秦?"

劉氏不解同一成分内的二疊加現象而誤校。

《大戴記·五帝德》:

上世之傳,隱微之說,卒業之辨,闇昏忽之意。

《經義述聞》卷十二"閽昏忽"條説:"家大人(王念孫)曰:'閽昏忽'之意不辭。'昏'字蓋盧注之誤入正文者。閽忽,不明之意。即上所云'隱微之説'也。上世之事,遠而難明,故言閽忽。……《家語》正作'閽忽之意'。"俞樾《群經平議》卷十八"閽昏忽"條説:"王念孫曰:'"閽昏忽之意"不辭。"昏"字蓋盧注之誤入正文者。……《家語》正作"閽忽之意"。'樾案:'昏'乃'叠'字之誤。《說文》日部:'叠,尚冥也。'《史記·司馬相如傳》:'叠爽闇昧。'此以閽叠連文,義正相近。古字'叠''忽'通用。《漢書·楊雄傳贊》'詩人皆叠'之'叠'即忽也。《大戴》原文本作'閽叠之意',《家語》作'閽忽之意',文異而義同。'叠'誤爲'昏',學者據《家語》校正作'忽',而傳寫兩存之,遂爲'閽昏忽'矣。王氏以'昏'字爲盧注之誤入正文者,非是。"

王、俞二家之説皆非。這是古漢語同一成分的三疊加現象。再如:

① 《尚書·牧誓》:"王朝至于商郊牧野。"

② 《史記·樂毅列傳》:"恐傷先王之明,有害足下之義,故遁逃走趙。"

③ 《漢書·循吏傳》:"爲人淳厚篤於故舊。"

④ 《漢巴郡太守樊敏碑》:"持滿億盈。""億"即"臆",《方言》:"臆,滿也。"

⑤ 《史記·陳涉世家》:"藉弟令毋斬,而戍死者固十六七。"

甚至有四個同義詞疊加作一個成分的,如:

⑥ 《左傳·昭公十六年》:"子產對曰:'昔我先君桓公與商人皆出自周,庸次比耦以艾殺此地,斬之蓬、蒿、藜、藋,而共處之。'""庸次比耦"四同義詞連用,皆共同合作之義。①

五、要通曉修辭的現象與用例

《史記·李斯列傳》:

夫擊甕叩缶,彈箏搏髀,而歌呼嗚嗚快耳目者,真秦之聲也。

《讀書雜志·史記第五》説:"聲能快耳不能快目,'目'字後人所加。《文選》無'目'字,舊本《北堂書鈔》樂部六出'彈箏快耳'四字,引《史記》'彈箏

---

① 參楊伯峻《春秋左傳注》,中華書局1981年版,頁1379。

搏髀而歌呼嗚嗚快耳者'，亦無'目'字。（陳禹謨依俗本增'目'字）《藝文類聚》樂部四、《太平御覽》樂部十四所引並無'目'字。"

說"目"爲後人所加未確。"快耳目"這種形式可以叫做"連類而及"，即說甲事物連及到了與甲事物同類或密切相關的乙事物。再如：

①《阮籍集·樂論》："昔先王制樂，非以縱耳目之觀，崇曲房之嬿也。"

②《三國志·魏書·明帝紀》注引《魏略》："炫燿後園，建承露之盤，斯誠快耳目之觀。"

③《閑情偶寄·芙蕖》："是芙蕖也者，無一時一刻不適耳目之觀，無一物一絲不備家常之用者也。"

上三例與《李斯列傳》同用"耳目"一詞，只是《李斯列傳》和例①由"耳"連及"目"，而②③是由"目"連及"耳"而已。

④《韓非子·外儲說右上》："宋人有酤酒者，升概甚平。""概"是用來平量器的木板，不可說"平"。

⑤《國語·吳語》："大夫種勇而善謀，將還玩吳國於股掌之上，以得其志。""股"是大腿，玩於掌上，非大腿也。

⑥《墨子·非攻上》："今有一人，入人園圃，竊其桃李。""圃"是種菜的地方。《說文》："種菜曰圃。""園"才是種樹的地方。

⑦《禮記·玉藻》："大夫不得造車馬。""馬"非可造之物。

王氏以爲衍"目"乃不知修辭之連及而致也。至於他書所引無"目"字，不足盡憑。本來，古漢語這種詞就較少，作者不願用或錄者以爲誤而略去一偏，這實在是情理之中的事情。中華書局點校本《史記》亦未深考這種修辭現象而沿王氏之誤删去了"目"字。

杜牧《江南春》：
　　十里鶯啼綠映紅，水村山郭酒旗風。

楊慎《升庵詩話》卷八："唐詩絕句，今本多誤字，試舉一二。如杜牧之《江南春》云，'十里鶯啼綠映紅'，今本誤作'千里'。若依俗本，千里鶯啼，誰人聽得？千里綠映紅，誰人見得？若作十里，則鶯啼綠紅之景，村郭、樓臺、僧寺、酒旗皆在其中矣。"何文煥《歷代詩話考索》："升庵謂'千'應作'十'，……余謂即作十里，亦未必盡聽得著、看得見。題云《江南春》，江南方廣千里，千里之中鶯啼而綠映焉，水村山郭無處無酒旗，四百八十寺樓臺多在煙雨中也。此詩之意既廣，不得專指一處，故總而命曰《江南春》，詩家善立題者也。"

何謂不誤,是。駁正亦有道理,但仍從實處著眼。實際上,這裏詩人用的是夸張修辭手法,不可著實理解。李白的著名詩句言"白髮三千丈"誰曾見過,詩人是極夸其長而已。又如:

① 《詩經·假樂》:"干祿百福,子孫千億。"
② 《尚書·堯典》:"百姓昭明,協和萬邦。"
③ 白居易《琵琶行》:"千呼萬喚始出來,猶抱琵琶半遮面。"
④ 蘇軾《江城子》:"相顧無言,惟有淚千行。"
⑤ 杜甫《古柏行》:"孔明廟前有老柏,柯如青銅根如石。霜皮溜雨四十圍,黛色參天二千尺。"誰見過古柏二千尺? 就連沈括也説:"無乃太細長乎?"(《夢溪筆談》卷二十三)

《脂硯齋重評石頭記》第七回寫焦大醉駡,其中有這樣幾句:

若再説別的,咱們紅刀子進去,白刀子出來。

可是俗語只説"白刀子進去,紅刀子出來",刀進肉之前没見血,是白的;戳進肉以後,拔出來時帶有血,所以才成了"紅刀子"。這是常識。也許就因爲這個道理,這句俗語便被後來的校注者認爲《脂本》的"紅"與"白"兩字弄顛倒了,因此《紅樓夢》流行的本子多作"白刀子進去,紅刀子出來"。(直到 1982 年出版的新校注本才作"紅刀子進去,白刀子出來"。)

其實,焦大説的"紅刀子進去,白刀子出來,"正如脂評所説,是"醉人口中語法"。曹雪芹"明知其錯,故意仿效",這正是修辭學上的"飛白"手法。"紅""白"兩字的這一誤用,使得焦大的一副醉態,躍然紙上,精彩逼真,堪稱神來之筆! 改成"白刀子進去,紅刀子出來",雖然在常識上是正了誤,但從修辭角度來看,却是欲正反誤,不符合作者的原意了;從校勘角度來看,則是誤校了。①

《呂氏春秋·期賢》:

段干木光乎德,寡人光乎地。

顧炎武《日知録》卷二十三説:"《呂氏春秋》'干木光乎德',去'段'字。(原注:'今本《呂氏春秋》有段字'。)……此爲剪截名字之祖。"顧説是正確的,今本作"段干木"是後人不知割裂修辭現象所加。再如《左傳》稱晉文公重耳爲晉重(《定公四年》)、稱莒展輿爲莒展(《昭公元年》),都是兩個字的名

---

① 詳參譚永祥《修辭與校注、詞典釋義》,文載中國修辭學會編《修辭學論文集》第 2 集,福建人民出版社 1984 年版。

只稱一字。從漢魏到五代,割裂姓名的現象一直很多,梁玉繩《漢書人表考》、錢大昕《十駕齋養新錄》等書都舉了大量的例證。其中截去前一字的,如晏嬰只稱"嬰",周勃只稱"勃",東方朔只稱"方朔",有截去中間一字的,如榮啓期只稱"榮期",酈食其只稱"酈其",韓安國只稱"韓國";有截去下一字的,如藺相如只稱"藺相",申包胥只稱"申包",鄭當時只稱"鄭當"。一個名字也有多種割裂的方法,如司馬相如,在李商隱的詩裏,由於牽就字數、平仄等等,或稱相如,如"茂陵風雨病相如"(《寄令狐郎中》);或稱馬相如,如"梓潼不見馬相如"(《梓潼望長卿山》);或稱馬卿,如"馬卿聊應召"(《南潭上亭宴集以疾後至因而抒情》)。皆是割裂之例。不注意這種修辭現象,妄補、特別是於散文中妄補的現象則是難免的。

《鶴林玉露》乙編卷之五"雲日對"條:

> 葉石林云:"杜工部詩,對偶至嚴,而《送楊六判官》云:'子雲清自守,今日起爲官。'獨不相對。切意'今日'字當是'令尹'字傳寫之訛耳。"余謂不然,此聯之工正爲假"雲"對"日"。兩句一意,乃詩家活法,若作"令尹"字,則索然無神,夫人能道之矣。且送楊姓人,故用子雲爲切題,豈應又泛然用一令尹耶?如"次第尋書札,呼兒檢贈篇"之句,亦是假以"第"對"兒",詩家此類甚多。

一個詞有兩個意義,詩人在詩中用的是甲義,但是同時借用它的乙義來與另一詞相爲對仗,或借音爲對,叫借對。古詩中借對正如羅氏所言"此類甚多",我們再舉杜詩數例。

①《巫峽敝廬奉贈侍御四舅》:"行李淹吾舅,誅茅問老翁。""行李"的"李"並不是桃李的"李",但是詩人借用桃李的"李"的意義來與"茅"字作對仗。

②《曲江》:"酒債尋常行處有,人生七十古來稀。"借"尋常"對"七十"之數。

③《恨別》:"思家步月清宵立,憶弟看雲白日眠。"以"清"對"白"。

④《赴青城縣出成都寄陶王二少尹》:"東郭滄江合,西山白雪高。"以"滄"對"白"。

葉氏不知這種借對的修辭手法才生上誤。

《敦煌寫本王梵志詩校注》伯三四一八號文書:

> 當頭憂妻兒,不勤養父母。

校注:"憂:伯三七二四作'養',以文意推之,作'養'是。"從修辭角度看,上下句不當皆用"養"字,作"憂"當是。作"憂"從詞義上看完全可通。"憂"

唐時有"愛"義,"人之感情,愛之深故憂之切。"柳宗元《種樹郭橐駝傳》:"雖曰愛之,其實害之;雖曰憂之,其實仇之。"以"愛"與"憂"對舉。《敦煌變文集·維摩詰經講經文》:"父母人間愛最深,憂男憂女不因循。"又同書《王昭君變文》:"夫突厥法用,貴杜(壯)賤老,憎女憂男",《變文集》誤校"憂"爲"愛",是不知"憂"字本身即有愛義。① 避復是古籍常見辭格,但不注意則易被忽視。

這種因沒有掌握修辭方式而誤校的現象不僅出現於古籍校勘,也出現於對現代作品的校注之中。如《魯迅書信集·1934年12月20日致楊霽雲》一信中的一段話:

> 我認爲一切好詩到唐已被做完,此後倘非能翻出如來掌心之"齊天太聖",大可不必動手,然而言行不能一致,有時也謅幾句,自省亦殊可笑。

其中"齊天太聖"一語,1981年版《魯迅全集》注:"'齊天太聖'原作'齊天大聖',即孫悟空。"其實這是魯迅的仿擬。魯迅下文作了進一步的分析:"齊天太聖"意即本領比齊天大聖還要高,真的"能翻出如來掌心"的,即是證明。魯迅是喜歡這種仿擬的,如《准風月談·撲空》中的"退場白"(開場白),《故事新編·採薇》中的"恭行天搜"(恭行天罰),《魯迅書信集〔上〕·致錢玄同》中的"偵心探龍"(《文心雕龍》),《論"費厄潑賴"應該緩行》中的"疾善如仇"(疾惡如仇)等等,亦是。查魯迅書信手稿,原信上正作"太"不作"大"。

總之,我們必須劃清古代語言現象與古書流傳中發生的謬誤的界限,否則誤校難以避免。深入瞭解語言的各個方面是我們做校勘工作的必備條件之一。

第五節 不可誤校,避免漏校

誤校指校勘錯誤,漏校指當校而未校。札記式的校勘是寫其所得,因而不存在漏校的問題。漏校是對一本書的通校而言的。如迄今校勘最精的《史記》版本要算中華書局1982年11月2版本,但其誤校漏校的情況亦有所見,如前所舉括去《李斯列傳》"耳目"之"目"和《滑稽列傳》"行十餘

---

① 參項楚《〈敦煌寫本王梵志詩校注〉補正》,文載《中華文史論叢》1981年第4輯。

日"之"行"即是誤校。漏校之處如《周本紀》：

> 桓王不禮。五年,鄭怨與魯易許田。

"怨"是"宛"字之訛。《正義》"宛,鄭大夫"可證。

又如《留候世家》：

> 顧上有不能致者,天下有四人。

范成大《吳郡志》人物門"甪里先生"下引《史記正義》："周樹《洞曆》云姓周名術字元道,太伯之後,漢高帝時與東園公、綺里季、夏黃公俱出定太子,號四皓。"今本脱。

又如《商君列傳》：

> 商君者,衛之諸庶孽公子也。

"公"字衍。《説文》："孽,庶子也。"《文選》中《西征賦》《長笛賦》注引此文皆無"公"字。

又如《六國年表》：

> (秦惠公十三年)蜀取我南鄭。

《秦本紀》："(惠公)十三年,伐蜀,取南鄭。"《表》誤"伐"爲"我",又倒在下,《本紀》是。

《敦煌變文集》雖出大家所校,但誤校漏校情況亦復不少。在此集出版以後,補校之作時有所見,如徐震堮《敦煌變文集校記補正》①、《敦煌變文集校記再補》②、蔣禮鴻《敦煌變文字義通釋》附録二《〈敦煌變文集〉校記録略》、劉堅《校勘在俗語詞研究中的運用》③、陳治文《敦煌變文詞語校釋拾遺》④、項楚《敦煌變文校勘商榷》⑤、郭在貽《敦煌變文校勘拾遺》⑥等等。

這種誤校漏校的情況值得重視。

造成誤校漏校的原因很多,主要的大致有：一、校勘草率；二、缺少古代文化常識；三、遷就政治；四、不熟悉語言規律。三、四兩條我們在前面已經談到了一些,在此不再贅述。下面舉一些前兩種原因的例子。

---

① 《華東師範大學學報》1958 年第 1 期。
② 《華東師範大學學報》1958 年第 2 期。
③ 《中國語文》1981 年第 6 期。
④ 《中國語文》1982 年第 2 期。
⑤ 《中國語文》1982 年第 4 期。
⑥ 《中國語文》1983 年第 2 期。

校勘草率。例如：

中華本《夷堅志》甲志卷五"劉氏冤報"：

> 高君贄，福州人，登進士第，爲檀氏嚳婿。

校者於"嚳婿"下引嚴元照云："此二字疑誤。"翻一下《辭源》就知道有這個詞，本指皇帝的女婿，後以稱科舉榜下所擇之婿，就不會說此二字有誤。這是誤校例。

中華本《明史·職官志》三：

> 十庫，甲字，掌貯銀硃、黃丹、烏梅、藤黃、水銀諸物。乙字……丙字，掌貯絲棉、布匹。丁字……戊字……承運……廣盈……廣惠……贓罰……已上各掌庫一員，貼庫、僉書無定員。

"甲字"到"贓罰"共九庫，與"十庫"矛盾，必有一誤。這個很容易發現的問題則被校者忽視了。檢《明史·食貨志》三即可知此處應補"廣積，掌貯硫黃、硝石"。（又《食貨志》三："甲字庫，貯布匹、顏料。……丙字庫，貯棉花、絲纊。"參《明會典》卷三十，《食貨志》所記是。布匹，甲字庫貯，非丙字庫貯。）①這是漏校例。

缺少古代文化常識之例，如：

《南齊書》卷十五《志》第七《州郡》下：

> 郡國既建，因州而部。

毛本、殿本校"部"作"剖"。朱季海《南齊書校議》說："《漢書·地理志》：'至武帝攘却胡越，開地斥境，南置交阯，北置朔方之州，兼徐、梁、幽、并夏、周之制，改雍曰涼，改梁曰益，凡十三部，置刺史。'此州部所起。後世州部連文，蓋亦恒言。毛氏誤謂'部'與下文'九'、'阜'、'有'韻不諧，又不悟州部所謂，故臆改耳。殿本尤而效之，非是。部，《唐韻》'蒲口切'，正叶'九'、'阜'、'有'。"這是誤校例。

《明史·地理志》一：

> 宣府前衛　洪武二十六年置，治宣府城，屬山西行都司。永樂元年二月置，隸後軍都督府。

此應作"……永樂元年二月直隸後軍都督府。"若知宣府前衛與左衛、右衛、萬全左衛、右衛、懷安衛皆同時直隸後軍都督府，則此例不會漏校。②

一部書校勘的好壞，直接影響著它的價值。而校勘好壞的標準，無外

---

①② 詳馬泰來《中華書局點校本〈明史〉校議》，文載《文史》第12輯。

乎是有無誤校漏校。因此,我們必須堅持不可誤校,同時避免漏校的原則,絕不可以古人所言"校書如掃落葉,隨掃隨生"而自遁。

要避免誤校漏校,首先要端正校勘的態度,明確校勘的目的;其次要儘量擴大自身的知識面;再次要廣搜資料;還要細心嚴謹,能吃苦耐勞。一書要反復校,不可草率發表。

練習題

1. 校勘與政治有無關係?
2. 如何看待他書引文?
3. 校勘要注意哪些語言規律?
4. 從一種類書(如《太平御覽》)中檢錄其中一種古籍(如《史記》)的引文,並對比分析引文與傳本的異同。

第七章　校勘記的寫法

校勘記是校勘成果的文字表達形式。

校勘記又稱校記、校字記。除此之外，前人又有稱"考異"的。但考異和校勘記並不是等義詞，考異既包括了校勘，又包括了考證、辨僞等等內容，二者是上位與下位的關係。下面我們先談校勘成果的發表形式，接著再討論校勘記的類型、寫法及校勘記所使用的術語和撰寫校勘記應注意的問題等。

第一節　校勘成果的發表形式

校勘成果的發表形式大別之有二：一是通過底本發表，一是單行發表。程千帆《閑堂文藪·校勘略說》六《校勘成果的處理形式》，細分之爲七種。① 下本程文，略加申說。

一、定本

校勘成果一般是用寫成校勘記的形式來加以表達的。但是也有不寫出校勘記，而把校勘成果直接運用於原文寫成定本的。從輯存的《叙錄》來看，劉向校書中秘主要就是用這種形式來處理校勘成果的。如《列子新書目錄》說：

> 右新書定著八章。護左都水使者光禄大夫臣向言：所校中書《列子》五篇，臣向謹與長社尉臣參校讎太常書三篇，太書史四篇，臣向書六篇，臣參書二篇，內外書凡二十篇，以校除復重十二篇，定著八篇。

---

① 齊魯書社 1984 年版，頁 205—207。

中書多，外書少，章亂布在諸篇中。或字誤，以盡爲進，以賢爲形，如此者衆。及在新書有棧（蟲蠹斷滅）。校讎從中書已定，皆以殺青，書可繕寫。

"定著"即是寫成定本。後人特別是今人的校勘專著一般不大用這種形式來處理校勘成果。因爲這樣處理雖然簡單明了，但所定正文未必都正確，讀者也不知校勘者改定的依據。後人大致只有遇上這樣兩種情況才採用寫成定本的形式。

（1）被校之書前人已做過了大量的校勘工作，因而所作的改定有很大的把握性。如中華書局點校的《二十四史》，多數有校勘記，而《史記》沒有，這是因爲《史記》採用了清張文虎的校勘成果。除此之外，《十七史商榷》《廿二史考異》《廿二史劄記》《讀書雜志》等等對《史記》均有精審的考校。這些成果多成定論，疑似之處並不很多。據此寫成定本是可以的。即使如此，中華書局在新本《史記》出版後，還是出了張文虎《校刊史記集解索隱正義札記》，並在《出版說明》中交代了出版此書的重要原因之一是使"在點校本（《史記》）中所作改動的理由可以一目了然"。由此看來，除下面所說的普及讀物之外，一般不宜採用定本的形式來發表校勘的成果。

（2）普及讀物的選注選譯本

如清吳楚材、吳調侯選注的《古文觀止》，上海古籍出版社所出的《中國古典文學作品選讀》注釋叢書等都採用了寫成定本的形式。這些注譯本採用定本的形式發表校勘成果是比較合適的，因爲這些書只是供中等或初等文化水平的讀者一般地了解古代文化用的，因此只要注明詞語的意義，翻譯得通暢易懂就行了，沒有必要在文字的異同是非上多費筆墨。

不出校勘記直寫定本又有兩種情況：

（1）原文中採用一些符號表示校改。如中華本《史記》《通鑑紀事本末》等即是，下舉一例。

《史記·龜策列傳》：

今龜，大寶也，爲聖人使，傳之賢(士)〔王〕。

方括號表示增，仍用大字；圓括號表示删，用小字排印。這種定本還可以看到校者增删的一些情況。

（2）增删字不以符號在正文中表示。上舉各選注選譯本即是。

二、底本附校勘記

選擇一個作爲校勘基礎的底本來和其他資料互校，工作完成後，連同底本和校勘記一並發表出來。如《士禮居叢書》影刻宋本《國語》《戰國策》等，黃丕烈所撰《札記》，均附於底本之後。又如阮元重刊宋版《十三經注疏》底本盡用宋版，明知宋版之誤字，亦不使輕改，但加圈於誤字之旁。①《校勘記》附於每卷之末。

　　寫成校勘記附在底本上一同印行是校勘成果的主要發表形式之一。這種形式是嚴謹的、完整的。它既不以意改動正文，也不以意取舍異文。這種形式的校勘記大多是先詳盡地羅列可供比勘的資料，再在這些資料的基礎上加以判斷取舍，有的甚至只羅列資料，讓讀者自己去判斷取舍。如：

　　　　《公羊傳・文公十三年》：
　　　　　　自正月不雨，至秋七月。
原豎排。阮校在"至"與"秋"之間右旁加"〇"號（今中華書局縮印本作▲），在卷末做校勘記説："'至秋七月'，唐石經、鄂本皆作'至於秋'，此脱。"

　　　　又如《論語・先進》：
　　　　　　冉有子貢，侃侃如也。
阮校在"有"字右加"〇"，在卷末做校勘記説："'冉有子貢'，唐石經'有'作'子'。"

三、定本附校勘記

　　這是第一、二兩種形式的結合體。校者一方面把原文寫成了定本，同時又附加校勘記，用以説明如此寫定的根據和原因等。這種形式補充了只寫定本的不足，讀者若對所定之文有疑，則有校勘記供參考取舍；如果把定本與校勘記參合著看，又可知底本的原貌。這種形式也補充了底本附校勘記形式的部分不足，因爲要寫成定本，所以校勘記中就不可能出很多異文而不加取斷，這樣又減少了讀者自己對異文的判斷取舍的功夫。這種形式是發表校勘成果比較理想的一種形式。下舉清陳昌治校刊的《説文解字》爲例以見之。陳氏以孫星衍所刊北宋本爲底本校寫成定本，又把校勘記附於書後，如：

---

① 參阮元刊《十三經注疏・重刊宋版注疏總目録》。

｜部：
　　　　中，内也。
底本作"中，而也"。陳本正文已校改寫定，而又在書後的《説文校字記》第一上的下面出校勘記曰："｜部：中，内也。'内'誤'而'。"①

四、單行的校勘記

單行的校勘記不附有底本全文，只把有校的詞語摘錄下來附以校語單行。這主要有兩種情況：一是合多書的單行校勘記爲一書，一是某種書校勘記自爲一書。前者如盧文弨的《群書拾補》，共校書三十七種，後者如羅繼祖《〈遼史〉校勘記》，唯校《遼史》一種。還有既是一書又是衆書的校勘記，如孫詒讓的《十三經注疏校記》。孫氏以阮刻《十三經注疏》爲對象，則所校爲一書，但阮書實際上包括了十三種經書並數十種注疏。這些注疏在南宋之前也是單書分行的。從這個角度看，則孫氏所校又是衆書了。

單行的校勘記解放以前比較多，如張文虎的《校刊史記集解索隱正義札記》、章鈺的《胡刻通鑑正文校宋記》等等。這種現象恐怕與前人多自資刻書有關，如果附以原書一並刻出，篇幅就要加大了好多倍，刻資也就相應地增加了好多倍，爲了節約經費，也就只好刻行校勘記了。解放後單行的校勘記並不多見，這可能與國家出資整理古籍有關，即如《二十四史》這樣的長篇巨帙除少數沒有寫出校勘記的之外也都以校勘記附於正文的形式出版了。單行的只是一些校補之作，如朱季海的《南齊書校議》即是。

五、與注釋混合的校勘記

今人整理古籍有專注專譯專校點的，但是也有很多是把校與注的工作合起來做的。從書名上看，用"校注"（如《韓昌黎文集校注》）、"校釋"（如《風俗通義校釋》）、"校證"（如《韻鏡校證》）、"校讀"（如《老子校讀》）之類字眼的著作都是校、注並做的。有些只用"箋"（如《東坡樂府箋》）、"注"（如《春秋左傳注》）、"集解"（如《顔氏家訓集解》）之類字眼的著作，實際上也是既做了注的工作也做了校的工作的。只用原書名的，大多只做了點校工作，如《東坡志林》（王松齡點校）即是，但是也有既校亦注的，如《長生殿》（徐朔方校注）即是。

---

① 《説文解字》附檢字本，中華書局 1963 年影印。

這些有校有注的著作，校勘記大多數是和注混合在一起的。但是也有一些是把校和注分開來的，如余嘉錫的《世說新語箋疏》就是如此，它把校勘記作在"校文"欄下，把注釋作在"箋疏"欄下，二者不相雜厠。

前面說過的普及性的選注選譯本有不出校勘記的情況，其中也有出校勘記的。但其校勘記則有明顯的特點，一般來說與做注關係不太大的則不出，即使出，一般也不專寫校勘條目，如余冠英在《詩經選·擊鼓》"于嗟洵兮"下注曰："'洵'，《釋文》謂《韓詩》作'夐'，久遠。"這就是為了釋"洵"的"久遠"之義的需要出在注中。這類校勘記往往以"一本"、"一本作"等帶過，不詳所據，如趙仲邑《新序選注》即是，趙書《前言》說這是"由於本書是通俗讀物，因此一般不注明出處"。

六、雜在讀書筆記之中的校勘記

歷代有大量的讀書筆記，如《日知錄》《癸巳類稿》，這是群書的讀書筆記；《經義述聞》《廿二史考異》《諸子平議》則專究某一類書；《史記新證》《漢書新證》則專究一書。這些筆記內容龐雜，有訓詁、考證、辨偽等等。然而，其中皆雜有大量的校勘內容。筆記中的校勘記有以下四個特點：

（1）對某書的校勘往往不是完整的，而是隨記所得。上舉各書都是讀書時隨時做的筆記。因而這類校勘又不存在漏校的問題。

（2）這類校勘又常是補校、正校之作，如《三餘札記》中的《淮南子校補》《韓非子簡端記》等等即是。

（3）由於這類校勘不少是補校、正校之作，因而其校勘記要比普通校勘著作的校勘記寫得更詳盡，因為只有這樣才能說清前校之漏或前校之誤。如《讀書雜志》在證明《史記·周本紀》"散鹿臺之財"的"財"為"錢"之誤時，就用了十證，897字，這已是一篇像樣的論文了。這樣的校勘記在一般校勘著作中是很難見到的。

（4）又由於做筆記者的詳證，一般說來，這類校勘記比較信而有徵。如《方法》章所舉王念孫校《漢書·地理志》孟康注之衍"紅反"二字，實在不容置疑。

七、用單篇文章發表的校勘記

用單篇文章發表的形式，在古代主要有書信、序跋、章表。如段玉裁《與諸同志論校書之難》即用書信形式發表了校勘記，段氏在論證"定其是非之難"的觀點時,詳細分析了古書上幾例典型的訛誤。清伍崇曜《九經三傳沿革例・跋》即用序跋形式發表了校勘記,它對原書有校誤數則。洪亮吉《卷施閣文甲集》卷七所錄《上石經館總裁書》即是用表章形式發表的校勘記,二十四條校例之下羅有衆多校勘實例。

現代報刊、文集增多,以單篇文章形式發表校勘記的很多。有把某一種書的校勘成果全部登載的,如趙仲邑的《新序校證》①;有把某一種較小的古籍連同原文一起發表的,如宋蔣祈《陶記》全文不過兩三千字,因此白焜的校以及注與原文得以一起發表②;有把某一書的校勘成果登載一部分的,如王雲海《〈宋會要輯稿〉校勘舉例》③;有對某一種書的某一部分的校勘,如吳紹烈《〈續資治通鑑長編〉校勘釋例》④;有對古籍某一字或某一詞語的校勘,如宗若鐵《關於〈孫子〉裏的"逃"和"避"》⑤;有對前校拾遺補缺的,如吕朋林《王梵志詩點校拾遺》⑥;有對前校正誤刊謬的,如項楚的《敦煌變文語詞校釋商兑》⑦;等等。總之,形式多樣,不拘一格,是這種校勘記發表的特色。

除上述種種之外,校勘成果還有一個特殊的發表形式,即在寫其他文章時,爲了證成某種觀點,附帶對個別詞語加以校勘,這種校勘成果也就附著在論文上予以發表了。如孫雍長《王念孫"義類説"箋識》一文在論述"制名之樞要——'名之於實,各有義類'"時,引用了《荀子》有關方面的著名論斷:"名無固宜,約之以命,約定俗成謂之宜……名無固實,約之以命實,約定俗成謂之實名。"作者在注中説:《荀子・正名》"這一段話,歷來多以'約之以命實'之'實'爲衍文。今循文意求之,此'實'字必不可少。上句'約之以命'當爲'約之以命宜','宜'字似爲傳鈔所奪。"⑧

---

① 《中山大學學報》1961 年第 4 期。
② 劉新園《蔣祈〈陶記〉著作時代考辨(下)》附《宋蔣祈〈陶記〉校注》,文載《文史》第 19 輯。
③ 《河南師範大學學報》1980 年第 5 期。
④ 《古籍整理論文集》,甘肅人民出版社 1984 年版。
⑤ 《古籍論叢》,福建人民出版社 1982 年版。
⑥ 《古籍整理研究學刊》1985 年第 4 期。
⑦ 《中國語文》1985 年第 4 期。
⑧ 《湖南師範大學學報》1985 年第 5 期。

第二節　校勘記的類型、寫法及校勘記所使用的術語

由上節可知，校勘成果的主要發表形式是寫成校勘記，因此寫校勘記在校勘工作中佔有極其重要的地位。要寫好校勘記，就必須對校勘記的類型、寫法及校勘記所使用的術語有一個深刻的瞭解。爲此，本節擬對校勘記的類型、寫法和校勘記所使用的術語詳加論列，以供校勘時參考。

校勘記可以從不同的角度進行分類。從對校勘的把握程度來分，可以把校勘記分爲是非校勘記、傾向校勘記、存疑待考校勘記和異同校勘記四類。從校勘成果的獲得者來分，可以把校勘記分爲引用前人成果的校勘記、今人成果的校勘記、合用前人和今人成果的校勘記三類。從校勘著作的目的來分，可以把校勘記分爲一般校勘記和集校校勘記兩類。

校勘記所使用的術語都應該反映校勘者對校勘的把握程度，因此，我們在從對校勘的把握程度的角度分出來的各類校勘記中詳細地交待這些術語的使用情況。校勘記的寫法就一般校勘記和集校校勘記最便於全面地歸納，因此，我們把校勘記的寫法放到這兩種校勘記中來介紹。從校勘成果的獲得者的角度把校勘記分成三種不同的類型，是爲了展示前人成果和今人成果在校勘記中運用的不同情況，在這方面並不涉及術語的使用問題，也不涉及校勘記的寫法問題。

一、從對校勘的把握程度的角度分出來的校勘記的各種類型及反映這些類型的術語的使用情況

（一）是非校勘記

對校正訛誤有完全把握的校勘記就是是非校勘記。這類校勘記常使用"改"、"補"、"删"、"乙正"等術語。（下面引例，原書有稱"校記"、"校勘記"等的不同，現統稱"校記"。下各類同。）

（1）改

《敦煌變文集·伍子胥變文》：①

　　　白草遍野覆平原，綠柳分行垂兩岸。

校記："'覆'原作'副'，據丁卷改。"

----

① 王重民等編《敦煌變文集》，人民文學出版社，1957年版。

用在改成的字之前，説成"改爲"。

同上《韓朋賦一卷》：

> 宋王即遣人城東，輓百丈之曠（壙），三公葬之禮也。

校記："甲卷'丈'作'仗'，今改爲'丈'。"

（2）補

同上《伍子胥變文》：

> 行得廿餘里，遂乃眼瞤耳熱，遂即畫地而卜，占見外甥來趁。

校記："'耳熱遂即'四字據丁卷補。"

"補"或用"增"字等。

同上《醜女緣起》：

> 我佛當日爲救門徒六道輪迴，猶如舟船，船運衆生，達於彼岸。

校記："'運'字據甲、丙卷增。"

（3）刪

同上《伍子胥變文》：

> 手提三尺之劍，清（請）託六尺之軀。

校記："'劍'下原有'得提'二字，是衍文，今刪。"

（4）乙正

《鶴林玉露》乙編卷之六"兄弟偈"條：

> 惟兄弟或一二年，或三四年，相繼而生。

校記："或三四年 '三四'，原倒作'四三'，據明活字本乙正。"①

又有用"原倒置"、"移"、"互易"，"某原在某處"的。

① 原倒置

《敦煌變文集·无常經講經文》：

> 所以如來勸世人。

校記："'如來'二字原倒置。"

② 移

同上《維摩詰經講經文》：

> 眼深□□……恨不將身替病身。

校記："此段原卷本放在下文'所以經云復有萬梵天王尸棄□□乃至

---

① 王瑞來點校《鶴林玉露》，中華書局1983年版。

天龍……'之後,今將之移在此處。"

③ 互易

同上《晏子賦》:

> 何者是君子? 何者是小人?

校記:"此兩句原作'何者是小人? 何者是君子?'據乙卷互易。"

④ 某原在某處

《漢書·地理志》:

> 故孔子悼道不行,設浮於海,欲居九夷,有以也夫!〔九〕

校記:"一六五八頁八行 有以也夫!〔九〕 注[九]原在'也'字下。劉攽說'夫'字宜屬上句。"

一般來説,"乙正"用於倒,而其餘的則用於串。

(5) 改補

《敦煌變文集·搜神記一卷》:

> 祥曰:"我之所論,非言人事容貌,弟是生人,李玄是鬼,生死有別,焉爲朋友。

校記:"'人事容貌弟是生人李玄是鬼'原作'惡乎第是死鬼',據甲卷改、補。"

(6) 改删

同上《韓朋賦一卷》:

> 唯有一毛羽,甚好端正。

校記:"原'甚'下有'相'字,今據甲、丙卷删。'正'原作'政',據丙卷改。"

也有直用"是"定斷的。

同上《茶酒論一卷》:

> 酒爲茶曰:"阿你不問(聞)道:劑酒千和,博錦博羅,蒲桃九醞,於身有潤。……"

校記:"戊卷'不問'作'曾聞'。按作'聞'是。"

也有定了是非還加"意"字的。

同上《醜女緣起》:

> 緣是國大王,有一親生女。

校記:"甲、丁兩卷'大王'作'夫人',乙卷作'夫王',皆有誤,兹以意改爲'大王'。"

同上《搜神記一卷》：

子京曰："若如兄言，豈敢違命。〔可不放弟共妻兒取別〕？"
校記："'可不放弟共妻兒取'八字據乙卷補，'別'字意補。"

用"意"字的，一般是以理校定是非的校勘記。

寫是非校勘記既要儘量避免輕斷，而又要當斷即斷。

《敦煌寫本王梵志詩》：

獨守深泉下，寞寞長夜饑。

《敦煌寫本王梵志詩校注》①："'寞'，《掇瑣》作'寞'，是。"項楚《補正》："'寞'應是'冥'的別體。'冥冥'是形容黃泉的習慣用語，如寒山詩（第十七首）：'唯有黃泉客，冥冥去不回'。"②據《補正》則《校注》顯得輕斷。

《明史·莊烈帝本紀一》：

（九年二月）辛卯，以武舉陳起新爲給事中。

校記："'陳起新'，《懷宗實錄》卷九、《國榷》卷九五頁五七二七都作'陳啓新'。"馬泰來說："陳啓新'，是。本書卷七一《選舉志三》：'崇禎間，……用武舉陳啓新爲給事。'卷二五八《姜埰傳》：'山陽武舉陳啓新者，崇禎九年詣闕上書，……帝大喜，立擢吏科給事中，歷兵科左給事中。'"③馬校當斷即斷，《明史》校記則當斷不斷。

（二）傾向校勘記

對校正訛誤沒有完全把握的校勘記就是傾向校勘記。這類校勘記常使用"疑"、"當"、"應"、"似"等與"作"、"誤"、"脱"、"衍"、"倒"、"改"、"補"、"刪"、"乙"等配合起來的術語。

（1）疑

《敦煌變文集·漢將王陵變》：

左將丁腰，右將雍氏，各領馬軍百騎。把却官道，水切不通。

校記："'水切'王疑作'水洩'。"

同上《廬山遠公話》：

遠公貪翫此山，日將西遇，遂入深山，覓一居止之處。

校記："'遇'字，向達疑是'隅'之誤。"

---

① 《北京大學學報》1980年第5期。
② 《〈敦煌寫本王梵志詩校注〉補正》，文載《中華文史論叢》1981年第4輯。
③ 馬泰來《中華書局點校本〈明史〉校議》，文載《文史》第12輯。

同上《韓擒虎話本》：

但衰虎弓箭少會些些，隋文皇帝有一百二十指搊射鷙（雁）都盡惣好手。

校記："'都'下疑有脱字，當是'都護'或'都尉'。"

同上《維摩詰經講經文》：

從前教法，未曾聞，故何稱我聞。

校記："'何'字疑衍。"

同上《唐太宗入冥記》：

子童向前叉手啓判官云。

校記："'子童'二字，疑倒置，應作'童子'。"

與這些同類的還有"疑是（爲、即、缺、重、易位）"等等。

（2）當

除"當作"以外，"當"後可跟"誤"、"脱"、"衍"、"倒"，也可跟"改"、"補"、"删"、"乙"、"從"等。

同上《下女夫詞》：

女答："何方所管？誰人伴换？次第申陳，不須潦亂。"

校記："甲卷'第'作'遞'，乙卷作'弟'，當作'第'。"

同上《舜子變》：

瞽叟報言娘子："娘子雖是女人，説計大能稱細。"

校記："曾云：'稱'依下文當改作'精'。"

同上《晏子賦》：

五尺大蛇怯蜘蛛，三寸車轄制車輪。

校記："丙卷'怯'作'怕'，甲卷作'悄'，當是'怕'字之誤。乙卷作'恨'，誤。"

《搜神記》237條：①

後漢中興初，汝南有應樞者，生四子而盡。

校記："'生四子而盡'，《北堂書鈔》《初學記》'盡'作'晝'。《太平御覽》作'寡'，與《後漢書》同。當是'而'下脱'寡'字，'晝'又訛作'盡'。"

同上4條：

---

① 汪紹楹校注《搜神記》，中華書局1979年版。

有異人過之，爲其掌火，能出五色烟。

校記："'能出五色烟'，《法苑珠林》'出'下有'入'字，當據補。"

《敦煌變文集·長興四年中興殿應聖節講經文》：

心臺榭，安排起自於天機，御道林巒，行烈全因於宸聲。

校記："此句'心'字當是衍文。"

《搜神記》8條：

前周葛由，蜀羌人也。

校記："'前周'二字當是《法苑珠林》作者道世所加，非本書原有，當刪。"

同上302條：

《淮南畢萬》曰："千歲羊肝，化爲地宰。……"

校記："'淮南畢萬'，《法苑珠林》'畢萬'作'萬畢'，當據正。"

(3) 應

大致與"當"同。

《敦煌變文集·張義潮變文》：

大唐差册立迴鶻使御史中丞王瑞章持節而赴單于。

校記："'王瑞章'應作'王端章'。《舊唐書》卷十八《宣宗紀》,《資治通鑑》卷二百四十九，及《大唐詔令集》卷一百二十九皆作'王端章'。"

同上《捉季布傳文一卷》：

既交朱解來尋捉，有計隈衣出得身。

校記："丁卷'隈衣'作'隈伊'，戊、辛兩卷作'隈依'。馮云：'伊依皆較衣好，'隈'應是'偎'之誤。"

《搜神記》2條：

赤松子者，神農時雨師也。服冰玉散，以教神農。

校記："'服冰玉散'，《法苑珠林》作'服水玉'。按《藝文類聚》七八、《太平御覽》八〇五、八〇八引《列仙傳》，皆作'服水玉'。《初學記》二三引《列仙傳》，作'服水玉散'。《抱朴子·內篇·仙藥》篇：'赤松子以玄蟲血漬玉爲水而服之，故能乘烟而上下也。玉，屑服之，與子餌之，俱能令人不死。所以爲不及金者，令人數數發熱，似寒食散狀也。'是'冰'當作'水'，應據改。"

同上71條：

風伯、雨師，星也。

校記："'風伯雨師星也'，《法苑珠林》作：'《周禮·春官宗伯》曰：祀司命、風伯、雨師星也。'按《周禮》宗伯職云:'以槱燎祀司中、司命、飌師、雨師。'……玄謂:'司中、司命,文昌第五、第四星也。'……本條約用《周禮》鄭注文。當據《法苑珠林》引補。(《法苑珠林》亦脫'司中'二字,並應據補。)"

《敦煌變文集·長興四年中興殿應聖節講經文》:

　　莓苔斑較(班駁),鬪錦縟之花紋,松檜交加,盤黑龍鱗之巨爪。

校記:"根據上文應衍'鱗'字。"

《搜神記》31條:

　　故其文言,既有義理,又可以占吉凶,猶揚子之《太玄》,薛氏之《中經》也。

校記:"'猶揚子之太玄薛氏之中經也',《法苑珠林》無此十二字。《集仙錄》有。據上二條,當是後人據《集仙錄》摻入,應據删。"

《敦煌變文集·孝子傳》:

　　舜既父與灌(罐)牵(承)泥,又感天降銀鈔致於井中。

校記:"'舜既父與灌牵'句,疑有脱誤。啓功云'既父'二字應倒乙。"

(4) 似

"似"亦可用作傾向校勘記的術語,功能大致與"應"、"當"相同,只是把握程度小於"應"、"當",並且一般只與"誤"、"脱"、"衍"、"倒"合用。

《鶴林玉露》甲篇卷之五"放魚詩"條:

　　余嘗有詩云:"錯認蒼姬文典書,中原從此變蕭疏。"

校記:"錯認蒼姬六典書　'蒼姬',許慎《説文解字叙》作'蒼頡',此作'蒼姬'似誤。"

同上乙編卷之五"就齋詩"條:

　　累年舉於禮部,竟不第。

校記:"累年舉於禮部　'年',諸本無,似是。"

"疑"、"似"與"當"、"應"亦可配合起來表示傾向。

(5) 疑當

《敦煌變文集·張義潮變文》:

　　僕射問陳元弘:"使人於何處遇賊?本使伏是何人?"

校記:"'伏'疑當作'復'。"

(6) 疑應

同上《前漢劉家太子傳》:

　　　　但韓盧天下之疾狗,東郭騷欲內狡兔,此狗若指兔規之,則指十
　　　煞十;若指虎而規之,亦至十指十。
校記:"'至十指十'意不可通,疑亦應作'指十煞十'。"
　　(7) 似當
　　《鶴林玉露》甲編卷之二"盜賊脫身"條:
　　　　淳熙間,江湖茶商相挺爲盜,推荆南茶駔賴文政爲首。
校記:"相挺爲盜　'挺',案文義似當作'鋌'。"
　　(8) 似應
　　《敦煌寫本王梵志詩》:
　　　　每日趁齋家,即禮七拜仏(佛)。飽吃更索錢,伍(低)頭著門出。
校記:"按上下文意,'飽吃更索錢'似應在'即禮七拜仏'一句之前,可能是
當時傳鈔誤置。"①
　　"義長"、"於義爲長"、"爲優"、"較優"、"較好"、"較佳"、"較合"、"近
是"、"可"等多用於據語義、義理推測的傾向校勘記。
　　(9) 義長
　　《鶴林玉露》丙編卷之五"傅公謀詞"條:
　　　　銀河掣電連霄雨,綠野翻雲四月天。
校記:"銀河掣電連霄雨　'霄',諸本作'宵',義長。"
　　(10) 於義較長
　　同上丙編卷之二"臨終不亂"條:
　　　　病革,周益公往拊之曰:"子澄澄其慮。"靜春開目微視曰:"無慮
何澄?"言訖而逝。
校記:"無慮何澄　《宋史》作'無慮可澄',似於義爲長。"
　　(11) 爲優
　　《敦煌變文集·晏子賦》:
　　　　晏子對曰:"體有於喪生於事,粳糧稻米出於糞土,健兒論功,儜
　　兒說苦,今臣共其王言,何勞問其先祖!"
校記:"乙卷此兩句(健兒論功,儜兒說苦)作'健兒論金(今),嬾兒論說
古'。作'今'、'古',似比原卷作'功'、'苦'者爲優。"

---

　　① 趙和平、鄧文寬《敦煌寫本王梵志詩校注》,文載《北京大學學報》1980年第
5期。

"較優"、"較佳"與"爲優"同義,例略。

(12) 較合

同上《唐太宗入冥記》:

> 崔子玉曰又心口思惟:"□不痛(痛)嚇,然可覓得官職。"

校記:"'痛'即'痛'字,疑作'恫'字較合。"

(13) 近是

同上《鷰子賦》:

> 責情且決五百,枷項禁身推斷。

校記:"甲卷'五百'作'五下',下文'次第五下',似'五下'近是。"

(14) 可從

同上《目連變文》:

> 先知父在天宫,先知父在天堂,未審母生何界。

校記:"王慶菽謂'先知父在天堂'當是衍文,涉上文'先知父在天宫'一句誤出,可删。"

《敦煌寫本王梵志詩》:

> 飄入閻海中,出頭兼没項。

校記:"項:《掇瑣》錄作'頂',誤。"項楚《補正》:"《掇瑣》校改'項'作'頂',可從。'出頭兼没頂',是形容人在水中浮沉掙扎的樣子,文意比作'項'爲優。"①

傾向校勘記的傾向也有程度的不同。有的傾向和定是非就很接近。如:

《敦煌變文集·孝子傳》:

> 文公縱兵大哭戰楚,王平、子玉被煞。

校記:"'戰楚'原作'楚戰',疑倒置,故改。"校記是傾向型,但正文已改定。

定是非的校勘記中,亦可以保留傾向性的看法。如:

同上《鷰子賦》:

> 鷰雀同詞而對曰:"何其鳳凰不嗔,乃被多事鴻鶴責疎,你亦未能斷事,到頭没多詞句,必其依有高才,請乞立題詩賦。"

校記:"'疎'原作'所',據戊卷改。但'所'、'疎'都不明白,疑當作'説'。"

傾向校勘記的傾向大多可能是正確的。但也有不少是不正確的。如

---

① 項楚《〈敦煌寫本王梵志詩校注〉補正》,文載《中華文史論叢》1981年第4輯。

"似應"下的例子，項楚《補正》說："原卷不誤。'齋家'指設齋供僧之家。舊時人死後每隔七日要延僧追薦，稱爲'齋七'，'禮七'當指'齋七'時的宗教儀式。詩寫僧徒以作佛事爲手段，不僅博得飽飡，還要索取錢財。若將'飽食更索錢'一句前置，則失其韻了。"項說是而《校注》誤。

我們寫傾向校勘記應力避過濫，過分保守。如汪紹楹校點《搜神記》差不多全寫成了傾向校勘記。這樣寫，主觀上可能是爲了嚴謹，但這種嚴謹却掩蓋了所校各條之間在可靠程度上的差別，因而給讀者研究、引證帶來了很大的不便。

(三) 存疑待考校勘記

它是在下面幾種情況下寫出來的校勘記。這類校勘記常用"未詳"、"待考(校)"、"存疑"等術語。

(1) 確有訛誤，但無從校正

同上《佛說觀彌勒菩薩上生兜率天經講經文》：

　　所以知者，下內果經佛答云。

校記："'內果'二字有誤。以下接引經文，意謂'下面的經內'。"

同上《秋吟一本》：

　　箱貯成虛盈溢。

校記："此句原脱一字。"這段韻文皆七字一句，很明顯，這一句僅六字，原脱一字，但無法補出。

同上《孝子傳》：

　　珠俄歎曰："六安夫存立以五德，貞蘭執志，何忘烏(夫)家。"

校記："原'六安'二字，未詳。"

同上《葉淨能詩》：

　　皇帝謂翟常曰："……卿速報本使，朕自別有優賞詔。"

校記："'詔'字如不衍，其上下便有脱文。"

(2) 懷疑有誤，但一時無法校改

《敦煌曲校錄·望江南》：

　　盡忠孝，向主立殊勳。靖難論兵扶社稷，恒將籌略定妖氛。願萬載作人君。

任二北校："'論兵'義可通，仍待校。"①

---

① 任二北《敦煌曲校錄》，上海文藝聯合出版社1955年版。

（3）提出校勘傾向，但一時無有力證據

同上《劍器詞》：

  丈夫氣力全，一筒擬當千。猛氣衝心出，視死亦如眠。率率不離手，恒日在陣前。譬如鶻打雁，左右悉皆穿。

任二北校："'率率'待校，按字形或係'常常'之訛。"

（4）確知有誤亦已校正，但不知誤因

《續資治通鑑長編》卷一"太祖建隆元年二月乙亥"：

  加右僕射，樞密使太原吳廷祚，加同中書門下二品。

校記："吳廷祚 原作'吳延祚'。宋本作'吳廷祚'；《續通鑑》卷一《考異》：'今西安府學《千字文石刻》後列廷祚銜名，正作"廷"字，當從之。'今據改。下同。按作'延'、作'廷'，自新、舊《五代史》、司馬光《資治通鑑》而下，諸書所載不同，究由形似致誤，或原於避諱而改，待考。"①

（5）衆本（或書）不同，一時難以抉擇

同上卷六七"真宗景德四年十月甲辰"：

  甲辰，右諫議大夫种放自終南山來朝，召之也。上謂輔臣曰："放比高尚其事，……益可嘉也。"

校記："上謂輔臣曰 按宋本、宋撮要本自此句起至下文'益可嘉也'，均繫於十月庚申，本卷十月庚申亦書'种放復自終南山來朝'。《閣本》及《長編記事本末》卷二二《种放出處》則俱同本編作'甲辰'。按甲辰爲十月初一日，庚申爲十七日，在此期間，放不得兩至汴京，《宋史》卷四五七本傳亦僅云'十月復至'。何者爲是，待考。"

出存疑待考校勘記有很多好處，它既避免了妄呈臆説的弊病，也避免了避難就易的校風。它可以提醒讀者某處有誤，也可以廣集衆慧，以補正存在的問題。如上面所舉的"論兵"、"率率"二例，《敦煌曲校臆補》就給予了答案。此文於"論兵"條下補。

  按："論"與"典"形近，"典"之訛，當爲"典"。"論兵"義雖可通，但究不如"典兵"爲的。《木蘭辭》："可汗大典兵"可證。

於"率率"條下補：

  按：詞意"率率"當爲武器。作"常常"在本句可通，若合全文看，

---

① 上海師範大學古籍整理研究所、華東師範大學古籍整理研究所點校《續資治通鑑長編》，中華書局1979年—1985年版。

前後並未說出有任何東西,則"常常不離手"者究係何物耶？故作"常常"非是。查《左傳》有"藻率鞞鞛"。"率"讀如刷,巾也。是知"率"作物名解當讀若"刷",今"率率"爲武器名亦當讀爲"刷"也。又《廣雅》："畢、罼、囮、翿,率也。"《疏證》引《說文》："率,捕鳥器也,象絲网,上下其竿柄也。……《說文》："畢,田网也。"《小雅·大東篇》："有捄天畢。"《傳》云："畢所以掩兔。"《月令》《罝罘》："羅网畢翳。"鄭注："小而柄長謂之畢。"……《太平御覽》引蔡邕《月令》章句云："掩飛禽曰畢。"《齊語》："田狩畢弋。"韋昭注云："畢,掩雉兔之网也。"據此,則"率"爲捕鳥兔之网。"率率不離手"正借"率"之本意以喻殺敵所用之武器也。"至於"率率"連用,不合互訓連用之例,當作"畢率"或"罼率",然再以"畢"、"罼"二字筆畫與"率"字筆畫較,則"畢"近"率",故"率率"當作"畢率"也。如"楹謂之柱。"《釋名》云："楹亭也,亭亭然孤立旁無所倚也。"(見《廣雅》)今連用爲"楹柱"而不曰"楹楹"或"柱柱"。又："軌、街、徑……道也。"(見《廣雅》)今連用不曰"街街"、"道道",而爲"軌道"、"街道"。"罟謂之罛。"《繫辭傳》云："作結繩而爲罔罟,以佃爲漁。"(見《廣雅》)而不曰"罔罔"、"罟罟"。以此律"率率",則前"率"字爲"畢"字之訛可洞鑒。作"畢率"正符合互訓的合成詞規律也。①

存疑待考校勘記和其他校期記可以在一條中同時出現。如：

《敦煌變文集·不知名變文》：

⼝⼝䒷(勤)夫妻嗔咒願,只求富貴免軀貧。

校記："原'⼝''䒷','⼝⼝'字未詳。'䒷'疑'勤'字。"這個校勘記包括了存疑和傾向兩種類型。

出存疑待考校勘記應該是有疑需考;如果無疑,則不應該出這樣的校勘記。如：

《敦煌寫本王梵志詩》：

聞道賊出來,母愁空有骨。兒回見母面,顏色肥沒忽。

校記："顏色:斯五六四一作'題己',二者於義均難通,存疑。"項楚《補正》："'顏色'是,'題己'是'顏色'的錯字。'顏色'指容光,乃常用義。原詩說兒子出征回來,長得肥肥胖胖,豈知母親却擔憂得只剩骨頭了。"可見此校

---

① 張次青《敦煌曲校臆補》,文載《文學遺產增刊》第 5 輯,作家出版社 1957 年版。

記存疑實無必要。
　　（四）異同校勘記
　　是非難定,只出異文的校勘記就是異同校勘記。這類校勘記常用"某本作(有、無、多)某"、"一(今、古、舊)本作"等術語。今人校勘多用前者,只有在沿用前人之校時或者在重在注釋的著作中才多用後者。這是因爲"某本作某"之類指出異同所據,而"一本作"之類多不出詳據。
　　（1）某本作某
　　《敦煌變文集·漢將王陵變》：
　　　　灌嬰揭幕蹤橫斫,直擬今宵作血坑。
校記："甲卷'直擬今宵'作'直是今朝'。"
　　（2）某本有某
　　同上《晏子賦》：
　　　　梁王曰："齊國無人,遣卿來也？"
校記："丙卷梁王下有'問晏子'三字。"
　　（3）某本無某
　　同上《太子成道經一卷》：
　　　　大王莫怪,此孩子不詔世間。
校記："甲、乙、丁、庚卷無'不詔世間'四字。"
　　有時,相同的文字在不同的版本中,有的版本有,有的版本沒有,如果對這種情況作交代,那麼在一條校勘記中就要同時使用"某本有某"和"某本無某"兩個術語了。如：
　　同上《頻婆娑羅王后宮綵女功德意供養塔生天因緣變》：
　　　　只作日題邊紅艷艷,如今頭上白絲絲。
校記："甲卷第二寫本'今'下有'朝'字,第一寫本、丙卷並無。"
　　（4）某本多某
　　同上《大目乾連冥間救母變文并圖一卷并序》：
　　　　唯有目連阿孃爲餓鬼,地獄一切並變化,總是釋加聖仏威。
校記："甲卷'爲餓鬼'三字作'飢'一字。並於'飢'字下,多'地獄一切並變化,總是釋迦聖佛威'。"
　　（5）某本一作某
　　《戰國策·東周策》"秦興師臨周而求九鼎"章：
　　　　周之君臣,内自盡計,與秦,不若歸之大國。

校記：“姚本：劉、曾、集，一作‘畫’，錢作‘盡’。”①

（6）一作

同上《秦策》"蔡澤見逐於趙"章：

> 子胥知，不能存吴；申生孝，而晉惑亂。

校記：“姚本：‘惑’一作‘國’。”

（7）一本有

同上《東周策》："秦興師臨周而求九鼎"章：

> 昔周之伐殷，得九鼎。

校記：“姚本：一本‘得’上有‘凡’。”

（8）一本作

同上"謂周最曰仇赫之相宋"章：

> 仇赫之相宋，將以觀秦之應趙、宋，敗三國。

校記：“鮑本補曰：‘赫’一本作‘郝’。”

也有只用"一"字表示一種版本的，如：

同上"秦假道於周以伐韓"章：

> 韓强與周地，將以疑周於秦，寡人不敢弗受。

校記：“姚本集：一去‘弗’字。”

（9）今本作

同上"昭獻在陽翟"章：

> 主君令許公之楚，令向公之韓。

校記：“札記：今本‘許’作‘葉’。”

（10）或作

《敦煌變文集·舜子變》

> 願夫莫令邊（鞭）恥。

校記：“曾毅公疑‘恥’當作‘笞’，或作‘叱’。”

這些術語也可以用於一條之中，如：

《新序·雜事一》：

> 常侍筦蘇與我處，常忠我以道。

校記：“筦蘇：一作‘管蘇’，或作‘管饒’。”②

---

① 《戰國策》，上海古籍出版社1985年版。
② 趙仲邑《新序選注》，湖南人民出版社1983年版。

出異同校勘記是因爲是非確實難以斷定。如果有可能論證其正誤短長的話，就不應該出異同校勘記。中華書局1962年版《漢書》的校勘者在這方面就做得很好，他們所出的校勘記大多數是是非校勘記，異同校勘記只佔很少一部分，而且校勘者在寫定本時，也表明了這些異同校勘記中所列異文的取捨態度。如《高帝紀上》注："三分有二爲太半。"底本"太半"作"大半"。校記説："四七頁七行　爲(大)〔太〕半，景祐、汲古、殿、局本都作'太'。"校勘記雖然是出異，但在寫定正文時則定了是非。

有些校勘者在可定是非的地方不去定是非，却出異文校勘記，這就不符合出異同校勘記的原則了。如《敦煌變文集·醜女緣起》："覓他行步風流，却是趙土襪脚。"校記説："丙、丁、戊三卷作'趙十袄襪'。"丙、丁、戊三卷作"趙十"是。《太平廣記》卷二〇四引《盧氏雜記》有《别趙十》《哭趙十》曲子名，唐崔令欽《教坊記》亦載有《别趙十》《憶趙十》曲子名，由此可斷定《醜女緣起》的"趙土"就是"趙十"之誤，就不需要出異同校勘記。①

總之，異同校勘記應該减少到最低限度。

二、從校勘成果獲得者的角度分出來的校勘記的各種類型

（一）引用前人成果的校勘記

有不少古籍已經前人校勘，有不少問題前人已經解决，後人校勘只須把前人的成果直接搬來寫成校勘記，這就是引用前人成果的校勘記。下面舉中華書局1962年6月第一版《漢書》的校勘記爲例。

《地理志》校勘記：

一五八一頁一六行　（求山上）〔兖州山〕。錢大昕説"求山上"三字爲"兖州山"之訛。

一五四七頁七行　舜妻（盲）〔育〕冢祠。梁玉繩説《竹書》舜三十年葬后育於渭，育乃后名，"盲"必"育"字之誤。

一六〇三頁一一行　容毋水所出，南〔入江〕。王先謙説"南"下脱"入江"二字。

一五五七頁二行　（畔）觀，陳景雲、王先謙都説"畔"字衍。

一六一六頁八行　沮水出（東，西）〔西，東〕入洛。王念孫、陳澧、王先謙都説"西""東"誤倒。

---

① 參王貞珉《讀增訂本〈敦煌變文字義通釋〉》，文載《文學遺産增刊》第8輯。

（二）今人成果的校勘記
用自己校出來的成果寫成的校勘記，這就是今人成果的校勘記。
同上：
　　　　一六六二頁一一行　　金天氏之（地）〔帝〕。景祐、殿本都作"帝"。
　　　　一五四七頁七行　　〔《詩》曰"自杜"。〕　四字據景祐本本補。
　　　　一五二三頁四行　　先王（以）建萬國，親諸侯。景祐本無"以"字。
　　　　一五五八頁一一行　　世祖（父叔）〔叔父〕名良，景祐本、殿本都作"叔父"。

（三）合用前人和今人成果的校勘記
在一條校勘記中既寫進了自己的校勘成果，也引用了前人的校勘成果，這就是合用前人和今人成果的校勘記。這種校勘記主要有兩種情況：一是以前人成果證今校，一是以今校證前人成果。
① 以前人成果證今校
同上：
　　　　一六二三頁一四行　　莽曰（北順）〔通路〕。景祐本、殿本都作"通路"。王先謙説此涉下右北平而誤。
有在前人成果之證後加"是"字確定的。
　　　　一五五八頁三行　　丘一成爲頓丘，謂（成）〔頓〕而成也。景祐本、殿、局本都作"頓"。王鳴盛説作"頓"是。
② 以今校證前人成果
　　　　一六五一頁三行　　（三）〔二〕都得百里者〔百〕，方千里也。朱一新説"三都"當作"二都"，謂宗周及雒邑也。"者"下當有"百"字。按景祐、殿本都作"二都"，"者"下都有"百"字。
有對前人成果斷是後，再補以他證的。
　　　　一六三八頁八行　　（入淮南）〔南入淮〕。王鳴盛説南監本作"南入淮"，是。按景祐、殿本都同南監本。
有些古籍沒有前人的成果可以借鑒，其校勘記就只有今人成果的校勘記一種類型了。

三、從校勘著作的目的分出來的校勘記的類型及其寫法
（一）一般校勘記
對古籍進行一般性的校勘，供一般的讀者閱讀和研究的校勘著作，其校勘記就是一般校勘記。我們上面所舉的《漢書》《敦煌變文集》等的校勘

記都是一般校勘記。下面再舉幾例。
　　同上：
　　　　其妻送作藥名〔詩〕問曰。
校記："'詩'字據丁卷補。"
　　《敦煌變文集·伍子胥變文》：
　　　　見君口中雙板齒，爲此識認意相當。
校記："丁卷'口中'作'當前'。"
　　《西京雜記》卷五119條：
　　　　言如博之摮梟於掌中，爲驍傑也。
校記："'摮梟於掌中'原作'堅萁於軰中'，據《古今逸史》《稗海》本、抱經堂本改。案：'摮'，《說文》謂'手摮也'，揚雄謂'摮，握也'，博者謂么爲梟，亦稱邀，六爲盧。《晉書》：謝艾曰：'梟、邀也。六博得邀者勝。'因此握梟於掌中者，即爲得勝利之驍傑也。"①
　　《漢書·地理志》
　　　　河主、賈屋山在北。
校記："(河主)〔句注〕、賈屋山在北。王念孫説'河主'當作'句注'。王先謙説王説是。"
　　（二）集校校勘記
　　集前人各家之校，間或附以自己的校勘成果，供專門研究的校勘著作，其校勘記就是集校校勘記。下面舉郭沫若《管子集校》②的校勘記爲例。
　　《牧民篇第一》"野蕪曠則民乃菅"條下：
　　　　尹知章云："菅"當爲"蕪"。（趙用賢、梅士享及花齋本，"蕪"俱作"姦"。）
　　　　猪飼彥博云：上下皆用韻語，獨"菅"字音與曠不協，義亦難通，疑當作"荒"，惰也。
　　　　安井衡云：上下韻語，此獨不韻，非體也。"菅"當爲"營"，字之誤耳，營猶貪也。（沫若案：營字亦不韻。）
　　　　戴望云：元刻本"蕪曠"作"無儵"。"菅"疑"荒"字之誤，"荒"與"曠"爲韻。或作"蕪"，誤。

---

① 程毅中點校《西京雜記》，中華書局1985年版。
② 《郭沫若全集·歷史編(5.6.7)》，人民出版社1984年版。

張佩綸云:"菅當爲蕪"應作"菅當爲荒"。《爾雅·釋天》"大荒落",《史記·曆書》作"大芒落"。亡、無易溷。蓋尹氏改"菅"爲"荒",而傳寫作"蕪",非尹改"菅"爲"蕪"也。趙本云"菅當爲姦",失之。

劉師培云:"野蕪曠","蕪"當從元本作"無"。尹《注》"菅當爲蕪"乃"無當爲蕪"之誤。

李哲明云:疑"菅"或爲"蕩","蕩"古省作"䓪",簡缺脫筆,後人描改耳。"蕩"與"曠"叶,言土多荒棄,民乃游蕩也。《禮·王制》"無曠土,無游民",即此義之證。《注》"蕪"字亦即"蕩"之誤。

一多案:"菅"讀爲逭。逭、曠,元、陽通叶。《說文》"逭,逃也",《爾雅·釋言》樊《注》"行相避逃謂之逭",《禮記·緇衣》"自作孽,不可以逭"。"野蕪曠則民乃逭"正對上文"地辟舉則民留處"而言。尹《注》本作"逭當爲亡"。亡亦逃也,於義亦得,又與"曠"叶,此《注》義之精覈者。寫官不察,讀"亡"爲有亡之亡,遂轉寫作"無",後人嫌其文不成義,又加艸作"蕪",則大乖《注》旨矣。趙、梅、花齋諸本《注》文"蕪"作"姦"者,亦後人不知"菅"爲"逭"之借字而臆改。

維遹案:戴、聞兩說皆通。

沫若案:"菅"乃"荒"之誤,當以猪飼說爲是。聞改爲"逭",謂"逭、曠,元、陽通叶",然元、陽不能通叶,聞說非也。其疑尹《注》本作"菅當爲亡"亦頗牽強,"菅"與"亡"形聲俱異,尹不至如此武斷。尹《注》之誤,以劉師培說爲長。

又如《七法篇第六》"不明於則而欲錯儀畫制(錯儀畫制本作出號令)"條:

丁士涵云:案下文云"錯儀畫制,不知則不可",即承此文言之。當作"不明於則,而欲錯儀畫制"。觀"運均""檐竿"之喻,皆是言儀法制度之無得而定,由於則之不明。若作"出號令",則與"立朝夕""定其末"之意不相比附。且與下文"不明於心術而欲行令於人"句相複矣。

又如《幼官篇第八》"則兵出而不困"條:

沫若案:古本作"則空兵而不困",於義較長。"空兵"謂傾國之師也。此與"危危而無難"、"涉難而不變"、"深入而不危"同例,謂易困而不困也。如只爲"兵出",則其"不困"之效不著。

下面我們來談校勘記的寫法。由上面的各例我們可以看出來,校勘記一般要寫三個部分。

一、寫通過異本、本書和其他校勘資料以及運用各種知識所發現的問題。

二、交待判定正誤是非的根據和理由。

三、給正誤是非做定斷。

如上舉《變文集》第一例,先寫了丁卷與本卷的不同,有個"詩"字;接著交代了判定是非正誤的根據,"據丁卷";最後下了一斷,"補"。一般校勘記大多如此作,第二部分只交代根據,而不詳論理由。

少數一般校勘記也交代理由,如上舉《西京雜記》例:第一部分交代了通過《古今逸史》等異本發現的問題,"堅基於輩中"與"擎梟於掌中"的不同,第二部分交代了判定是非的根據,《古今逸史》等本和理由,《説文》義釋及他書的旁證;第三部分下斷,"改"。

集校校勘記在寫法上與一般校勘記有所不同,其最大的不同之一就是在第二個部分不僅要交代根據,還一定要詳論理由。如上舉《管子集校》的《幼官篇》之例即是。

除此之外,集校校勘記的寫法還有兩點與一般校勘記不同。其一是對前人成果的引用方式有所不同。一般校勘記只是引用前人成果的結論寫入第二部分,作爲判定是非的根據。如上舉《漢書》之例,檢王念孫《讀書雜志》和王先謙《漢書補注》,二家校"河主"爲"句注"加起來有數千字,而寫入《漢書》的校勘記只是"王念孫説'河主'當作'句注'。王先謙説王説是"這個簡練的結論,作爲判定"河主"爲"句注"之誤的根據。而集校校勘記則是詳録前人之校,或者作爲單獨一條校勘記,如上舉《管子集校》的《七法篇》之例即是;或者作爲一條校勘記中的一個部分,如上舉《管子集校》的《牧民篇》之例即是。

其二是對前人成果的引用取捨不同。一般校勘記只引前人的正確結論,而集校校勘記則備録各家之説,包括正確的結論和誤説兩個方面,引録後在校勘記的第二部分中詳論各家的得失。

最後還有兩個問題要説清楚。第一是,我們上面説校勘記一般要寫三個部分,但根據校勘結果的實際情況,有的校勘記就可能只寫一個部分,如上舉《變文集》的第二例"丁卷'口中'作'當前'"即是只寫了第一部分:所發現的問題。當然,只寫一個部分的只可能是只寫第一部分,因爲不會是没有發現問題就寫判定是非的根據和理由,也不會是没有發現問題就下斷。第二是,寫校勘記其內容順序也不一定按我們上述一、二、三那樣進行,可以根據寫校勘記的需要靈活安排。

第三節　撰寫校勘記應注意的幾個問題

本節所闡述的幾個問題都是我們寫校勘記時注意得不夠的問題。

一、使用的術語必須與校勘的把握程度相吻合

"疑作"、"當作"之類不可用於是非校勘記，而"某誤"、"某脫"之類又不可用於傾向校勘記，總之，使用的術語必須與校勘的把握程度相吻合。第二節說到的《搜神記》的校勘記無論是定是非還是表傾向都一律使用"疑"、"當"、"應"、"似"之類的術語，就是一個反面的例子。

二、同校要在首見時出校，並注明以下一律作某校；再見時直改，不出校勘

如《敦煌變文集·金剛般若波羅蜜經講經文》：

　　　　上來總是弟（第）十八上求佛地住處冂（門）中。

校記："本卷凡'弟'字均作'弟'，今一律改爲'第'。又，本卷凡'門'字，均簡寫作'冂'，今一律改爲'門'。"

同校只在首見時出校並予說明。

有些半同校性質的校例是可以再出互參校勘記的，如：

《敦煌變文集·頻婆娑羅王后宮綵女功德意供養塔生天因緣變》：

　　　　君不見生來死去，似蟻循還，爲衣爲食，如蠶作繭。

校記："第二本及丙卷'循還'並作'修遷'，詳《破魔變文》校語。"《破魔變文》"似蟻脩還"下有校記："'還'向疑即'埕'字的異音字。"

三、異同校勘記盡量避免鈔錄大段文字

《敦煌變文集·醜女緣起》：

　　　　佛告波斯匿王：……則知果報不遂。

校記："此一大段文字，甲、乙兩卷不同，甲卷較明白，故據甲卷。乙卷原文如下：'佛告波斯匿王言：……直須喜歡。'"這一段甲卷共八十一字十五句；乙卷共七十五字十二句，校記悉已鈔錄。本文校者在題下說："右五卷（甲、乙、丙、丁、戊）中，甲、乙兩卷最完備，然文字互有詳略。因此，選取兩卷中較詳和較好的部分，拼成底本，一般異同，不一一校出。"這一段既然

選擇了較詳較好的甲卷爲底本,那麼,只要取乙卷作必要的對校就可以了。如果只是因爲甲卷乙卷之間文字互有詳略就把乙卷的這一大段鈔了出來,實在是沒有必要。

但是應該鈔的還是要鈔,如:

同上《頻婆娑羅王后宮綵女功德意供養塔生天因緣變》:

> 弟子不是懈怠輕慢。

校記:"原甲卷止此,此下接鈔《破魔變押座文》(即前所謂第二本)及《破魔變文》。茲依《撰集百緣經》將中間所缺部分補記如下:'時王大子阿闍世共提婆達多共爲陰謀,殺害父王……即以偈頌答帝釋。'"校記鈔了近400字,但是很有必要,因爲這是據他書補所校書的殘缺部分,與上例的性質完全不同。

四、避免"亦通"的校勘記

王力說:

> 最糟糕的是"亦通論",這等於說兩種解釋都是正確的,隨便選擇哪一種解釋都講得通,這就引起這麼一個問題:到底我們所要求知道的是古人應該說什麼呢,還是古人實際上說了什麼呢? 如果是前者,那末不但可以"並存",而且可以"亦通",因爲兩種解釋可能並不矛盾,在思想內容上都說得過去;如果是後者,那末"亦通論"就是絕對荒謬的,因爲古人實際上說出了的話不可能有兩可的意義。真理只有一個:甲說是則乙說必非,乙說是則甲說必非。①

王氏這兒雖然是針對訓詁說的,我們覺得對校勘也完全適用。真理只有一條,文字只有一是。但在我們今天的校勘記中見到"亦通"的並不少。如:

《敦煌寫本王梵志詩》:

> 南北擲蹤橫,誰他蹔歸貫。

校記:"横:斯六○三二作'藏',俱通。"②

又如《鶴林玉露》甲編自序:

---

① 《訓詁學上的一些問題》,收入《談談學習古代漢語》山東教育出版社1984年版。

② 趙和平、鄧文寬《敦煌寫本王梵志詩校注》,文載《北京大學學報》1980年第5期。

>　　　　因曰《鶴林玉露》。

校記:"'因曰',明活字本作'目曰',亦可通。"

　　甚至有些補正著作也有這種"亦通"校勘記,如:

《敦煌寫本王梵志詩》:
>　　　漫作千年調,活得没多時。

校記:"'漫',斯五四四一作'謾',不知孰是。"這是存疑待考校勘記。後有《補正》説:"'漫'、'謾'都不錯。張相《詩詞曲語辭匯釋》卷二,漫(一)條:'漫,本爲漫不經意之漫,爲聊且義或胡亂義,轉變而爲徒義或空義。字亦作謾,又作慢。'此處是'徒然'義。"

　　這類校勘記没有是非觀點。我們認爲不應該寫"亦通"校勘記,因爲它不符合校勘的科學性。對於這些"亦通"校勘記,我們應該分別加以適當的處理。

　　其一,加强考證證明工作,定其正誤。如上舉第一例應該是作"藏"爲是。這裏的"藏"即《荀子·禮論》"輿藏而馬反"之"藏"、蘇軾《捕蝗至浮雲嶺有懷子由弟》詩"殺馬毁車從此逝,子來何處問行蹤"之"藏'。"蹤藏"即"行蹤","南北擲蹤藏"是説到處流浪。"横"是錯字,大概是屬於聯想而誤之類。鈔者見了"蹤"則聯想起"縱横"而誤寫"藏"爲"横"。這樣我們通過一番考證就可以寫成是非校勘記了。

　　其二,一時確實難以考明的,可以出異同、存疑待考或其他類型的校勘記。如第二例可以寫成乙編自序校勘〔二〕"'斷以已意''斷',寬文本作'類'"那樣的異同校勘記,無須説,作"因曰"也行,作"目曰"亦可通。第三例,原校無法定是非,即出了存疑待考校勘記。而補校從訓詁的角度證明了"漫"、"謾"二字意義無別,就説:"'漫'、'謾'都不錯。"補校的方法和結論都錯了。應該維持原校。

五、等義術語應該予以規範

　　從"校勘記的類型"一節可以看出,寫校勘記運用的術語是很豐富的。有些術語雖然同用於一種類型的校勘記,但它們在意義表達上又各有細微的差别,如"疑"、"當"、"應"、"似"等,有了這一類術語,我們可以把校勘記寫得更加準確,因此這一類術語越多越好。又有些術語在意義的表達上毫無區別,這一類術語就是我們所説的等義術語。對於等義術語我們應該予以規範化,尤其是在同一本書的校勘記中更應該如此。如:

《敦煌變文集·百鳥名》：
　　　　山鵲觜紅得人愛，群神身獨處飛。
校記："句中應脫一字。"
　　同上《秋胡變文》：
　　　　三公何處來，□方員足。
校記："約缺十字。"
　　這兩則校勘記中的"脫"和"缺"完全同義，應該予以規範，統一使用常用術語"脫"。

六、要注意引書的格式

（一）書名可以用簡稱，但簡稱之間不能發生混淆，而且要用適當的方式交代清楚全稱

我們在校勘時往往多處引用同一本書，爲行文的方便，這些書在校勘記中可以用簡稱。

底本異本常用簡稱，如吳應壽校《徐霞客遊記》使用的底本乾隆四十一年徐鎮刻本簡稱乾隆本，季會明鈔本簡稱季本，用以對校參校的徐建極鈔本簡稱徐本，陳泓精鈔本簡稱陳本等等。

其他常引書也可用簡稱，如《藝文類聚》簡稱《類聚》，《太平御覽》簡稱《御覽》，《經典釋文》簡稱《釋文》，《資治通鑑》簡稱《通鑑》等等。

另外，簡稱還可以以人代書，如《漢書》校勘記引用王先謙的《漢書補注》、楊樹達的《漢書窺管》就分別稱"王先謙說"、"楊樹達說"。

但是引書用簡稱要注意這兩個方面的問題，第一，簡稱之間不能發生混淆，如某書有幾種鈔本就不能同時簡稱爲鈔本，否則，讀者就搞不清這個鈔本到底指哪一種鈔本。第二，要用適當的方式交代清楚全稱。交待全稱的最好方式是列一個引書簡稱和全稱的對照表附於書前或書後的校勘凡例或校勘說明之中。有些校勘著作採用首引某書用全稱並說明以下簡作某的方式來交代簡稱和全稱的對應關係，這種方式沒有上一種方式檢對全稱來得方便。有些校勘者遇到校勘上常引用的書如《御覽》《通鑑》等就不用全稱，我們認爲這也不合適，因爲並不是所有的讀者對這一類書都熟悉。無論什麼書都應該交代全稱。

（二）引書必須詳引篇名或卷數

前人校書，引書時往往只出書名，讀者如果要去檢對一下原文，那就

要花費很大的功夫去找。今天我們校書，應該摒棄這種引法，在引書時除了引書名，還要引篇名；沒有篇名只有卷數的要引出卷數；如果既有卷數又有篇名，最好連卷數和篇名一起引出來。近年來出版的大多數校勘著作都能做到這一點，但是有少數的校勘著作却沒有充分地注意這個問題，個別的校勘記仍然只出書名，如：

《鶴林玉露》丙編卷之一校記〔三〇〕：

　　　　靜春先生劉子澄　'靜'，原本作'靖'，據《朱文公文集》及諸本改。

偌大卷帙的《朱文公文集》，你到哪裏去檢對這個"靜"字？

（三）引書出書名卷數篇名應該一致

引書的時候，如果所引的幾種書都有篇卷，就不能引這種書出書名卷數篇名，而引那種書就只出書名篇名；如果引同一本書那就更不應該如此了。這個問題有時候也容易被我們忽視。如《鶴林玉露》校勘記引《漢書》，有時候出書名篇名，如甲編卷之五校勘記中的"《漢書·趙廣漢傳》"，有時候又出書名卷數篇名，如乙編卷之六校勘記中的"《漢書》卷五四《蘇武傳》"，應該一致起來。

為了使校勘記簡煉，下則校勘記引書如果與上則校勘記引書相同，是可以承上則校勘記省略掉篇名或卷數的，甚至可以把篇名和卷數都省略掉。但是，省略也應該一致，否則，省略后所出的書名卷數篇名就不一致。下面這幾則《鶴林玉露》的校勘記就沒有很好注意這個問題。

A.

　　　　甲編卷之四〔四一〕：'吾'，……《朱文公文集》卷四五《答廖子晦書》作'吾'。"

　　　　同上〔四二〕："《朱文公文集》同上卷'硬'下有一'著'字。"

B.

　　　　甲編卷之六〔二三〕："據諸本並《朱文公文集》卷四九《答王子合書》'但記事之後'語改。"

　　　　同上〔二四〕："《朱文公文集》卷四九於'幾箇'上有一'費'字。"

C.

　　　　同上〔二六〕："《朱文公文集》卷三九《答楊宋卿》作'亦視其志之所向者高下如何耳'。"

　　　　同上〔二七〕："'來'，《朱文公文集》作'前'。"

應該一致起來。

有些書的校勘記一會兒稱《藝文類聚》,一會兒稱《類聚》;一會兒稱《漢書》卷三十《藝文志》,一會兒稱《漢書·藝文志》,一會兒又稱《漢志》。用全稱還是用簡稱乃至用什麼樣的簡稱,全無準頭,這就更不應該了。

七、語言必須準確、完備、簡練

準確主要是要校勘得正確,如果校勘不正確,也就談不上語言的準確了,因爲語言這個形式是用來反映校勘的實際內容的。前面所舉的那些誤校的校勘記,其語言自然說不上準確。但是,也有校勘正確而校勘記的語言表達得不準確的情況,如:《敦煌變文集·妙法蓮華經講經文》:

未審大王緣甚事?心中斗不戀嬌奢。

校記:"周云:'斗不疑即陡不。'余疑'都不'。向云:'作陡較好。'""余疑"後應加"作"。所引向校當移前,而且上面說的是"斗不"(或"都不")二字,下面引向校只說"作陡較好",是"斗不"("都不")二字作"陡"一字爲好呢,還是只"斗"("都")一字作"陡"爲好呢?讓人不易捉摸。按準確的標準,這條校勘記應寫作:"周云:'斗不疑即陡不。'向云:作'陡不'較好。余疑作'都不'。"

完備是指要把話說全面說清楚。下面這則校勘記就沒有做到這一點。

《宋史·梅摯傳》:

會宴契丹使紫宸殿,三司副使當坐殿東廡下。同列有謂曲宴例坐殿下,而大宴當止殿門外爾。

校記:"曲宴 原作'典宴',《長編》卷一六〇作'曲燕';趙升《朝野類要》卷一說:'有旨內苑留臣下賜宴,謂之曲宴,與大宴不同之義也。'作'曲宴'是,據改。"校勘記出"典宴"異文"曲燕",但只改"典"從"曲"而未改"宴"從"燕",校者應該交待清楚不改"宴"從"燕"的原因。《廣韻》去聲霰韻:"醼,醼飲,……古無酉,今通用,亦作宴。"《集韻》:"宴,……通作燕。"因此,校勘記應該加一句:"按:燕、宴通用。"

簡練是指以最經濟的載體容納最大的信息量。語言簡練歷來都被重視。如唐劉知幾《史通·叙事》就說過,"叙事之工者,以簡要爲主。"它舉過一個很著名的例子:"《漢書·張蒼傳》云:'年老口中無齒。'蓋於此一句之內,去'年'及'口中'可矣。夫此六文成句,而三字妄加,此爲煩字也。"若以這樣的標準來衡量現行的校勘記,恐怕有許多校勘記在語言上還需要進一步提煉。如《敦煌變文集·伍子胥變文》有條校記說:"'自撲搥凶'

四字原作'自摸塊搥',據丁卷改。"這"四字"二字則是多餘的。同篇有一條同類型的校勘記:"丁卷'失路傍偟'作'去路傍邊'。"没有用"四字"二字,就很簡練。

第四節　校勘記的位置和校勘記與正文的對應格式

一、校勘記的位置

附於定本或底本的校勘記,其位置比較靈活,據我們觀察,有如下九種之多。

（一）置於全書之後

這種位置一般是在校勘記不太多的情況下使用。如中華書局 1963 年 12 月影印出版的陳昌治校刊的《説文解字》即是。其《説文校字記》一共才一百八十條左右。

（二）置於卷後

這種位置被古今校勘家所廣泛採用。如阮元的《十三經注疏》的校勘記、中華書局的《漢書》《後漢書》的校勘記等等。

（三）置於回後

這種位置只使用於章回體文學作品。如人民文學出版社 1964 年 2 月第 3 版的《紅樓夢》的校勘記、上海古籍出版社 1984 年 9 月第 1 版的會校會評《儒林外史》的校勘記等等。

（四）置於篇後

這種位置一般是在校勘記較多的情況下使用。如人民文學出版社 1957 年 8 月第 1 版的《敦煌變文集》的校勘記即是。

（五）置於章後

有的古書是明言章的,如《老子》稱幾章幾章,張松如的《老子校讀》的校勘記就放在每章之後。而有的古書只分段,以段爲章。如中華書局 1979 年 9 月第 1 版的《搜神記》,全書共有 464 個在意義上獨立完整的段落,也就是 464 章,校勘記就放在這樣的章之後。

（六）置於語段之後

語段與章的"段"不同。章的"段"一般是一個完整的内容單位,每

"段"與它的上下文一般没有聯繫。而語段則是一個完整的内容單位中的一部分。上海古籍出版社 1985 年 3 月第 2 版的《戰國策》的校勘記就是置於語段之後的。如卷一《東周策》"秦興師臨周而求九鼎"章就分爲兩個語段，校勘記分别置於兩個語段之後。但是，如果一個語段構成一章，那麽語段和章就没有區别了。如卷一《東周策》"東周與西周戰"章就只有一個語段。校勘記置於語段之後，也就是置於章之後；反過來，置於章之後，也就是置於語段之後。

（七）置於句後

哪個句子中有訛誤，就把校勘記寫在這個句子之後。如中華書局 1985 年 1 月第 1 版的《燕丹子》就是把孫星衍原校的校勘記放在正文的句子之後。如卷上：

燕太子丹質於秦，案：燕字從《藝文類聚》水部、鳥部引補。《意林》引作"丹者，燕王喜之子，身質於秦始皇之世"。《史記·刺客列傳索隱》引劉向云："丹，燕王憙之太子。"亦此書之文，皆與今本異。秦王遇之無禮，不得意，欲求歸。案："求"字從《藝文類聚》水部、《初學記》天部引補。

（八）置於有誤的詞語後

哪個詞語有誤就把校勘記做在那個詞語後面。如中華書局 1956 年 6 月第 1 版的《資治通鑑》即是。舉卷一《周紀一·威烈王二十三年》中的一段爲例：

夫以四海之廣，兆民之衆，受制於一人，雖有絶倫之力，高世之智，莫【章（鈺）：十二行本"莫"下有"敢"字；乙十一行本同；孔本同。】不奔走而服役者，豈非以禮爲之紀綱【章：十二行本，二字互乙；乙十一行本同；孔本同。】哉！

（九）置於頁左頁上頁下

置於頁左的，如中華書局 1983 年 3 月第 1 版的竪排本《大戴禮記解詁》的校勘記即是。我們舉第 16 頁爲例。本頁"事父孝"句中的"孝"字有誤，頁左出校記曰："'孝'原訛'母'，據《禮記·哀公問》鄭注改。"

置於頁上（頁眉）的，如工商出版社 1982 年 2 月第 1 版的劉復點校的竪排本《何典》就是用的這種位置。我們舉第 35 頁爲例，本頁第 1 行："側首坐著幾個歪嘴和尚，把捧捶敲著木魚。"與此行對應的頁上出校曰："捧，當作棒。"

又有在一本書中頁上頁下行間字上同時使用的，如上海古籍出版社 1983 年 3 月第 1 版影印的竪行本《黄侃手批白文十三經》的校勘記即是。

頁上的，如《尚書·益稷》第 8 頁第 9 行上校"傲"曰"敖（岳本）。"（原無標點。下同。）

頁上頁下同時使用的，如《儀禮·鄉飲酒禮》第 20 頁第 5、6 行，頁上校曰："上服字衍。據通解及敖氏此今文有。見注。"頁下又有"從楊補"校語。

行間字旁校的，如《禮記·鄉飲酒禮》第 21 頁第 3 行"主人之贊者，西面北上，不與。無算爵，然後與。"黃氏以朱筆於"算"字上加叉，其旁書"筭"。

字上的，如《左傳·昭公二十六年》第 407 頁第 12 行："秋盟于剸。"黃氏以朱筆於"剸"字上直改"刂"旁爲"阝"旁。

使用這類位置大多是校勘記不多的古籍，而且現在出版使用這類位置的校勘著作，不少是有特殊的目的的。

上述九種位置各有所長，（一）集中，（二）（三）（四）（五）相對完整，（六）（七）（八）（九）便於閱讀。校勘記到底放在什麼位置，這當由校者根據實際情況自己選擇。這裏我們只提出一些值得注意的問題，供校者在選擇校勘記的位置時參考。

如果校勘記較多，則不宜採用全書後的位置。如果要把《敦煌變文集》的校勘記全集中在書後，光校勘就有幾十頁。要把 294 卷的《資治通鑑》的校勘記都置於全書之末，那就更不止是幾十頁了，這樣翻找起來是很不方便的。

句後的位置雖然便於閱讀，但是大字（正文）夾小字（校勘記）讓人看起來眼花繚亂，讀者在鈔用這些材料的時候，往往很容易就把正文誤成校文，把校文誤成正文。校勘記如果比較多，這種位置也不宜採用。

大多數情況下，卷、回、篇、章在一本書中的篇幅比例都是比較適中的，因此卷後、回後、篇後、章後的位置都是比較好的位置。但是，如果卷長校多，就不宜採用卷後的位置，如《洛陽伽藍記校注》[①]全書只有 5 卷，每卷又有許多校勘記，如果把校勘記都放到每卷的後面，校勘記就太多了，很不便於檢閱。爲了便於查檢，校者沒有採用卷后的位置而採用了有誤詞語後的位置。

頁左（上、下）這一類的位置採用得雖然不多，然而它却是很好的形

[①] 范祥雍校注，上海古籍出版社 1978 年版。

式,既便於閱讀,又不致使人眼花繚亂,理應受到重視。

總之,我們認爲選擇校勘記位置的原則應該是能讓讀者最便利地使用校勘成果。

二、校勘記與正文對應的格式

上述九種位置都要採取一定的方式與正文相對應。大致分來有無序號對應、有序號對應和頁行對應三種。

校勘記在頁左(上、下)有訛誤的詞語後、句後看起來明了,當然不需序號。但是在語段之後,很短的語段不用序號對應是可以的,而稍長一點的語段就不宜採用無序號的對應方式了。章、篇、回、卷、書後的更不能採用無序號對應方式。如前面舉的《說文解字》的校勘記置於全書之後,除"卷某某部"之外,並無詳細的序號,因此要從正文檢校勘記或從校勘記檢正文都十分困難。

有序號對應又可分爲兩類:一類是與有訛誤的詞語對應,一類是與有訛誤的句子對應。

與有訛誤的詞語對應的,如《敦煌變文集》的校勘記,舉一例:
《伍子胥變文》:

　　見君口中〔一九〕雙板齒,爲此識認意相當。

篇後校記:"〔一九〕丁卷'口中'作'當前'。"

與有訛誤的句子對應的,如《鶴林玉露》的校勘記,舉一例:
《甲編自序》:

　　余閒居無營,日與客清談鶴林之下。或欣然會心,或慨然興懷,〔一〕輒令童子筆之。

卷後校記:"〔一〕慨然興懷　'慨',原作'悗'。案,悗,《玉篇》釋作'惑',《集韻》釋作'廢忘'。於義未安,據明活字本、《說郛》本改。"

頁行對應實際也是一種序號對應,只是頁行對應的號碼不一定連貫而已。《漢書》的校勘記就是採用頁行對應的,舉一例:
《漢書》卷一《高帝紀上》校記:

　　二六頁三行　籍何以(生)〔至〕此? 錢大昭說明南監、閩本都作"至"。王念孫據《史記·項羽紀》《高祖紀》及《通鑑》《漢紀》,以爲"生"當爲"至"字之誤。

《漢書》所校,正文悉加改正,都使用( )〔 〕符號,因此自校勘記檢原文看準頁行數,所校之處很容易檢得;自正文檢校勘記也同樣容易。因此這種對應方法比上面幾種對應更便於檢閱。而如《敦煌變文集·廬山遠公話》：

　　　　於是遠公重開題日（目），再舉既〔一三〕經聲，一念之終，並無厭錯。

按序號〔一三〕可以較快找到校勘記"'既'字衍文"。但是要從這條校勘記的〔一三〕去找原句，那就很不容易了。這篇共有 27 頁（書第 167—193 頁），〔一三〕在哪裏？一直要找到第 12 頁（書第 178 頁）才能找到。如果像《漢書》那樣，原文以符號標志，校記中的序號改爲頁行，就可以免去這種尋找一個原句要翻檢許多頁的麻煩了。

練習題
1. 校勘記的發表形式有哪些？
2. 校勘記的主要類型有哪些？
3. 寫校勘記要注意哪些方面的問題？
4. 評述一種古籍校勘著作的校勘記。

第八章　校勘前體例的擬訂和校勘後説明的撰寫

第一節　校勘前體例的擬訂

　　校勘體例（下或稱校例）是校勘之前擬訂的、校勘中所遵循的校勘規則。個人、集體校書都要擬訂校勘體例，集體校書擬訂校勘體例尤其必要。

　　前面説過，我國對漢語古籍的校勘有悠久的歷史，宋陳騤《南宋館閣録》卷三《校讎式》就是一篇校勘工作進行前所擬訂的較早的校勘體例。清洪亮吉《上石經館總裁書》則是一份校勘工作進行前所擬訂的較爲完備的校勘體例，其 24 條内容基本上包括了古籍訛誤的類型和對古籍訛誤進行校正的基本原則。解放後，國家很重視古籍整理工作，古籍整理與出版機構中華書局在校勘實踐的基礎上擬訂出了一份對點校古籍有普遍意義的《古籍點校通例》，發表在國務院古籍整理出版規劃小組的《古籍整理出版情況簡報》1983 年第 112 期上。[①] 這個《點校通例》分標點和校勘兩個部分。校勘部分共有 14 條。這 14 條，除了説明選擇底本的原則的第一條以外，其餘的 13 條就是校例的内容。現把這 13 條悉録於次。

[①] 中華書局總編室於 1991 年 10 月組織編寫了《古籍校點釋例》（初稿），發表於《書品》1991 年第 4 期，後分兩期又發表於《古籍整理出版情況簡報》2000 年第 10 期、第 11 期，可供參考。

校　勘

　　（一）……
　　（二）底本的一般筆畫小誤，字書所無，顯係誤刻者，可以徑改，不出校記。
　　（三）凡遇有日曰涒舛、已巳混同之類的誤刻，均須描正，以免誤排。
　　（四）凡底本不誤，他本誤者，不出校記。
　　（五）凡本書不誤，他書誤者，也不出校記。
　　（六）凡兩通而含義不同者，可出異文校記。只是個別虛字有出入，文義無殊者，不出校記。版本異文，出校可以從寬；他書異文，出校應該從嚴。
　　（七）古人引書，每有省改。凡本書節引他書而不失原意者，即應盡量保持本書原貌，無須據他書改動本書。
　　（八）凡脱訛衍倒，確有實據，必須補改刪乙者，均應出校，必要時説明校改理由。
　　（九）凡疑有脱訛衍倒，而無堅實理據者，不能輒予補改刪乙，必要時可出校存疑。
　　（十）凡作者避本朝名諱或家諱者，一律不作改動，缺筆字則補足筆畫。個別影響理解文義的避諱字可出校指出。
　　（十一）後人傳刻古書避當朝諱者，則應根據古本回改，各於首見處出校指明，餘皆徑改，不一一出校。
　　（十二）校勘只限於底本文字的脱訛衍倒。作者見解上的錯誤，不出校糾駁。
　　（十三）校記力求扼要明白，力避枝蔓含糊和考證繁瑣。
　　（十四）正文的校記數碼，置於所校句末的標點之下。校記摘引所校正文，但舉有關詞語即可，不一定引錄整句。
　　這個《通例》可以作爲我們擬訂校例的基礎，但不可直接用爲校例。因爲：一、這個《通例》本身有不完備的地方；二、這個《通例》只是個概括性的條例，不一定完全適合每一種具體的古籍。爲此，我們對《通例》提出如下删補意見，以供撰寫校例時參考。

一、關於出校問題
　　（一）出校範圍問題
　　《通例》第四、五、十二條規定，校勘的範圍只是底本，異本他本的訛誤不出校記。我們認爲異本他書之訛誤，記而有資考證，可以考慮適當出一些。前人以及今人在校勘中實際上也這樣做了。如章鈺以胡刻《資治通鑑》爲底本校宋槧各本等即是這樣做的。他在《校例》中說："宋本脫誤之甚者，亦間記出，以資考證。"這樣做是值得肯定的。再如張文虎《校刊史記集解索隱正義札記》雖未立凡例，但從校記中可以見到他亦間記出。如《札記》卷一《周本紀》第四"必山崩"條曰："汪云《國語》《漢志》'必山'字倒。"再如王重民以甲乙丙丁卷校原卷《降魔變文一卷》，其校記〔四六〕曰："以上十句據丁卷補，又下文'肋骨粉碎作微塵'四句，丁卷只作兩句：'血流遍地已成泥，瞬息之間湌啜了'。"其〔四七〕："以上八句，丁卷作十六句。其詞如下：（略）"前爲異本脫，後爲異本多。這些都有資讀者。但這種校勘記必有限度，切不可稍濫。我們統計了余嘉錫《世說新語箋疏》①前三篇，余氏共出校記 92 條，其中出異本訛誤的校記 5 條（第 32、63、78、97、100 頁），他書訛誤的校記 1 條（第 181 頁），異本他書訛誤的校記只占整個校記的 6%。

（二）出校對象問題

第六條規定，凡兩通而含義不同者，可出異文校記。只是個別虛字有出入，文義無特殊者，不出校記。我們認爲個別虛字有出入亦應校出，道理很簡單，因爲我們校勘古籍不僅是爲了讓人瞭解其大概意思就了事，它還要供多方面的研究使用，如語言的研究，拿研究古音來說，異文就是一個得力的工具。用來研究古音的異文，可不分虛詞實詞，虛詞和實詞有同等的價值。大家知道清錢大昕研究古音得出的一個著名論斷"古無輕脣音"，這個論斷主要是運用異文來說明問題的。除實詞異文，虛詞異文也舉了不少，如"弗""不"、"匪""彼"、"無""模"等，此引一條："古讀'匪'如'彼'。《詩》：'彼交匪敖。'《春秋襄廿七年傳》引作'匪交匪敖'。《詩》：'彼交匪紓'。《荀子·勸學篇》引作'匪交匪紓'。"虛詞亦有同樣的說服力。可見虛詞的異文校勘也不能忽視，不能不出校。

再如《老子》第十三章："吾所以有大患者，爲吾有身，及吾無身，吾有何患？"《搜神記》21 條引作："吾之所以爲大患者，以吾有身也。及吾無身，吾有何患哉？"這裏引"有"改"爲"，此可爲訓詁家提供訓釋詞義的根據不說，所增加的"之"、"以"、"哉"三個虛詞，也是漢語史家研究漢語發展史

---

① 中華書局 1985 年版。

的寶貴資料。因爲它們提供了從《老子》到《搜神記》領屬短語和判斷句、反問句的表現形式的發展信息。因此，這雖是作者引改，我們在校勘《搜神記》時恐怕亦當出校指出其間的異同，不能因爲"只是個別虛字"的緣故而不管它。①

　　由上所述，關於出校，應該增加一個內容，即"異本他書的訛誤，若有資考證，可以考慮適當出校"。② 減去一個內容，即"只是個別虛字有出入，文義無殊者，不出校記"。

二、關於字體劃一的問題

　　一種古籍前後的用字往往不同，或繁或簡，或正或異，或混或分。如果合一類古籍而觀之，這種字體不一的情況就更加嚴重了。從校勘求真的目的出發，如果原作如此，當仍其舊，如果是鈔刻者所改易，理當校從原作。但是，今天校勘實際上是不問是原作所有，還是後世所改易，多對這類歧異的字形做整齊劃一的工作。這樣做確有好處，它可以使得書例統一，使古籍便於閱讀。但是，如何劃一字形，雖屬"通例"的內容，可《通例》中卻沒有提及，於此我們舉實例予以補充。

　　王季思主校《全元戲曲》，除以《通例》爲校例以外，還根據自己對元戲曲版本、校勘的研究，補寫了校例《〈全元戲曲〉字體劃一舉例》，以作爲參加校勘者做字體劃一工作的準則。現悉錄於次，以供參考。

《全元戲曲》字體劃一舉例

　　前人戲曲刊本字體紛亂現象普遍存在，劃一字體爲定本第一步工作，必須認真做好。我們的要求：一是保持前人刊本的面目，凡新出簡化字，如"減"作"灭"，"遠"作"远"，"竄"作"窜"等，一例不用；一是爲方便於今天讀者，力求劃一，音義全同、繁簡並行的異體字，改繁從簡；前人混用、後人已分清的字體，加以分別。初步想到的有下列幾類：

　　一、前人繁簡並行的，改繁從簡。例如：

---

①　參第六章《校勘應注意的幾個問題》第三節《不可輕改古書》。
②　《書品》同期刊出的《古籍校點釋例》關於出校範圍的問題有所修訂，其第六條說："凡底本不誤而他本誤者，一般不出校記。情況特殊的書，或目的在於反映各本面貌的，也可以羅列異同，以供參考。"

第八章　校勘前體例的擬訂和校勘後說明的撰寫　·225·

纔→才　　禮→礼　　響→响

繡→绣　　聲→声　　脛→逓

姦→奸　　喫→吃　　麤、麁→粗

鐵→铁　　關→関　　鬭→門

箇、個→个　　玻瓈→玻璃　　裡、裏→里

能彀→能够（"入彀"之"彀"字不改）

指麾→指揮（"麾下"之"麾"字不改）

此外如聽、臺、雙等字要否改為听、台、双字，又上舉各例是否有不恰當處仍請求在稿上批注。

二、前人慣用的別體字，今天已不通行或漸少使用，一律改用今天通行的正體字。正體非正體，以《新華字典》為準。舉例如下：

粧→裝　　懽→歡　　恠→怪

忻→欣　　拏→拿　　恡→吝

葢→蓋　　畱→留　　冠→冠

火伙→伙伴　　卓椅→桌椅

元因、元來→原因、原來　　叫→叫

般運→搬運　　暴懆→暴躁

筭、祘→算　　稍天、頭稍→梢天、頭梢

（"頭梢"之"梢"平聲，"稍微"之"稍"去聲，音義有別。至"捎帶"之"捎"當從"扌"，明刊曲本多混用）

三、前人一字兩義，彼此混用，後人已分清的，一例分清。例如：

"樹根"之"根"和"腳跟"、"跟前"之"跟"分清；

"躺下"之"躺"和"倘使"之"倘"、"流淌"之"淌"分清；

"搜索"之"搜"和"抖擻"之"擻"分清；以及上舉"元"和"原"、"般"和"搬"，"梢"、"捎"和"稍"的分清，均屬此類。

四、此外尚有一些特殊的情況。如：

"妳"的"妳"字，易與五四後作女性第二人稱的"妳"字混淆，一例改作"奶"字；

"一椿椿"的"椿"字，易與"椿萱"的"椿"字相混淆，一例改作"桩"字。

校者根據具體的校勘對象，對照《通例》和我們的刪補意見，就可以擬訂出一個較為完備的校例了。

在實際校勘過程中，可能會遇到各種各樣的問題，不斷對校例進行修改補充，以適應具體校勘對象在校勘上的需要。

第二節　校勘後說明的撰寫

　　一種古籍在校勘之後，一般都要把對這種古籍進行校勘的情況附在書前或書後向讀者說明清楚。這種說明不能把校勘前擬訂的體例直接搬上去。因為校例給校者看的，而說明則是給讀者看的。如"作者見解上的錯誤，不出校糾駁"之類的內容就不必寫入說明。但是，撰寫說明則是以校例為基礎的。

　　校勘後的說明當從如下幾個方面著手來寫。

　　（一）交代本書校勘的底本、對校本、參校本及其大致情況，包括鈔刻時代、所屬系統和校勘價值等。如果另寫版本源流考之類的論文附在書中，則只須交待底本、對校本和參校本即可。

　　（二）交代本書校勘所使用的其他資料。

　　（三）交代本書校勘所吸取的前人成果。

　　（四）交代對訛誤的處理形式，包括校勘符號的使用。

　　（五）交代對避諱字、常訛字、異體字等一些具體問題的處理形式。

　　（六）交代校記中常用書的簡稱。

　　（七）交代校者。如果是一人校書，校者名已見書名之下，說明中則不須再予交待。

　　由於校勘對象各自的具體情況不同，所以說明中對這許多內容的交代又可以有多有少、有詳有略。下面我們選錄幾則有代表性的校勘說明，供撰寫時參考。

一、人民文學出版社 1957 年版《敦煌變文集・叙例》

　　我們整理敦煌變文的計劃和步驟，擬從下面三個方面進行：

　　一　校印本　把敦煌所出變文和與變文有關的資料，迻錄校勘，排印成為一個最完備的彙編本，供研究和閱讀古典文學的人使用。

　　……

　　此《敦煌變文集》就是我們計劃中的校印本，根據一百八十七個寫本校定成為七十八種，再依故事內容分卷排列。

　　……

第八章　校勘前體例的擬訂和校勘後說明的撰寫　·227·

校印本的主要加工工作是整理與校勘，茲述校輯條例如下：
一　文題
1　凡有原題者依原題，原題前後題不同者依前題，無前題者依後題。
2　無題者依內容或他書擬補文題，而以【　】括之，並在校記第一條內作說明。
二　底本與校本
1　凡有兩卷以上者以比較完整、比較清晰之本為底卷，而以他卷校之。底卷在校記內稱原卷，別卷以甲乙丙丁……為次，並作為代號。各卷的原編號、題記及書寫殘缺情況，均記入校記第一條。
2　迻錄底卷原文要忠實，凡缺字、誤字、別字及不易認識的字均依原樣迻錄。
三　校勘體例
1　由于變文是口語，而抄寫變文的人又限於文化水平，所以各本上異文和差別字甚多。因尚有影印本，故校印本稍從嚴，不關重要的異文均從省略，而特別著重在缺字、誤字、別字及不易認識的文字上面，儘可能掃除這些閱讀上的障礙。
2　缺字：底本缺字用□表之，缺幾字用幾□。若不能確定所缺字數，則用▭表之，而在校勘記內注明約缺若干字。（缺角、殘行、空洞、破字有需說明者亦在校記內注明之。）
3　凡缺字能據別本或上下文補足時，所補之字以〔　〕括之。如底本原是脫誤，則先作〔□〕，然后旁注補字于（　）內。
4　誤字和別字多是因字形或字音相近致誤的，凡是校者以意改正的均旁注于該字之下，而用（　）括之；據別本校正的，凡可從者旁注于（　）內，再于校記中記明所據何本；次要異文不旁注于（　）內，只記于校記中。其他最常見的別體字，如"暫"作"蹔"或"𨄮"，"慚"作"慙"，"䰡䰡"作"䰡䰡"，一般可以認識者，則不加注解。
5　不易認識的字大概是唐末五代的俗體字，而今已不通行。凡經過研究而能確信者則用誤字、別字例用（　）旁注于該字之下，不能確信而又可作一說者，則記所疑於校記內。
6　敦煌寫本中有很多的同聲通用字，如"猶"與"由"、"如"與"而"、"以"與"已"、"列"與"烈"、"事""仕"與"士"、"留"與"流"、"感""憨"與"敢"之類，在今日閱讀起來有的地方很容易看出，有的地方不容易看出；凡有需要注解方能明顯的地方，亦間採用別字例旁注之。

  四　標點與分段

  1　散文與韻文分段。韻文分兩層排列；散文內應再分段者提行。

  2　基本上採用"標點符號用法"所規定的標點，但有的如破折號，使用極少。

  3　問答詞用「　」括之。

  4　人名用——，書名號用～～，其餘不用。

  5　〔　〕（　）兩符號，校勘文字時專用之，已在"校勘體例"內說明。

  五　我們編者六人，每篇變文由一人負責迻錄，由其餘五人傳觀傳校，提供意見，最後由迻錄人總記于校記之內。故每篇後均記迻錄者姓氏，以示負責。

這一例代表以卷集書、書中訛誤較多的校勘說明。

二、中華書局 1957 年版《標點續資治通鑑說明·二校補工作》

  《續資治通鑑》修的既不夠精審，刻的也不大仔細，以致訛脫顛倒的地方很多。我們根據《宋史》《遼史》《金史》《元史》和李燾《續資治通鑑長編》、秦緗業等《續資治通鑑長編拾補》、李心傳《建炎以來繫年要錄》、徐夢莘《三朝北盟會編》以及葉紹翁《四朝聞見錄》、周密《癸辛雜識》、陶宗儀《輟耕錄》等書，作了一點初步校補工作，現在分別舉例於下：

  （一）訛誤

  凡校出訛字，就於該字下面用方弧〔　〕括注正字，字體和原文一般大小，如：

  1. 卷三、頁七一，宋太祖乾德元年十二月殿中侍御史鄭起貶官一條，原文將"中"字誤作"前"字，現在改為：

  以殿前〔中〕侍御史鄭起為西河令。

  2. 卷一二四，頁三二九六，宋高宗紹興十一年十月胡世將奏吳璘戰功一條，原文"據提刑蕃人供"，其中"提刑"是"捉到"之誤，現在改為：

據提刑〔捉到〕蕃人供,金國中稱有"勇似其兄"之語。

(二) 遺漏

凡校出遺漏,就用圓弧( )括注其應補字句,字體也和原文一般大小,如:

1. 卷一一五、頁三〇五五,宋高宗紹興五年閏二月,原文:帝顧趙鼎曰:"樞密非故也,……"一條,因刪節草率,致將趙鼎所言誤作宋高宗的話,現在這樣增補:

帝顧趙鼎曰:("已與卿議定,今參知政事並兼權樞密院矣。"鼎曰)"樞密非故也,……"

2. 卷一一六、頁三〇八三,宋高宗紹興五年十二月,原文"金主以鮫魚皮爲甲"一條,也因刪節草率,致意義大謬,現在這樣增補:

是冬,金主(以蒙古叛,遺領三省事宋國王宗磐提兵破之。蒙古在女真之東北,其人勁悍善戰,)以鮫魚皮爲甲,可捍流矢。

(三) 衍文

凡校出衍文,就在該字句下用圓弧( )括注"校者按:某字或幾字衍",字體排小五號,比原文小一些,如:

1. 卷一、頁六,宋太祖建隆元年正月,馬軍都指揮使高懷德職銜誤衍"步"字,現在這樣注明:

以寧江節度使、馬步(編者按:步字衍。)軍都指揮使常山高懷德爲義成節度使、殿前副都點檢。

2. 卷一五七、頁四二二二,宋寧宗嘉泰四年七月,免兩浙逋租一條,誤衍"州縣"二字,現在這樣注明:

辛未,蠲兩浙州縣(校者按:二字衍。)闕雨州縣逋租。

(四) 顛倒

凡校出次序顛倒,就在該條下注明"校者按:此條應移某條前或後,或某年某條前或後。"按語括以圓弧,用小五號字排印,如:

1. 卷二一〇、頁五七二三,元順帝至正十一年十一月,中書省請禁軍馬踏踐田畝一條,本是至正十二年正月的事,誤載於此,現於該條下注明:

壬子,中書省言:"河南、陝西、腹裏諸路,供給繁重,調兵討賊,正當春首耕作之時,恐農民不能安于田畝,守令有失勸課。宜委通曉農事官員,分道巡視,督勒守令,親詣鄉邨,省諭農民,依時播種,務要人盡其力,地盡其利。……仍命總兵官禁止屯駐軍馬,毋得踏踐,以致農事廢弛。"從之。(校者按:此條移下年4前。)

2.卷二一二、頁五七九○,元順帝至正十五年十二月己未,哈瑪爾矯詔害死托克托一條,誤列於己巳之后,(己未在己巳前十天。)現於該條下注明:

己未,哈瑪爾矯詔遣使賜托克托鴆,遂卒,年四十二。……托克托……以惑群小,急復私讎,君子病焉。(校者按:此條應移58前。)

(五)重複

凡校出重複,就於各條酌加"校者按"指出,括以圓弧,用小五號字排印,如:

1.卷九四、頁二四五六,宋徽宗宣和五年正月丁巳,卷九五、頁二四六七,宣和五年五月癸酉,載和勒博稱帝被殺,宣和五年八月乙未,又載蕭幹稱帝被殺。和勒博即蕭幹,此因名字不同誤為二事,現在於前兩條分別予以注明:

宣和五年,春,正月,丁巳,遼知北院樞密事奚王和勒博舊作回离保,今改。(校者按,回离保,一作夔离不,即蕭幹也,下文又有蕭幹為奚帝事,謬複。)即箭笴山自立為奚國皇帝……

宣和五年,五月,癸酉,和勒博舊作回禽(离)保,今改。南寇燕地,敗於景、薊間,其眾奔潰,耶律裕古澤舊作與古哲,今改。等殺之。……(校者按:卷九十四,宣和五年正月書和勒博稱帝,至此書被殺,下文又云蕭幹為其下所殺,蕭幹即和勒博,一事重出。)

2.卷一九一、頁五二一八,元世祖至元三十一年五月庚申,載"伊實特穆爾進秩太師",戊寅又載"以伊囉勒為太師",實則伊囉勒即伊實特穆爾,此處又因名字不同誤為二事,現在於前一條予以注明:

至元三十一年……五月……庚申,……伊實特穆爾進秩太師,賜以上方玉帶……(校者按,此與18"以伊囉勒為太師"重複,因伊實特穆爾即伊囉勒也。)

(六)疑誤

凡校出疑有脫漏或重複處,都加"校者按"指出,括以圓弧,用小五號字排,如:

1.卷七、頁一七九,宋太祖開寶七年三月,載遼使耶律昌珠聘宋,卷八、頁一八六,開寶七年十一月,又載遼使耶律琮致書請與宋修好,兩條疑為一事重出,耶律昌珠似為耶律琮之契丹名字,現於兩條下各予注明:

開寶七年……三月，遣使如遼，遼使涿州刺史耶律昌珠（舊作昌虎。）加侍中來聘，議和。（校者按：此條從《遼史》。下卷開寶七年十一月甲午，"遼涿州刺史耶律琮致書於權知雄州孫全興"一條從《續資治通鑑長編》，二條疑本一事，遼、宋紀述偶有不同耳。）

開寶七年……十一月，……遼涿州刺史耶律琮致書於權知雄州孫全興，其略云："兩朝初無纖隙，若交馳一介之使，顯布二君之心，用息疲民，長爲鄰國，不亦休哉！"辛丑，全興以琮書來上，帝命全興答書，許修好。【考異】《遼史》：應曆七年春正月甲戌朔，宋遣使來賀。此時和議未成，宋不當遣賀，或是遣人議和耳，今不取。（校者按：此條所述疑與上卷開寶六年三月"遣使如遼"一條本爲一事。）

2. 卷一五〇、頁四〇一一，宋孝宗淳熙十二年十一月甲申，載黃啓宗加銜爲"祕閣"，顯有遺漏，揆以宋制，似應增一"直"字，就這樣加以指明：

以知漳州黃啓宗清廉律己，撫字有勞，除祕閣，（校者按："祕閣"上似應有"直"字。）再任。

（七）諱字改正

凡畢氏因避清代帝諱更改之字，如"《大衍曆》"之改作"《大衍歷》"，"玄妙觀"之改作"元妙觀"，"劉燁"之改作"劉煜"，"葉顒"之改作"葉容"，又因避孔子諱改"丘窆"爲"邱窆"，現在都予改回原字，不加注明。但"弘"字在宋代即已諱避，如"弘辭"之作"宏辭"，因此凡是宋代人地事物名詞之避用"弘"字者皆仍其舊，若屬於遼、金、元三朝者，則都予改回原字，如"張宏範"之改作"張弘範"即是一例。

（八）關於採用乾隆改訂三史譯名問題

畢氏採用了乾隆改譯的遼、金、元三史人地等名，他本想在某一改譯名稱初見於某一卷時，即於其下用小字注上"舊作××，今改，"如"額埒布格舊作阿里不哥，今改。"但他作的不夠仔細，有時忘記注上。現在我們凡遇到畢氏遺而未注"舊作"者，都分別予以補入，括以圓弧。如卷一七四、頁四七三四，宋理宗寶祐元年正月，蒙古皇弟呼必賚召見郝經一條，"呼必賚"下即未注舊日譯名，現在我們給他補入"（舊作忽必烈。）"。凡增補的都不加"今改"二字，以示與原注的有所區別，又畢氏常有將譯名弄錯的地方，倘這種錯誤不是二三字所能指明者，則略加辨正，如：

1. 卷一七五、頁四七七五，宋理宗寶祐六年四月丁未，蒙古侵宋，萬户字里乂與諸王穆格分道出兵，畢氏將字里乂改譯作額埒布格，甚爲謬誤，我們加上這樣的辨正：

……諸王穆格舊作莫〔木〕哥，今改。由洋州趣米倉道，萬户額埒布格舊作字里乂，今改。（校者按：額埒布格乃阿里不哥之改譯，與字里乂之音相去甚遠，據《元史·憲宗紀》，此次與諸王穆格分道出兵者實字里乂，非額埒布格，畢氏誤也。）由潼關趣沔州。

2. 卷二〇二、頁五五〇一，元泰定帝泰定元年五月，記回回事，有"回回，博果密之子，庫庫之兄也"一句。庫庫是巙巙的改譯，讀音大謬。現在於"庫庫"下加上這樣的辨正：

庫庫（校者按：舊作巙巙。按巙，奴刀切，同猱，與巎之渠龜切音遠者本非一字。因《元史》卷一四三作巙巙，後世遂多讀爲遠遠，乾隆時乃改譯爲庫庫，實大誤也。）

（九）其他的加工

《續資治通鑑》依照《資治通鑑》的辦法，以《爾雅·釋天》中歲陽、歲陰諸名詞作記年符號，但這些名詞早已不通用，因此注上干支，如卷一、頁一、《宋紀》一"上章涒灘"下括注"庚申"二字。又在每年之下括注干支和公曆，如宋太祖建隆元年下注"庚申、九六〇"等字。這樣對於讀者或不無方便之處。

（十）選錄有關《續資治通鑑》編纂經過的文字

畢沅修《續資治通鑑》既成，曾請邵晉涵訂正。但章學誠則謂邵氏審定之本已"不可訪"（見章撰《邵與桐別傳》），付刻者乃畢氏"賓客初定之本"。這段公案，今天似乎已成定論。現在我們選錄章學誠代畢沅致錢大昕書和《邵與桐別傳》，以作了解《續資治通鑑》編纂經過的參考。

這次標點工作是由容肇祖同志擔任的，校閱工作則由聶崇岐同志負責。前面所提本書的各種缺點，大大小小的統計約近二千四百條，其中標點時發見的約一百八十條，校閱時發見的約一千九百餘條，古籍出版社校閱同志發見的約二百餘條。這僅是初步校勘的結果，其他未發見的毛病恐怕還不在少數。

本書付排時，承古籍出版社校閱同志提出一些意見，又加以修改；同時聶崇岐同志校看了全書校樣，也作了若干的更正。雖然我們努力使它沒有錯誤，可是限於能力，又因爲時間倉促，沒有來得及廣泛地參考書籍，錯誤一定還很不少，希望讀者們多提意見，以便再版時更正。

這一例代表對誤脱衍倒等的處理有較完整條列的校勘説明。

三、中華書局 1962 年版《漢書‧出版説明之四》

現在我們用王先謙的《漢書補注》本（下面簡稱王本）作爲底本，分段標點，析出注文，可是只收顏注，不收補注。校勘記裏有時徵引《補注》諸家説，讀者欲知其來源，請參看《補注》本的《序例》。此外還有近人楊樹達的《漢書窺管》（科學出版社一九五五年版），校勘記也徵引到它。

我們用來校王本的是北宋景祐本（商務印書館影印的百衲本）、明末毛氏汲古閣本、清乾隆武英殿本（簡稱殿本）和同治金陵書局本（簡稱局本）四種本子。這幾種本子互有短長，但王本最後出，注中備録諸家的意見，對以前各本的得失已經有所論證，所以用它作底本較爲方便。

我們的校勘方法是不主一本，擇善而從。除了比較各本的異文，也參考了前人的研究成果，二者之中，側重前者。前人的説法如果在版本上找不出根據，我們就不輕易信從。例如《天文志》的"中宫"、"東宫"、"南宫"、"西宫"、"北宫"，王念孫和錢大昕都説"宫"當爲"官"，但是我們查不出版本的徵據，而且本志上文明説"皆有州國官宫物類之象"，王氏補注説"官如三公、藩臣，宫如紫宫、閣道"，可見官與宫各爲一事，不得混而爲一。所以我們仍存其舊文，没有照王、錢之説校改。

但是也有本書没有版本的徵據而在别的書裏可以找到旁證的，我們就根據旁證校改了。例如《高祖本紀上》"雍地定八十餘縣"一句（三八頁九行），各本都作"雍州"。王先謙説"州"字誤，當爲"地"。我們查了《通鑑》這一句正作"雍地"，而《地理志》裏也没有"雍州"，我們就根據王説校改了。

我們用來互校的五種本子可以區分成兩個系統。王本自言"以汲古本爲主"，局本也自稱"毛氏正本"，所以汲古本和局本、王本成一個系統。殿本根據明監本，明監本根據南宋劉之向的建安本，這一條線往上通過宋祁的校本而連到北宋景祐本，所以景祐本跟殿本成一個系統。我們的校勘記裏以"景祐、殿本都作某"的形式爲最多，就是這一個緣故。

王本以汲古本爲主，它對汲古本非常忠實，但王氏仍舊"遵用官本(即殿本)校定，詳載文字異同"，只是不用殿本改汲古本的正文和注文。這就是王本跟局本不同的一點。王氏發見的文字異同詳載他的補注中。注文有兩種形式：其一是"某字官本作某，是"，又其一是"某字官本作某"，不下斷語。凡是他用第一形式作注的地方，我們拿殿本的異文去對景祐本，往往彼此符合，而異文也往往比原文所用的字優長，因此我們就把底本原來的字用圓括弧括起來放在上頭，再把改正的字用方括弧括起來放在底下，同時在校勘記裏寫着"景祐、殿本都作某。王先謙説作某是"（其他各家之説可從的，也同樣處理。）。至於他用第二形式不下斷語的地方，我們拿殿本的異文去對景祐本，往往不合，倒是底本原來的字跟景祐本相同，我們就照底本不改動，也不提殿本的異文。這就是我們校勘本書的一般方法。此外，校勘記裏也有説"景祐、殿、局本都作某"的，也有説"景祐、汲古、殿、局本都作某"的，也有説"殿、局本都作某"的，也有單説"景祐本作某"或是"殿本作某"的，讀者可由我們的一般方法推知其意。

我們不僅校字而已，同時還校正舊注的句讀，例如卷一上的校勘記一〇頁四行和卷七的校勘記二二三頁一行。

……

這個本子是西北大學歷史系的同志們分段標點的，經傅東華先生整理加工了校勘記，難免有不妥之處，希望讀者指正。

這一例代表主要採用前人成果的校勘説明。

四、中華書局 1964 年版《通鑑記事本末·説明之二》

本書淳熙三年(1176)初刊於嚴州郡學，世稱宋小字本。寳祐五年(1257)，趙與𥲅以嚴州本字小且訛，又改用大字重刻於湖州，此即所謂宋大字本。兩種宋本皆存。大字本的書板明初尚存南監，所以印本更多些。明末張溥曾就袁書加上自己的"論正"，晚清江西、廣雅等書局諸本皆據張溥論正本刊刻。

宋大字本商務印書館曾據以影印，列入《四部叢刊》。由於這個本子比較接近原書面貌，即用爲底本，校點分段。《通鑑》是袁書所據的藍本，因此曾取胡克家本《通鑑》對校一過，發現歧異，並就北京圖書館所藏宋小字本參校。大字本誤而小字本不誤者,徑行改正。凡兩本皆誤,據《通鑑》校改處,都加有方圓括號:方括號表示增,仍用大字;圓括號表示刪,用小字排印。限於水平,錯誤恐所難免,希望讀者隨時指正。

這一例代表原刻存在、訛誤不甚的校勘說明。

由上可見,校勘說明很靈活,有詳有略有偏重。但是,這些都不是任意的,都是由具體校勘對象的實際校勘情況所決定的。

練習題

1. 評述中華書局《古籍校點釋例》中校勘的條例。
2. 從校勘的目的角度談談校勘古籍的字體劃一問題。
3. 校勘前的體例與校勘後的說明有哪些不同?
4. 簡述校勘後說明的主要內容。

第九章　在校勘底稿上的工作

第一節　在校勘底稿上的工作

前人校書有直接記於眉脚行間的，有邊鈔邊校的。今天有了照相、複印技術，一般是把選定的底本一頁頁加以複印，然后再根據校例的要求在複印件上做工夫。用來做工夫的複印件（或原書）我們叫它校勘底稿。

在校勘底稿上的工作狀況，取決於校勘成果的發表形式和校勘記的位置。下面我們舉《燕丹子》①卷下的一段爲例來介紹校者在校勘底稿上進行工作的幾種主要情況。

　　太子驚愕失色，歔欷飲淚曰："丹所以戒先生，豈疑先生哉！今先生自殺，亦令丹自棄於世矣！"茫然良久，不怡民民日太子置酒請軻，酒酣，太子起爲壽。夏扶前曰："聞士無鄉曲之譽，則未可與論行；馬無服輿之伎，則未可與稱良。今荆君遠至，將何以教太子？"欲微感之。軻曰："士有超世之行者，不必合於鄉曲；馬有千里之相者，何必出於服輿。昔呂望當屠釣之時，天下之賤丈夫也；其遇文王，則爲周師。騏驥之在鹽車，駑之下也；及遇伯樂，則有千里之功。如此在鄉曲而後發善，服輿而後別良哉！"夏扶問荆軻："何以教太子？"軻曰："將令燕繼召公之迹，追甘棠之化，高欲四三王，下欲六五霸。於君何如也？"

這是孫星衍從紀昀處得到的自《永樂大典》中輯出的《燕丹子》鈔本中的一段。用異本影印《永樂大典》本和其他校勘資料來比勘，校出這段中有數處訛異。如果以底本附校勘記、校勘記置卷末的形式發表校勘成果，我們

---

①　程毅中點校，中華書局 1985 年版。

應先在正文有訛誤異同的詞語之後逐一編序號,再在卷後另附紙,按序號寫出校勘記。其具體工作過程是:

在"民氏日太子"後編序號〔一〕,在附紙上相應寫道:

〔一〕據文義"民"乃"后"之形誤,"后"與"後"同,"氏"字衍。又,據《史記·刺客列傳》"太子"在"後日"之上。

"夏扶前"後編序號〔二〕,附紙上寫:

〔二〕據《文選》謝康樂《過始寧墅詩》、江文通《詣建平王上書》注引,此衍"前"字。

"則未可與稱"後編序號〔三〕,附紙上寫:

〔三〕據《文選》潘安仁《西征賦》注引,"稱"爲"決"之誤。

"夏扶問荆軻"後編序號〔四〕,附紙上寫:

〔四〕《文選》何平叔《景福殿賦》注引"問"作"謂","軻"下有"曰"字。又,《大典》本"軻"上無"荆"字。

"高欲"後編序號〔五〕,附紙上寫:

〔五〕據《文選·景福殿賦》注引,此"高欲"和下句"下欲"下皆脱"令"字。

這樣,按照底本附校勘記、校勘記置於卷末的形式發表校勘成果,在校勘底稿上應做的工作就完成了。

如果以保留原有訛誤的定本附校勘記、校勘記置於卷末的形式發表校勘成果,校勘記仍如上作,原文用圓括號括去校正前有訛誤的文字,用方括號補上校正後正確的文字就行了。圓括號就加在原文該刪去的字上,方括號和其中的文字置於圓括號附近的空處,用增補號"Y"或"人"引於圓括號之後。如果是補脱文,則用增補號引於缺文之處。圓、方括號附於原文印出,增補號示排版者,不印出。

上述五個校處,除去其四異同校(異同校不能够用來改原文)外,其餘四處分别處理成:

〔太子後日〕〔一〕

不怡(民氏日太子)人置酒請軻

〔二〕

夏扶(前)人曰

〔決〕〔三〕
則未可與（稱）良

〔令〕〔五〕　　〔令〕
高欲四三王，下俗六五霸

圓括號內的字一般用小一號的字排。排印出來即是：

不怡（民氏曰太子）〔太子后曰〕〔一〕置酒請軻
……

如果以不保留原有訛誤的定本附校勘記、校勘記置於卷末的形式發表校勘成果，正文的改法與校勘記的寫法都要改變。正文用引正號、刪去號、移位號、增補號，改正誤字、刪去衍字、移正錯位之字、補上脫字。

正文四處改法如下：

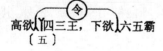

排印出來即為：

不怡太子後曰〔一〕置酒請軻
……

校勘記逐一做為：

〔一〕"太子後曰"原作"民氏曰太子"，據文義和《史記·刺客列傳》改。

〔二〕"夏扶"後原有"前"字,據《文選》謝康樂《過始寧墅詩》、江文通《詣建平王上書》注引刪。

〔三〕"決"原作"稱",據《文選·西征賦》注引改。

〔四〕(同前不改。)

〔五〕此"令"和下句"下欲"後之"令",據《文選·景福殿賦》注引補。

以底本、定本附校勘記,校勘記置於書後、回後、篇後、章後、語段後、頁後的形式和只以定本的形式發表校勘成果,校者在校勘底稿上的工作情況可以類推。

以底本、定本附校勘記,校勘記置於有訛誤的詞語或句子之後的形式發表校勘成果,在校勘底稿上的工作情況又有所不同了。如果校勘記少,即採取古人直記於眉脚行間的辦法。如果校勘記較多,眉脚行間就難以容納了。在這種情況下,有的校者採用了古人鈔校的辦法。但是,鈔校有其弊病,多鈔一遍,往往就新增加一些訛誤。因此,現在大多數校者採用貼校的辦法,即把原文按訛誤分段逐一剪下,貼一段,做一個校勘記。如校勘記置於有訛誤的詞語後,即剪"不怡民氏日太子"斷開,貼於稿紙之上,把校勘記做於其後,再剪貼上"置酒請軻"等直至有訛誤處的下文,如此以往。校勘記置於有訛誤的句子之後同理。

第二節　校勘常用符號

由上節可知,校勘離不開符號。爲此,本節以表格的形式,對校勘過程中常用的符號作一簡略的介紹,以供使用參考。

符號名稱	符號	説明	舉例
圓括號	( )	刪去有誤的文字。示讀者	例見上節
方括號	〔 〕	補上正確的文字。示讀者	同上
改正號	⌕	改正錯字。示排印者,下皆同	同上

增補號	ʎʎ	表明增補文字要排到指定的位置	同上
刪去號	⍟	表明某些文字要刪去	同上
移位號	○→	表明某些文字要移至箭頭所指位置	同上
	∽	乙正文字的次序	它之山石
	⊢	向左移	它山之石可以攻玉
	⊣	向右移	它山之石可以攻玉
	⊤	向上移	山之石 它
	⊥	向下移	它 山之石
另起行號	∫	表明要另起一行	它山之石可以攻玉
接排號	↶	表示兩行接排	它山 之石
空字號	#	表明此處要空一字	# 王弼注
	# #	表明此處要空二字，餘類推	## 國風
	ǂ	空半字	ǂ ǂ ǂ 五十一章

符號名	符號	用途	示例
轉正號	⚥	改正橫倒之字	
代號	△ =	一頁內有三個或三個以上相同的錯字,各加三角號,於空白處統一改正	一△水二△火三木四△金五△土 △=曰
保留號	△	校錯再正,保留原貌	
角碼號	▯	表明間隔號要居中	愛新覺羅.努爾哈赤
	▯	表明開引號要居左上角,餘類推	子曰:吾不如老農。"
加空號	⌣	加大字間距離	它山之石
	〉〈	加大行間距離	它山之石〈可以攻玉
減空號	⌢	減小字間距離	它山之石
	〈 〉	減小行間距離	它山之石〉可以攻玉
排齊號	═	上下排齊	它 之 山 石
	∥	左右排齊	它｜山之石 可｜以攻玉
換字號	⚥	字迹不清需換	它山之⊗

說明:表中符號若用於豎行文字,有些要作方向上的改變。如移位號:

用於橫行文字爲:不怡↑民氏日(太子)置酒請軻

用於豎行文字則需向上移或下移。如:

練習題

1. 選擇一種校勘記的發表形式,簡述其在紙本校勘底稿上工作的步驟。
2. 設計一種在電子文本校勘底稿上工作的方案。
3. 設計一種運用現代文本的插入(insert)、批注(comments)、追蹤修訂(track changes)等技術寫作校勘記的工作方案。
4. 示排印工作者與示讀者的校勘符號有哪些不同。

第十章 目録知識在校勘中的運用

目録是按一定次序編排以供查考的圖書或篇章的名目。目録學是研究目録、目録工作和目録事業規律的一門獨立的學問。我們這章不是講目録學，而是著重談談校勘工作中怎樣運用目録。

第一節 運用目録檢索現存古籍版本

我們校理一種書籍，首先要做的工作是要全面瞭解此書的現存版本。了解現存版本的主要途徑是檢索有關古籍的目録。下面介紹查找古籍版本的常用目録專著。（大致按一般古籍目録、叢書目録、善本書目録、地方志目録、解放後出版的古籍目録的次序。）

一、《四庫全書總目》

《四庫全書》是清乾隆年間官修的一部大叢書。共收書3,503種，79,330卷，存目6,819部，94,034卷。在纂修過程中，館臣每校定一書，都要在卷首寫上一篇提要。後來紀昀等將這些提要匯集起來，加以審改，統一分類，編成了《四庫全書總目》（又名《四庫全書總目提要》）。提要的主要內容是卷數、版本來源、著者簡歷、篇章卷目、著述體例、品評得失。該書中華書局有新印本，書後附書名及著者姓名索引，採用四角號碼檢字法編排，同時另附筆畫檢字，頗便於檢索。

二、《四庫全書簡明目録》

永瑢等撰，中華書局1964年重印出版，共20卷，篇幅爲《總目》十之一，是《總目》的簡本。它删除了存目部分，僅收《四庫全書》中的3,400多種，同時還刪節了提要內容，使之更爲簡明。仍按《總目》四部分類法編排。中華書局新印本是據上海古典文學出版社原版重印的，文中一律加上新式標點，版面眉目清楚，書後附書名、著者索引，使用方便。

三、《(增訂)四庫簡明目錄標注》

清邵懿辰撰，邵章續錄，中華書局 1959 年重印出版。本書是邵懿辰據其所見，專門對《四庫全書簡明目錄》所收各書版本的標注。流傳後，王懿榮等對此書作了批校與增補。光緒年間邵懿辰、孫邵章又仿該書體例作《續錄》，專收咸豐年間以後嗣出的各種版本，對原書又加增補，於 1911 年加以刊行。現在這個增訂本，是由邵章之子邵友誠將邵懿辰的"標注"作爲基本部分，將各家的校補作爲"附錄"，連同邵章的"續錄"匯集在一起編成的。這個增訂本實是不少版本目錄學家共同研究的成果，它是迄今爲止記載古籍版本最廣泛最詳細的書目之一，爲查考古籍版本必備的參考書。此書有按四角號碼檢字法編排的《本書書名著者綜合索引》。

四、《販書偶記》及《販書偶記續編》

孫殿起編。前者中華書局 1959 年出版，後者上海古籍出版社 1980 年出版。二書是孫氏在經營古籍販賣之時對其所親見版本的詳細記錄。所記主要是清代著作，共約 16,000 種。其收書標準是凡見於《四庫全書總目》的不錄。

五、《書目答問補正》

清張之洞撰，范希曾補正，中華書局 1963 年重印出版。張氏之撰原爲讀書書目。1931 年范氏爲此書作了補正，糾正了原書中的錯誤，補充了漏記和新出的版本。本書記錄常見版本是它的一大特點。

六、《四部叢刊書錄》

孫毓修編，商務印書館 1922 年出版。這是專供查檢《四部叢刊》所收各書的目錄。本書錄按經、史、子、集四部編排。每書著錄卷數、撰人，並詳載版本。

七、《四部備要書目提要》

中華書局編,1936年印行。這是專供查檢《四部備要》所收各書的書目。本書目也按經、史、子、集四部編排。每書先列著者小傳,然后照錄《四庫全書總目》的記載;《四庫全書》未收者,則自編"本書述略",簡介內容、得失,最后記載"卷目"。

八、《叢書集成初編目錄》

商務印書館編,1935年出版。這是專供查檢《叢書集成初編》的。《叢書集成初編》是商務印書館編輯出版的專收各種重要叢書的大型叢書,收錄宋代至清代100部較有價值的叢書,其中包括4,000多種著作,約兩萬卷。收錄標準是以實際需要與流傳孤本為主。本目錄書前有叢書百部目錄,分為普通叢書、專科叢書、地方叢書三大類。普通叢書按叢書成書時間,分為宋、明、清各部;專科叢書按學科性質,分為經學、小學、史學、目錄學、醫學、藝術、軍事各部;地方叢書則按行政區級別,分為省區和郡邑兩部。叢書百部提要則簡介叢書內容、特點及編輯概要。要想查找有關叢書即可以利用這個分類目錄和提要。本書子目是按《王雲五中外圖書統一分類法》編排的。先分總類、哲學、宗教、社會科學、語文學、自然科學、應用科學、藝術、文學、史地等十大類。每大類下又分許多小類。由於類目分得較細,可以按類求書。每書下注明所屬叢書,很快可以得知此書收在何種叢書之中。

《叢書集成新編總目、書名索引、作者索引》,新文豐出版公司編輯部編,新文豐出版公司1986年出版。這是專供檢索該公司1985年出版的《叢書集成新編》編輯的目錄索引。

九、《叢書子目索引(增訂本)》

金步瀛編,上海開明書店1935年出版。這是一部館藏叢書子目索引。它以浙江圖書館所藏為主,收叢書469種,書名子目12,000餘條,按筆畫次序排列。

十、《叢書子目備檢》

著者之部,曹祖彬編,金陵大學圖書館1935年印行。這也是一部館藏叢書子目索引。以金陵大學圖書館所藏叢書361種,子目6,000餘條,編成了著者索引。著者姓名按首字筆畫排列。書前附有《本索引所收叢書一覽表》《叢書書名簡稱表》《著者首字檢查表》。

十一、《叢書子目書名索引》

施廷鏞編,清華大學圖書館1936年印行。這也是一部館藏叢書子目索引。它以清華大學圖書館所藏爲主,收叢書1,275種,子目40,000餘條,以1936年1月以前該館所藏叢書爲時限。全書按書名筆畫次序排列。

十二、《中國叢書綜錄》

上海圖書館編。全書共三册,中華書局出版。第一册出版於1959年,第二册1961年,第三册1962年。這是目前最完備的一部叢書目錄。它收錄了全國各大城市包括北京、上海、南京、杭州、武漢、廣州等地41個主要圖書館當時實際收藏的歷代叢書2,797種,古籍38,891種。規模之宏大,體例之謹嚴,都超過以往所有的叢書目錄,基本上反映了我國歷代出版的叢書的面貌。

第一册包括《叢書總目》《全國主要圖書館收藏情況表》《叢書書名索引》。《總目》分:(一)匯編,即綜合性叢書,下面再分雜纂類、輯佚類、郡邑類、氏族類;(二)類編,即是專屬一類的叢書,下面又分經類、史類、子類、集類。每類之下再細分種屬。然後著錄各種叢書書名、編輯者、編輯年代、刊刻者、刊刻年代、組成情況和全部子目。叢書的大體性質、內容由此可以看得出來。《全國主要圖書館收藏情況表》是以表格的方式,揭示這些叢書現在收藏在何處以及完整或殘缺情況,使《中國叢書綜錄》所收錄的每一種叢書,都有確實的著落,不管是多麼珍貴罕見叢書,至少都可以在一所圖書館中找到。《索引》可以檢索所有叢書名稱,以及叢書中所包括的子目書名。

第二册是叢書子目,也按四部分類法編排,每類之下再細分小類、種屬。分類之細往往有超過前人之處,許多極有價值的古書第一次在子目分類目錄上得到了反映。每一子目,注明書名、卷數、撰者和收在何種叢書之中。利用這個叢書子目目錄不僅可以瞭解書籍的大體內容、性質,而且可以示向求書、按類求書,可知道更多相關的書,爲檢索古書提供了很大的方便。

第三册是爲第二册服務的工具書,包括《子目書名索引》和《子目著者索引》。索引按四角號碼檢字法順序排列,書前附有《四角號碼檢字法》《索引字頭筆畫檢字》《索引字頭漢語拼音檢字》。

三冊有機結合,使用時常需互相參用。

十三、《中國叢書廣錄》

陽海清編撰,趙興茂、陳彰璜參編。分上下兩冊。湖北人民出版社1999年出版。該書收錄1990年前海内外刊印的中國古籍叢書達3,279種,而於《綜錄》已收者不再收入,只包括少數書名、版本、子目異於《綜錄》者。上冊爲《叢書分類簡目》《叢書分類詳目》《叢書書名索引》《叢書編撰者、校注者、刊刻者索引》,下冊爲《子目分類索引》《子目書名索引》《子目著者索引》。各索引均以四角號碼編排,另附索引字頭筆畫和漢語拼音檢字。叢書下多附有按語。

十四、《中國叢書綜錄續編》

施廷鏞編撰,北京圖書館出版社2003年出版。該書收錄叢書1,100餘種,凡《中國叢書綜錄》《中國叢書廣錄》已收錄的叢書資料,原則上不再收錄,但在書名、作者、版本、子目、卷數等方面有一項與編撰者所收錄的資料有差異時亦予收錄並加星號標記之。編撰體例大致與《中國叢書綜錄》相同。

十五、《中國善本書提要》

王重民撰,上海古籍出版社1983年出版。該書正編收王氏經眼古籍善本書4,200多種,補遺100多種,共4,400多種,收錄的大多是清康熙以前校刊或鈔寫之書。此書側重注錄圖書版刻或文字增刪的情況,對每書的版本、著者、編者、刻工等都加考訂。在使用該書時要注意,該書注錄約有美國國會圖書館所藏善本1,600餘種。該書的《補編》已由書目文獻出版社1991年出版,可供查檢。

十六、《中國古籍善本書目》

中國古籍善本書目編輯委員會編,上海古籍出版社出版。分經、史、子、集、叢五部,共9冊。《經部》1冊,1989年出版;《史部》2冊,1993年出版;《子部》2冊,1996年出版;《集部》3冊,1996年出版;《叢部》1冊,1990年出版。本《書目》共收錄善本圖書57,500多種,加上索引,共達259,000多個條目。收書以1978年在南京召開的《中國古籍善本書目》善本九條標準爲原則，參下章第一節《善本的校勘價值》"二、什麼是善本"。這是收集善本最全的書目。

了解各圖書館的善本書，利用各該館編輯的善本書目，也很方便。下舉幾種。

十七、《北京圖書館善本書目》

北京圖書館善本部編，中華書局1959年出版。本書主要收錄建國以後10年中入藏的善本共11,348種，注明刻書時代、刻書者姓氏；鈔本有資料可據的，注明鈔寫年代；刻本有批校和題跋的也加以注明；最後附該館索書號。按經、史、子、集四部分類排列，叢書自爲一類。

十八、《上海圖書館善本書目》

上海圖書館編，1957年出版。上海圖書館是我國省市級最大的圖書館，現藏有古籍善本20,000種，150,000萬冊。本書收錄該館1956年9月以前入藏的善本書2,470種，其中以明刻本居多，也有宋元舊槧、清代刻本及舊鈔本。按經、史、子、集、叢五部所屬類目排列，每書之下注明撰人、版本；宋元舊槧則注明行款、字數。

十九、《北京大學圖書館善本書目》

北京大學圖書館1958年編印。北京大學圖書館是我國高等院校最大的圖書館，藏古籍善本10,000多種。本書收錄館藏乾隆以前的精刻本、活字本、舊鈔本、批校本、稿本、稀見本、保留本7,800餘種，兼收朝鮮、日本的舊刻本、舊活字本、鈔本。按經、史、子、集、叢五部所屬類目編排，其中史部按內容時代編排，集部按著者時代編排。

臺灣藏善本書綫裝書等古籍可以利用臺灣的書目檢索。如《善本書目》，包括《國立臺灣大學善本書目》《臺灣省立臺北圖書館善本書目》《國防研究院善本書目》《國立臺灣師範大學善本書目》《私立東海大學善本書目》五種，由本書目編者1968年印行；《臺灣公藏善本書目》，國立中央圖書館編，該館1971年印行；《國立中央圖書館善本書目》，國立中央圖書館編藏，中華叢書委員會1957年印行；《國立故宮博物院善本書目》，國立故宮博物院編，由書目編者1968年印行；《中央研究院歷史語言研究所善本書目》，中央研究院歷史語言研究所編，由書目編者1968年印行；《國立故宫博物院善本古籍總目》，國立故宫博物院編，由書目編者 1983 年印行；
《國立臺灣大學普通本綫裝書目》，國立臺灣大學圖書館編，該館 1971 年
印行；《國立中央圖書館國立臺灣師範大學私立東海大學普通本綫裝書
目》，國立中央圖書館、國立臺灣師範大學、私立東海大學編輯，由書目編
者 1970 年印行；《臺灣各圖書館所藏中文書目聯合目錄》，臺灣省立臺北
圖書館編，由編者 1963 年印行；等等。

  藏在國外的中文善本書等古籍，也有一些書目可供檢索。如《美國哈
佛大學哈佛燕京圖書館中文善本書志》，沈津著，上海辭書出版社 1999 年
出版；《普林斯頓大學葛思德東方圖書館中文舊籍書目》，葛思德東方圖書
館編，臺灣商務印書館 1990 年出版；《美國國會圖書館藏中國善本書目》，
王重民輯錄、袁同禮重校，文海出版社 1972 年出版；《圖書寮漢籍善本書
目》，（日本）宫內省圖書寮編，1930 年東京大久保秀郎排印本；《日本九州
大學文學部書庫漢籍目錄》，周彥文著，臺北文史哲出版社 1995 年出版；
《日本藏漢籍善本書志書目集成》第 1 册至第 10 册，賈貴榮輯，北京圖書
館出版社 2003 年出版；等等。

二十、《中國地方志綜錄（增訂本）》

  朱士嘉編，商務印書館 1958 年出版。本書是據全國 41 所圖書館所
藏方志編成的。共收方志 7,413 種，109,143 卷。全國收藏方志比較豐
富的圖書館有 28 所，所以該書列出這些圖書館的藏書情況表。每一種方
志均注明書名、卷數、纂修人、版本，按清一統志次序排列。行省的次序根
據《中華人民共和國行政區劃簡册》排列。書後附有《書名索引》《人名索
引》。另外，臺灣有稀見方志 232 種，3,487 卷，美國國會圖書館有我國方
志 4,000 種，其中稀見方志 80 種，該書也將這些方志編成簡表附於書後。

二十一、《中國地方志聯合目錄（初稿）》

  1978 年印。本書由中國天文史料普查整編組在上書的基礎上新編
而成。這是我國現存 8,500 多種地方志的具有文獻記錄性質的專門目
錄，又是全國主要圖書館、博物館、文化館等 180 多個單位參加的館藏地
方志聯合目錄。收錄範圍包括省志、府志、州志、廳志、縣志、衛志、所志、
關志、鄉鎮志、島嶼志等各種鄉土志。每種著錄書名、卷數、纂修人、修志
時間和版本、收藏單位、備注等項。版本包括單刻本、鈔本、稿本、叢書

本、影印本、膠卷、静電複印、油印各項，收藏單位著錄簡稱，另附簡稱表。此書內容較上書更爲詳盡具體，便於選擇使用。書後附《日本稀見中國地方志目錄》《美國國會圖書館所藏稀見中國地方志目錄》。

二十二、《古籍目錄(1949.10—1976.12)》

國家出版局版本圖書館編，中華書局1985年出版。本書收入1949年10月至1976年12月出版的各類古籍1,729種。分綜合、學術思想、歷史、文化教育、語言文字、文學藝術、農書、醫書、其他科技書10類，有的類下又分小類。每書注錄包括書名、裝幀、函數、册數、作者及時代、出版單位、整理情況等。這是解放後出版的一部最詳明的古籍專著目錄，很實用。

二十三、《1949—1981古籍整理編目》

古籍整理出版規劃小組編，中華書局1981年出版。本書收入1949年10月至1981年10月出版的文史哲古籍1,559種，按年登錄。一年之內排列順序大致是文學、語文文字、歷史、哲學以及綜合參考等。沒有解題。

二十四、《全國總書目》

年刊。國家出版局版本圖書館編輯出版。原由新華書店總店1955年編輯出版第一部《全國總書目(1944—1954)》，1957年編輯出版第二部《全國總書目(1955)》。1958年起，由國家出版局版本圖書館編輯出版《全國總書目》年刊。本書目反映我國正式出版單位出版的公開發行的圖書以及部分内部發行的圖書，可以用來檢索新版古籍。

二十五、《全國新書目》

月刊。國家出版局版本圖書館編輯出版。原由國家出版總署圖書期刊司編，1950年編印創刊號《1950年全國新書目》，1953年改爲《每月新書目》。1955年起由國家出版局版本圖書館編輯出版，定名《全國新書目》。本書目報導全國新書出版情況，可以用來檢索新版古籍。

二十六、《中國國家書目》

年刊。北京圖書館《中國國家書目》編委會主編，書目文獻出版社出版。1987年起出版1985年書目。1985年書目按《中圖法》分爲38個類目。本書目收錄每年公開出版的書籍。

二十七、《中國國家書目回溯光盤》

北京圖書館、上海圖書館等館共同編製。1996 年完成。《中國國家書目回溯光盤(1949—1974 年)》收錄書目數據 24 萬條;《中國國家書目回溯光盤(1975—1987 年)》收錄數據 15 萬條;《中國國家書目回溯光盤(1988—1999 年)》收錄書目數據 50 萬條;《中國國家書目回溯光盤(2000 年)》收錄書目數據 6.5 萬條。每條書目記錄包含書名、著者、出版者、出版年、頁數、中圖法分類號和主題詞等項。檢索點:題名、作者、主題、關鍵詞、分類號、出版社、題名作者漢語拼音;檢索方式:可以模糊(任意一致)檢索,也可以精確檢索,可以單項檢索,也可以布爾邏輯組配檢索。可檢索新版古籍。

二十八、《中華民國出版圖書目錄》

月或數月或年度合刊、輯刊。國立中央圖書館編,1952 年開始先後由中國文化出版事業委員會和中央圖書館印行。本目錄反映臺灣書籍實際出版情況。可用來檢索臺灣新版古籍。

二十九、《古籍整理出版情況簡報》

期刊。國務院古籍整理出版規劃小組編輯,中華書局出版發行。自上世紀 80 年代以來,爲了便於使用,該刊對每年出版的古籍目錄都及時加以整理匯總予以登載。

另外,中國出版工作者協會編,中國書籍出版社出版的《中國出版年鑒》,新聞出版署計劃財務司編,經濟日報出版社出版的《全國圖書書目總匯》,亦可供檢索新版古籍之用。

第二節　目錄的編排檢索方法

要想順利便捷地使用目錄,首先必須熟悉目錄及其索引的編排檢索方法。目錄及其索引的編排檢索方法主要有分類、筆畫、號碼、音序、時序幾種。筆畫、音序、時序三種方法不作介紹。這裏只著重介紹必需掌握的四部分類法和四角號碼檢字法。

一、四部分類法

有不少古籍目錄已經後人附上了筆畫、四角號碼等檢字法索引。但是,仍有很多是按四部分類法編排的,因此,利用這些目錄必需懂得四部分類法。

四部分類法産生較早,到了唐魏徵撰《隋書·經籍志》,以經、史、子、集名稱標示四部類名,從此定爲永制。清代乾隆年間纂修《四庫全書》,紀昀等在經、史、子、集四部分類法的基礎上加以修訂整理,定爲四部四十四類,其中又有十五類再分子目。從此,公私藏書目錄均以此分類古籍。現代編寫的《中國古籍善本書目》等仍然使用四部分類法。因此,有人説,掌握四部分類法,就等於有了一把打開古籍寶庫的鑰匙。

《四庫全書總目》類目如下:

經部——易類、書類、詩類、禮類(周禮、儀禮、禮記、三禮總義、通禮、雜禮)、春秋類、孝經類、五經總義類、四書類、樂類、小學類(訓詁、字書、韻書)。

史部——正史類、編年類,紀事本末類、別史類、雜史類、詔令奏議類(詔令、奏議)、傳記類(聖賢、名人、總錄、雜錄)、史鈔類、載記類、時令類、地理類(宮殿疏、總志、都會郡縣、河渠、邊防、山川、古迹、雜記、遊記、外紀)、職官類(官制、官箴)、政書類(通制、典禮、邦計、軍政、法令、考工)、目錄類(經籍、金石)、史評類。

子部——儒家類、兵家類、法家類、農家類、醫家類、天文算法類(推步、算書)、術數類(數學、占候、相宅相墓、占卜、命書相書、陰陽五行、雜技術)、藝術類(書畫、琴譜、篆刻、雜技)、譜錄類(器物、食譜、草木鳥獸蟲魚)、雜家類(雜學、雜考、雜説、雜品、雜纂、雜編)、類書類、小説家類(雜事、異聞、瑣語)、釋家類、道家類。

集部——楚辭類、別集類(一、漢至五代;二、北宋建隆至靖康;三、南宋建炎至德祐;四、金至元;五、明洪武至崇禎;六、國朝〔清〕)、總集類、詩文評類、詞曲類(詞集、詞選、詞話、詞譜詞韻、南北曲)。

二、四角號碼檢字法

古籍目錄很多附有四角號碼索引,掌握了四角號碼索引檢索起來極其便捷。

四角號碼檢字法是商務印書館的高鳳謙和王雲五等人在 20 世紀 20 年代創製的。其凡例如下:

四角號碼檢字法

第一條　筆畫分為十種，用0到9十個號碼來代表：

號碼	筆名	筆形	舉例	說明	注意
0	頭	亠	言主广疒	獨立的點和橫相結合	1 2 3 都是單筆。0 4 5 6 7 8 9 都由二以上的單筆合為一複筆。凡能成為複筆的，一切勿誤作單筆：如 山應作0不作3．寸應作4不作2．厂應作7不作2．宀應作8不作3．2．小應作9不作3．3．
1	橫	一ノし丶	天土地江元風	包括橫、挑(提)和右鉤	
2	垂	｜丿丨	山月千則	包括直、撇和左鉤	
3	點	丶丶	六衤宀厶之衣	包括點和捺	
4	叉	十乂	草杏皮刈大對	兩筆相交	
5	插	扌	扌戈中史	一筆通過兩筆以上	
6	方	口	國鳴目四甲由	四邊齊整的方形	
7	角	丁厂ㄥ	羽門反陰雷衣學穿	橫和垂的鋒頭相接處	
8	八	八ソ人入	分頁羊余災家足牛	八字形和它的變形	
9	小	小⺌屮个忄	尖魚舞杲惟	小字形和它的變形	

第二條　每字只取四角的筆形，順序如下：

　　(一)左上角　(二)右上角　(三)左下角　(四)右下角

　　(例) (一)左上角　　端　　(二)右上角
　　　　(三)左下角　　　　　 (四)右下角

檢查時照四角的筆形和順序，每字得四碼：

　　(例) 顏＝0128　戴＝4325　烙＝9786

第三條　字的上部或下部，只有一筆或一複筆時，無論在何地位，都作左角。它的右角作0。

　　(例) 宣　直　首　冬　軍　宗　母

每筆用過後，如再充他角，也作0。

　　(例) 成　持　掛　大　十　車　時

第四條　由整個口門鬥行所成的字，它們的下角改取內部的筆形，但上下左右有其他的筆形時，不在此例。

　　(例) 因＝6043　閉＝7724　鬪＝7712　衡＝2143
　　　　茵＝4460　灡＝3712　荇＝4422

附　則

I. 字體寫法都照楷書如下表：

正	冖	隹	匕	反	乑	戶	安	心	卜	斥	刃	业	亦	革	執	禺	衣
誤	冖	隹	匕	反	乑	戶	安	心	卜	斥	刃	业	亦	革	執	禺	衣

II. 取筆形時應注意的幾點：

1. 亠戶等字，凡點下的橫，右方和他筆相連的，都作3，不作0。
2. 尸囚門等字，方形的筆頭延長在外的，都作7，不作6。
3. 角筆起落的兩頭，不作7，如'7'。
4. 筆形"八"和他筆交叉時不作8，如美。
5. 业骨中有二筆，永小旁有二筆，都不作小形。

III. 取角時應注意的幾點：

1. 獨立或平行的筆，不問高低，一律以最左或最右的筆形作角。

(例) 非　肯　疾　浦　帝

2. 最左或最右的筆形，有他筆蓋在上面或托在下面時，取蓋在上面的一筆作上角，托在下面的一筆作下角。

(例) 宗　幸　寧　共

3. 有兩複筆可取時，在上角應取較高的複筆，在下角應取較低的複筆。

(例) 功　盛　頗　鴨　查

4. 撇為下面他筆所托時，取他筆作下角。

(例) 春　奎　碎　衣　辟　石

5. 左上的撇作左角，它的右角取作右筆。

(例) 勾　鈎　俸　鳴

IV. 四角同碼字較多時，以右下角上方最貼近而露鋒芒的一筆作附角，如該筆已經用過，便將附角作0。

(例) 芒＝4471．元　拼　是　疖　歆　畜　殘　儀　難　達　越　繕　蠻　軍　覽　功　郭　疫　癥　愁　金　遠　仁　見

附角仍有同碼字時，再照各該字所含橫筆（一ノ丨丶）的數目順序排列。例如"市"、"帝"二字的四角和附角都相同，但市字含有二橫，帝字含有三橫，所以市字在前，帝字在後。

胡適在 1926 年和 1930 年曾兩次爲四角號碼檢字法編過歌訣,後來人們在使用過程中作了修改,成《筆畫號碼對照歌》。商務印書館 1950 年出版的《四角號碼新詞典》附有《對照歌》,全文如下:

　　橫一垂二三點捺,
　　叉四插五方框六,
　　七角八八九是小,
　　點下有橫變零頭。

以上口訣,有助於我們記憶,但它只是粗綫條的勾勒,僅靠它還不能掌握四角號碼檢字法。如果我們配合口訣再熟悉一些典型的字,那麼掌握四角號碼檢字法就不很困難了。

A) 橫一垂二三點捺

橫一,除了橫"一"以外,還包括提"一"和右鈎"乀 乚"。如"沅"字第二、三、四角,恰恰代表 1 號的三種形態:

$$\text{沅}\ {}^{3\ 1}_{1\ 1}$$

"風"字的第四角也是 1 號。

垂二,除了垂"丨"以外,還包括撇"丿"和左鈎"亅"。如"利"字第一、二角,恰恰代表 2 號的另外兩種形態:

$$\text{利}\ {}^{2\ 2}_{9\ 0}$$

三點捺,如"述"字的一、二、三角都是 3 號:

$$\text{述}\ {}^{3\ 3}_{3\ 0}$$

"冠"字的第一角和"張"字的第四角,也是 3 號。

B) 叉四插五方框六

叉四,包括"十"和"乂"。如"妓"字的四角,大體代表 4 號的各種形態:

$$\text{妓}\ {}^{4\ 4}_{4\ 4}$$

"奇"字的第一角也是 4 號。

插五，指一筆通過兩筆或兩筆以上。如"撐"字的一、二、四角，大體代表 5 號的各種形態：

$$\overset{5\ \ 5}{\underset{0\ \ 5}{撐}}$$

方框六，指四邊齊整的方形。如"曙"字的一、二、四角，大體代表 6 號的主要形態：

$$\overset{6\ \ 6}{\underset{\ \ 6}{曙}}$$

要注意的是：缺一邊固然不成其爲方框，某筆延伸於外，亦不算方框，如"民"字、"具"字，第一角均不是 6 號。

C) 七角八八九是小

七角，如"臼"字的四角，大體代表 7 號的主要形態：

$$\overset{7\ \ 7}{\underset{7\ \ 7}{臼}}$$

要注意"角"和"非角"的界限，例如：

$$\overset{3\ \ 7}{\underset{2\ \ 1}{冠}}\qquad\overset{7\ \ 7}{\underset{2\ \ 2}{脯}}\qquad\overset{3\ \ 7}{\underset{7\ \ 2}{郎}}$$

"冠"字第一角是 3（點），第四角是 1（右鉤），都不是"角"，第二角則是 7。"脯"字第一角是 7，第四角不是 7，而是 2（左鉤）。"郎"字第二、三角都是 7，第四角不是 7，而是 2。

八八，包括"八"字形和它的變形，例如：

$$\overset{8\ \ 8}{\underset{8\ \ 8}{簽}}\quad\overset{8\ \ 8}{\underset{8\ \ 1}{鋭}}\quad\overset{8\ \ 8}{\underset{5\ \ 4}{敏}}\quad\overset{4\ \ 4}{\underset{8\ \ 0}{楚}}\quad\overset{0\ \ 0}{\underset{8\ \ 0}{炎}}$$

"簽"字的四個角都是 8，"鋭"、"敏"的一、二角是 8，"楚"、"炎"的第三角是 8。

九是小，包括"小"字形和它的變形，例如：

$$\underset{90}{\overset{99}{榮}} \qquad \underset{92}{\overset{95}{精}} \qquad \underset{95}{\overset{29}{絆}} \qquad \underset{01}{\overset{99}{恍}}$$

"榮"字的一、二、三角是 9,"精"字的一、三角是 9,"絆"的二、三角是 9,"恍"的一、二角是 9。

D) 點下有橫變零頭

例如"辯"字的一、二角和"座"字的第一角,號碼都是 0:

$$\underset{44}{\overset{00}{辯}} \qquad \underset{21}{\overset{00}{座}}$$

但要注意:凡點下的橫,其右端與他筆相連時,就不是 0 號。如:

容　　　戶　　　良

以上三字,第一角都不是 0 號,而是 3 號。

記住口訣,熟悉這些典型的字,再對照凡例多做一些檢字實踐,四角號碼檢字法就可以完全掌握了。

練習題

1. 常用的紙本古籍目錄有哪些?
2. 古籍目錄常用的編排與檢索的方法有哪些?
3. 《四庫全書總目》把古籍分爲哪 4 部 44 類?
4. 使用《中國古籍善本書目索引》的四角號碼《書名索引》查檢 10 種古籍在《中國古籍善本書目》中的著錄情況。

第十一章　版本知識在校勘中的運用

版本一詞原指區別於寫本的雕版本,後來其涵義逐步擴大,則指寫本、印本、拓本等一切書本。版本學也是一門獨立的學問,它研究版本及其有關問題。欲深入瞭解這門學問,可以參考版本學的著作。這裏我們只著重談談與校勘關係較大的三個問題。

第一節　善本的校勘價值

一、什麽是善本

"善本"最早稱"善書",善書是以書的內容的好壞、學術水平的高低爲標準的。如《漢書·河間獻王傳》"(劉德)修學好古,實事求是。從民得善書,必爲好寫與之,留其眞"中的"善書"即指內容好、學術水平高的書。在雕版大行之後,方有了"善本"之稱,"善本"最初則是以校勘好壞爲標準的。如:

歐陽修《唐田弘正家廟碑》説:

  自天聖以來……學者多讀韓文而患集本訛舛,惟余家本屢更校正,時人共傳,號爲善本。

葉夢得《石林燕語》卷八説:

  唐以前,凡書籍皆寫本,未有模印之法,人以藏書爲貴。人不多有,而藏者精於讎對,故往往皆有善本。

朱弁《曲洧舊聞》卷四説:

  宋次道……家藏書,皆校三五徧者,世之蓄書,以宋爲善本。

陳振孫《直齋書錄解題》卷八説:

《元和姓纂》……絶無善本。項在莆田，以數本參校，僅得七八，後又得蜀本校之，互有得失，然粗完整矣。

其中"善本"皆指校勘精審，訛誤較少的本子。後來，善本的標準各説不一。如：

張之洞《輶軒語·語學篇》"讀書宜求善本"條説：

　　善本非紙白板新之謂，謂其爲前輩通人用古刻數本精校細勘付槧，不訛不闕之本也。此有一簡易之法：初學購書，但看序，是本朝校刻，而密行細字、寫刻精工者，即佳。

又説：

　　善本之義有三：一、足本，二、精本（一、精校，一、精注）；三、舊本（一、舊刻，一、舊鈔）。

提出了善本的三條標準。

丁丙《善本書室藏書志》編輯條例説：

　　一曰舊刻。宋元遺刊，日遠日鮮，幸傳至今，固宜球圖視之。二曰精本。朱氏一朝，自萬曆後，剞劂固屬草草，然追溯嘉靖以前，刻書多翻宋槧，正統、成化刻印尤精，足本、孤本，所在皆是。今搜集自洪武迄嘉靖，萃其遺帙，擇其最佳者，甄別而取之。萬曆以後，間附數部，要皆雕刻既工，世鮮傳本者，始行入錄。三曰舊鈔。前明姑蘇叢書堂吳氏、四明天一閣范氏，二家之書，半係鈔本。至國朝小山堂趙氏、知不足齋鮑氏、振綺堂汪氏，多影鈔宋元精本，筆墨精妙，遠過明鈔。寒家儲藏，將及萬卷，擇其尤異，始著於編。四曰舊校。校勘之學，至乾嘉而極精。出仁和盧抱經、吳縣黄蕘圃、陽湖孫淵如之手者，尤雠校精審。他如馮己蒼、錢保赤、段茂堂、阮文達諸家手校之書，朱墨爛然，爲藝林至寶。補脱文，正誤字，有功後學不淺。

是又提出了四條。

劉昌潤在前人論述善本的基礎上，又提出了新的標準。他在《"善本"漫談》[①]一文中説：

　　綜合前人的論述，"善本"書大致具有"舊、精、稀"三個特點。一部"善本"書雖不一定同時具備三方面的特點，但必互相關聯，各有其主次之別而已。

[①] 收入《古籍論叢》，謝國楨、張舜徽等著，福建人民出版社1982年版。

"舊"者,乃就時間而言。宋槧元刊,去古未遠,係出舊本,訛奪最少。明季精刊,亦本宋元。嘉、萬以後,始漸草率,但明本去今日遠,日佚日少,於是也顯得珍貴了。但也要妥爲抉擇,於明代誤本、俗本及通行本不當稱爲"舊本"。如明汲古閣刊書,有精美者,亦有雖據舊本,而臆改妄刪,頗失本來。刷印既多,遂不爲後世所重。

"精"者,乃就內容而言。精校精注的"正本"、"足本",多半祖依舊本,反復校定,糾繆正訛,補闕刪衍;又請名手書寫,雕鏤精工,此類只下舊本一等。精本求之者衆,初刻、初印,尤爲難得,而補板、改板的後印本,就不足爲重了。

"稀"者,就數量而言。孤本獨傳,世所素重。傳本既稀,因以爲貴。

1978年在南京召開了《全國古籍善本書目》編輯工作會議,規定了具體的善本標準:

(1) 元及元以前刻印、鈔寫的圖書(包括殘本與散葉)。

(2) 明代刻印、鈔寫的圖書(包括具有特殊價值的殘本與散葉),但版印模糊、流傳尚多者不收。

(3) 清代乾隆及乾隆以前流傳較少的刻本、鈔本。

(4) 辛亥革命前在學術研究上有獨到見解,或有學派特點,或集衆說較有系統的稿本,以及流傳很少的刻本、鈔本。

(5) 辛亥革命前反映某一時期、某一領域或某一事件資料方面的稿本,以及流傳很少的刻本、鈔本。

(6) 有名人學者親筆批校、題跋、評論的刻本、鈔本。

(7) 在印刷上能反映我國古代印刷技術發展,代表一定時期技術水平的各種活字印本,或有較精版畫、插圖的刻本。

(8) 太平天國及歷代農民革命政權所刊印的圖書。

(9) 印譜,明代的可全收,清代的集古印譜、名家篆刻的印譜,有特色又係足本,或有親筆題記的收,一般不收。

符合上九條之一二者均可視爲善本。

二、善本的校勘價值

在不同的時代,人們運用不同的標準認定了許許多多的善本。在這許許多多的善本中,有不少是有重要的校勘價值的。歐陽修《六一詩話》中有一段記載就很能說明問題:

> 陳舍人從易……偶得《杜集》舊本,文多脱誤。至《送蔡都尉詩》云:"身輕一鳥",其下脱一字,陳公因與數客各用一字補之:或云"疾",或云"落",或云"下",或云"度",莫能定。其後得一善本,乃是"身輕一鳥過",陳公歎服,以爲雖一字,諸君亦不能到也。

但是,正由於善本是運用各種標準認定的,所以有一些善本並不具有多少校勘的價值。如我們用上述九條標準來衡量,宋本都屬於善本,但是有不少宋本對校勘就並無多少意義。宋陸游在《跋歷代陵名》中就說過:

> 近世士大夫,所至喜刻書版,而略不校讎。錯本書散滿天下,更誤學者,不如不刻之愈也。

宋代福建建陽麻沙鎮所刻的麻沙本書,當時就受到了人們的鄙棄。陸游《老學庵筆記》卷七説:

> 三舍法行時,有教官出《易》義題云:"乾爲金,坤又爲金,何也?"諸生乃懷監本《易》至簾前請云:"……先生恐是看了麻沙本,若監本則'坤爲釜'也。"

周煇《清波雜志》卷八也説:

> 印版文字,訛舛爲常。蓋校書如掃塵,旋掃旋生。……若麻沙本之差舛,誤後學多矣。

由上面的論述可以看出來,現在有些人一味强調善本的校勘價值的觀點,是不够全面的。我們認爲,即使是善本,也只有那些祖本、原稿本、精鈔、精刻、精校本等一些能够用來校正古書訛誤的,才有校勘價值,不能够用來校正古書訛誤的,當然也就沒有校勘價值。

第二節　新發現的版本對於校勘的意義

校勘不僅要搜求廣羅見於各種目錄所著録的版本,還要注意利用新發現的版本。新發現的版本對於校勘往往有不可低估的意義。

一、出土新本

從19世紀末敦煌發現藏經洞以來出土了大批的文物,其中就有不少傳世古籍的異本。

在敦煌寫卷中,重要的儒家經典幾乎都有,如《易經》《詩經》《尚書》《禮記》《春秋》《論語》《孝經》等;史籍如《史記集解》《漢書·刑法志》《王莽傳》《蕭何曹參張良傳》《蕭望之傳》《三國志·步騭傳》等;佛經如《大般若波羅密多經》《維摩詰所説經》《金般若波羅密多經》《妙法蓮華經》《金光明最勝王經》《大乘無量壽經》等。

竹簡木牘如1959年甘肅武威磨咀子東漢墓出土竹木簡書《儀禮》九篇,1972年在銀雀山西漢墓發掘出土的竹簡《孫子兵法》,1973年河北定縣八角廊西漢宣帝時的中山懷王劉修墓出土的竹簡《論語》《文子》,1977年安徽阜陽雙古堆出土的竹簡《詩經》《周易》,1993年湖北荆門郭店楚墓竹簡《老子》《禮記·緇衣》等。

帛書如1973年長沙馬王堆漢墓帛書《老子》《周易》等。

這些出土新本,雖然零殘爲多不見全帙,但彌足珍貴。因爲他們鈔寫年代多比傳世版本要早,所以不少具有相當的校勘價值。專家們在這方面所做的工作已充分證明了這一點。下舉兩個簡帛本《老子》的例子。第一、帛書《老子》。馬王堆帛書《老子》甲乙兩本,都是《德經》在前,《道經》在後,而傳世的各種版本的《老子》,都是《道經》在前,《德經》在後。與《韓非子》一書中《解老》《喻老》先解《德經》後喻《道經》正好相同。可校傳本篇次。

第二、簡書《老子》。傳世本《老子》第四章的"絶仁棄義,民復孝慈","絶仁棄義"郭店竹簡本作"絶僞棄慮",説的是,人要絶掉做作,絶掉考慮,這樣就恢復到真正的孝慈。而不是説,拋棄掉儒家仁義,父母和子女的關係才能恢復到孝和慈。通過出土本《老子》與傳世本《老子》文字的不同的校勘,動搖了由傳世本研究得來的道家與儒家關係的一些傳統看法。①

二、傳世新本

有些版本由於某種原因,雖存於世而不被人所知。這類版本有些也有較大的校勘價值。舉兩個例子。

第一、列寧格勒《石頭記》脂鈔本。1964年莫斯科出版的《亞非人民》雜志第5期刊載了孟西科夫和李福親兩人合寫的《新發現的〈石頭記〉脂鈔本》一文,宣布《紅樓夢》發現了新版本脂鈔本。據考證此本爲道光十二年(1832)傳入俄京。1986年國内已把這種本子影印出版。這個鈔本可

---

① 參侯才《郭店楚墓竹簡〈老子〉校讀》,大連出版社1999年版;龐樸《郭店楚簡探秘》,文載《北京晚報》2001年4月6日。

以校正現存各本的不少文字錯誤。如第二回叙述寶玉的出生：

  脂本作：不想次年又生了一位公子
  戚本作：不想後來又生了一位公子
  程乙本作：不想隔了十幾年又生了一位公子

現存三種本子各異，列寧格勒脂鈔本作"不想次年又生了一位公子"，正和脂本合，可見戚本、程乙本的這一句都不是《紅樓夢》的原貌。又如第五十六回程乙本有一段話是：

  你這樣一個通人，竟没看見姬子書，當日姬子有云："登利禄之場，處運籌之界者，窮堯舜之詞，背孔孟之道。"

根本讀不通。列寧格勒脂鈔本作：

  你這樣一個通人，竟没看見子書？當日姬子有云："登利禄之場，處運籌之界，左竊堯舜之詞，右背孔孟之道。"

文通字順。正可用以校正程乙本。

  第二、《西廂記》成化本殘葉。1978年中國書店發現了明成化本《新編校正西廂記》殘葉。于德馨撰《成化本〈西廂記〉殘葉的校勘意義》①一文，通過用成化本殘葉校正當前兩種流行本《西廂記》——王季思校注《西廂記》②及張燕瑾、彌松頤校注的《西廂記新注》③——的訛誤的實例，論證了成化本殘葉在校勘中的重要意義。如第一部分"關於題目正名"，先比較異同：

  王校本和張、彌校本是分本的，每一本末都有四句題目正名；成化本是分卷的，每卷末也有四句題目正名。王校本和張、彌校本第一本末的題目正名是：
  老夫人閑春院，崔鶯鶯燒夜香，
  小紅娘傳好事，張君瑞鬧道場。
  成化本第一卷末的題目正名，第二、四句與之相同，第一、三句是"老夫人閗春院"，"俏紅娘懷好事"。不同之處是"閗"與"閑"、"俏"與"小"、"懷"與"傳"之别。

然後從《西廂記》的體例、題目正名的作用等方面論證了《西廂記》成化本殘葉所作爲是，從而證明了殘葉的校勘意義。

---

① 《四川大學學報叢刊》第27輯《古籍整理研究》，1985年5月版。
② 上海古籍出版社1978年版。
③ 江西人民出版社1980年版。

由上面所舉的例子可以看出，新發現的版本對校勘有著重要的意義，因此，我們校勘一定要充分利用新發現的版本。

第三節　校勘古籍時常遇到的版本術語

在校勘古籍的過程中，常常遇到監本、殿本之類的版本術語。瞭解這些術語所代表的具體內容，對校勘選擇版本、運用前人的校勘成果和撰寫校勘記等等都有很大的好處。下面對古籍常見版本術語，從不同的角度加以分類，作一簡略介紹。

一、根據刻印的時代不同

（1）五代刻本

如五代監本《九經》等。

（2）宋刻本

如宋紹興九年臨安府刻本《唐文粹》等。

（3）金刻本

如金代平陽坊刻《劉知遠諸宮調》等。

（4）元刻本

如元刊《古今雜劇》三十種等。

（5）明刻本

如明崇禎平露堂刻本《皇明經世文編》等。

（6）清刻本

如清康熙揚州詩局刻印的《御製詩》初二三集等。

"刻本""刊本"同義。

二、根據刻印單位不同

（1）官刻本

① 監本。歷代國子監刻印的書籍都稱監本。如北宋國子監刻印的《文選》，南宋國子監刻印的《周易正義》《爾雅疏》。

南監本、北監本。明代兩京都設國子監，也都刻印書籍，南京都國子監刻印的書籍稱南監本，北京都國子監刻印的書籍稱北監本。由於南監接受了不少宋元書板，所以刻印較多，北監刻書不多，只是按照南監本如

《十三經》《二十一史》等加以復刻。

② 興文署本。元代立興文署,召工刻經史子板,以《資治通鑑》爲起端。後又刻印了一些譯爲蒙古文的儒家著作,但流傳甚少。

③ 內府本。內府所刻印之書稱內府本,如明內府本《歐蘇文集》,清內府本《全唐詩》《欽定曲譜》等。

④ 藩府本。明代藩王府所刻之本稱藩府本,如明唐藩所刻的《文選》、周府所刻的《普濟方》、益府所刻的《玉篇》等。

⑤ 經廠本。明代司禮監所屬經廠刻印的書籍稱經廠本,或稱司禮監本,如明經廠本《唐詩鼓吹》《四書大全》《洪武正韻》等。

⑥ 殿本。因爲刻印書籍的機構設置在清皇宮武英殿,故其所刻書稱武英殿本,簡稱殿本,如武英殿本《十三經》《二十一史》《大清一統志》《古文淵鑑》等。

⑦ 局本。清同治二年(1863),金陵首先開設官書局,後各地相繼成立了官書局,所刻印之書稱某某局本。如金陵書局刻印的《史記》《漢書》,淮南書局刻印的《毛詩注疏》等。①

⑧ 府學本。府學所刻印的書籍稱府學本,如宋建康府學刻印的《杜工部集》等。

(2) 家刻本

歷代私人所刻之書稱家刻本,或稱家塾本。家刻本又或以堂、室稱,或以姓名稱,或以姓氏稱,等等。下舉數例:

世彩堂本。以堂稱的宋廖瑩中家刻本,廖刻有《世綵堂昌黎先生集注》等。

汲古閣本。以室稱的明毛晉家刻本,毛刻有《十三經》《十七史》《宋六十名家詞》《六十種曲》等。

黃善夫本。以姓名稱的宋黃善夫家刻本,黃刻有《史記》等。

以姓氏稱的如閔本(明閔齊伋家刻本)、凌本(明凌蒙初家刻本)等等。

(3) 坊刻本

刻書而賣書的稱書坊。五代之書肆、宋代之書林、南宋之書棚以及後來之書局等所刻的書,皆稱坊刻本。如宋杭州中瓦子街張家書鋪刻印的《大唐三藏取經詩話》、元建安虞氏刻的《全相平話》、明閩建書林陳德宗刻

---

① 朱士嘉編的《官書局書目彙編》可供檢閱局本情況。

的《新鍥兩京官板校正錦堂春曉翰林查對天下萬民便覽》等。

三、根據刻印的地點不同

(1) 浙本

浙本主指杭州刻本。寧波在宋稱明州，其所刻印稱明州本；金華稱婺州，其所刻印稱婺州本；臨海稱臺州，其所刻印稱臺州本等。如宋臨安府棚北大街睦親坊南陳宅書籍鋪刻印的《朱慶餘詩集》等。

(2) 閩本

閩本又稱建本，指福建刻印的書籍，有建陽本、建寧本、麻沙本之分。宋建陽以麻沙鎮刻書爲代表，故麻沙本又泛指建陽本。如涵芬樓藏宋麻沙本《集千家注杜詩》等。

(3) 蜀本

蜀本指四川成都、眉山刻印的書籍。有蜀大字本和眉山本之分。如著名的蜀大字本南北七史等。

四、根據刻印的質量情況不同

(1) 單刻本

單刻本是與叢刻本（叢書本）相對而言的，即單獨刻印的單行本。

(2) 叢刻本

即叢書本。

(3) 寫刻本

寫刻本由撰者或有名的書法家寫在上版底本上後照刻的書籍，由其多精，故又稱精刻本，如鄭燮自己寫刻的《板橋集》以及曹寅組織名手精刻的《全唐詩》等。

(4) 影刻本

影刻本係模仿原版刻印的書籍，可以亂真，如明震澤王延喆仿宋刻本《史記集解索隱正義》等。

(5) 三朝本

三朝本是明代國子監把南宋國子監和元代西湖書院的書版集中起來加以修補重印的書籍，如南監本集部書大都是三朝本。

(6) 遞修本

遞修本指多次印刷、歷經修補的版本，如明刻清修的《玉海》等。

(7) 百衲本

百衲本指選用不同佳本的書版而湊印成的書籍,如商務印書館匯印的《百衲本二十四史》等。

(8) 通行本

通行本指一般流行的普通刻印的書籍。

五、根據雕版刻印先後

(1) 祖本

祖本就是初刻本,亦即最早刻印的本子,爲後來衍生的同一種著作各種不同刻印本子的來源和依據,如經過宋王洙等整理編訂、裴煜補遺、雕版刻印的《杜工部集》是杜集最早的定本,此後成了一切杜集的祖本。

(2) 原刻本

原刻本是與翻刻本相對而言的,實質也是最初的刻本,如宋淳熙八年(1182)尤袤刊本李注《文選》,爲流傳的原刻本,後爲多家相隸翻刻。

(3) 翻刻本

翻刻本是仿照原刻本翻刻而成的本子,如元張伯顏翻刻宋尤袤刻本《文選》,明唐潘又翻刻張本,嘉靖金臺汪諒亦翻刻張本;張本和唐本、汪本都是翻刻本。

(4) 重刻本

重刻本是據原刻本加以校勘修改重新刻印的本子,如清嘉慶年間胡克家據屢經修訂的尤袤刊本校勘重刻的《文選》等。

(5) 仿刻本

仿刻本是仿照舊刻本而刻印的本子,如明德星堂刊《萬首唐人絕句》,是明嘉靖中仿宋刻本。

(6) 初印本

初印本是第一次印刷的本子。

(7) 後印本

後印本是同一個版子再次印刷的本子。

六、根據版式字體或印刷顏色不同

(1) 巾箱本

巾箱本是一種版式小可以用巾裹起來的本子,後世或稱袖珍本,如汲古閣刊宋巾箱本《陶淵明集》等。

（2）兩節版本、三節版本

兩節版本指書頁橫分爲二欄的印書，有的都是文字，有的上圖下文，如各種明刊本《三國演義》大都爲上圖下文等。

三節版本有的都是文字，有的中圖上、下文，如明余氏雙峰堂刊《京本增補校正全像忠義水滸志傳評林》爲上評、中圖、下文等。

（3）朱印本、藍印本

明清兩代常用朱色或藍色印刷若干部初印本，供校訂修改用，類似今天的清樣本。最後定本用墨印。

（4）套印本

套印本是用兩種或兩種以上顏色套印的書籍。如清代四色套印的《唐宋文醇》，底本墨色，康熙評語用黃色，乾隆評語用朱色，諸家評語用藍色。

七、根據增删、足殘、批點、評注的不同情況

（1）增訂本

如《儒林外史》共五十五回，清同治十三年（1814）有齊省堂增訂本五十六回，光緒十四年（1888）有增補齊省堂本六十回。

（2）删節本

如金聖歎删定的《水滸》七十回本。

（3）足本

指没有殘缺的本子。

（4）殘本

殘本是殘缺了部分篇幅、章節或書頁的本子，如《紅樓夢》已發現的舊鈔本不少是殘本，如"甲戌本"（十六回殘本）、"己卯本"（三十八回殘本）等等。

（5）批點本

批點本是經人加上批語、評論、圈點的本子，如劉會孟（辰翁）批點、高楚芳編《集千家注批點杜工部詩》等。

（6）評注本

評注本是經人加上評語、注釋的本子，如《聊齋志異》何守奇評本、何垠注本、四家合評本等。

（7）配本

如《紅樓夢》"己卯本"原是三十八回本，後配鈔爲四十回本，故又稱"脂配本"。又如文學古籍刊行社影印的宋郭茂倩編《樂府詩集》宋刊殘本，所缺卷帙，用元刊本和舊鈔本補配，亦爲配本。

八、根據書籍制度和裝幀形式不同

簡策本、卷子本、梵夾裝本、旋風裝本、蝴蝶裝本、包背裝本、綫裝本，平裝本，精裝本等。

九、活字排印的書籍

（1）泥活字本

如北宋膠泥活字印本《韋蘇州集》、清泥活字印本《泥板試印初編》等。

（2）木活字本

如元木活字本《旌德縣志》，明木活字本《漢魏六朝百家集》等。

（3）銅活字本

如明無錫華氏會通館銅活字本《文苑英華辯證纂要》、清内府銅活字本《古今圖書集成》等。

（4）聚珍本

清弘曆認爲"活字"不雅，改稱"聚珍"，以木活字排印了《武英殿聚珍版書》。後遂有此稱。

十、非雕版印刷的書籍

（1）石印本

如上海鴻文書局石印本《文選》等。

（2）鉛印本

以鉛字排印的本子，如《四部備要》等。

（3）影印本

以照相製版印的本子，如《四部叢刊》等。

（4）鈔本

鈔本是根據手稿、雕版書、鈔本而鈔寫的本子。如《聊齋志異》在先前只有鈔本流傳，有清雍正年間朱氏殿春亭鈔本等。

（5）稿本

一爲撰者手寫的原稿，如解放後發現的《聊齋志異》手稿本（存上半部的大部分）等。一爲撰完稿後，由於删改凌亂等原因而請别人予以謄清的謄清稿本，這種稿本也叫"清稿本"，如上海圖書館藏清嘉慶間陳球《燕山外史》清稿本等。

十一、根據載體不同

（1）紙本

以紙質爲載體的書卷版本可以稱爲紙本。至目前爲止，世存版本仍以紙質版本爲主。書籍不必舉例，卷子如敦煌的各種卷子本。

（2）帛本

以縑帛爲載體的書籍版本可以稱爲帛本，如馬王堆出土的帛書《老子》《五十二病方》等。

（3）簡本

以竹簡木牘爲載體的書籍版本可以稱爲簡本，如武威木簡《儀禮》甲本、銀雀山竹簡《孫臏兵法》、郭店竹簡《老子》《五行》《六德》等。

（4）網本

以網絡爲載體的書籍版本可以稱爲網本，如臺灣中央研究院網的新校本《二十五史》等。

（5）碟本

以光盤爲載體的書籍版本可以稱爲碟本，如迪志文化出版有限公司出版的《文淵閣四庫全書》、北京電子出版物出版中心出版的《中國古典名著百部》等。

另外還有以金等爲載體的書籍版本。如金版《論語》、金版《周易》等。

練習題

1. 古今善本的界定有哪些不同？
2. 查閱幾種重要的古籍善本書目，評析各書目善本標準的異同。
3. 簡析善本在校勘中的價值與局限性。
4. 列舉 20 種常見的版本術語。

第十二章　電腦網絡技術在校勘中的運用

上世紀下半葉以來，隨著電腦網絡技術的飛速發展，傳統依靠紙本的狀況得到了改變，不少原有紙本已經轉換成了電子文本，有的轉換成了可檢索編輯的文檔，有的轉換成了電腦閱讀的圖像，有的轉換成了兼有這兩種形式的電子文本；也有一些新信息直接生成了網絡資源。這些改變給古籍校勘工作帶來了極大的方便，大大增加了校勘工作不可或缺的目錄檢索、書籍獲取、文字檢錄等方面的速度與質量，以下分節略加介紹。

第一節　目錄檢索

校勘工作首先要搜集古籍的版本，搜集版本最重要的途徑是查檢目錄著作。在學界商界志士仁人數十年的努力之下，古今諸多原有紙本目錄著作已經電子化，成了可檢索編輯的文檔，我們舉大型書目《中國叢書綜錄》爲例，其可檢索編輯的文檔用簡單的 EmEditor 檢索即可瞬間即得所需古籍在叢書中的收錄情況，如檢索《史記》版本，輸入檢索詞"史記"，可顯示出含有"史記"之書目 101 種，除去《五代史記》之類的其他書籍以及《史記志疑》等研究性書籍之外，即得到《中國叢書綜錄》所收叢書收錄的《史記》的 7 個版本系統的 18 個版本及其相關信息。

《史記》一百三十卷，漢司馬遷撰，劉宋裴駰集解，唐司馬貞索隱，唐張守節正義

有七種叢書收錄本，如：

《二十一史》，宋元明三朝刊明南京國子監遞修印本，明萬曆中北京國子監刊本，所收《史記》爲南監本萬曆二年至三年（1574—1575）刊本，北監

本萬曆二十六年刊本。

《二十四史》，清乾隆四年（1739）武英殿刊本，清光緒中同文書局據殿本景印，清光緒中五洲同文書局據殿本景印，清光緒中圖書集成局排印本，清光緒中竹簡齋據殿本景印，清光緒中史學齋石印本，民國上海涵芬樓據殿本景印。

《摛藻堂四庫全書薈要》，清于敏中等輯，清乾隆三十八年（1773）鈔本。

《百衲本二十四史》，張元濟輯，民國上海商務印書館景印本，所收《史記》爲民國二十五年（1936）據宋慶元黃善夫本景印。

　　《史記》一百三十卷索隱二卷，漢司馬遷撰，劉宋裴駰集解，唐司馬貞索隱

有一種叢書收錄本：

《二十四史》，清同治光緒間五省官書局據汲古閣本合刊光緒五年（1879）湖北書局彙印本，所收《史記》爲光緒四年（1878）金陵書局刊本。

　　《史記》一百三十卷附考證，漢司馬遷撰，劉宋裴駰集解，唐司馬貞索隱，唐張守節正義

有三種叢書收錄本，如：

《四史》，清同治十一年（1872）成都書局據殿本重刊，民國二十四年（1935）上海世界書局據殿版景印。

《二十五史》，二十五史刊行委員會輯，民國二十四（1935）年上海開明書店景印本。

　　《史記》一百三十卷，漢司馬遷撰，劉宋裴駰集解

有三種叢書收錄本，如：

《十七史》，明崇禎至清順治間琴川毛氏汲古閣刊本，所收《史記》爲崇禎十四年（1641）刊順治十一年（1654）補輯本。

《四史》，劉承幹輯，民國吳興劉氏嘉業堂景刊本，所收《史記》爲民國八年（1919）據宋蜀大字本景刊。

　　《史記索隱》三十卷，唐司馬貞撰①

有二種叢書收錄本：

《四庫全書》，清乾隆三十年（1765）敕輯，清文淵閣、文溯閣、文津閣、

---

① 此爲截取《史記》相關詞語做"正義"，可以不算作《史記》的版本。因爲後世以《索隱》刊入《史記》全文，故亦列於此。

文瀾閣鈔本。

《廣雅書局叢書》，清廣雅書局輯，清光緒中廣雅書局刊，民國九年（1920）番禺徐紹棨彙編重印本。所收《史記索隱》爲光緒十九年（1893）刊本。

《史記正義》一百三十卷，唐張守節撰

有一種叢書收錄本：《四庫全書》，清乾隆三十年（1765）敕輯，清文淵閣、文溯閣、文津閣、文瀾閣鈔本。

《史記評林》一百三十卷

有一種叢書收錄本：《史漢評林》，明淩稚隆輯，明萬曆中烏程淩氏刊本。

有些沒有紙本，或紙本無法跟進的目錄信息，則在網絡之上直接生成了檢索資源，現今幾乎所有圖書館以及相關藏書單位皆有網頁，在各網頁上一個必不可少的內容即是館藏書籍目錄的檢索。我們舉中國最大圖書館中國國家圖書館爲例，檢索該館所藏《史記》善本的情況，進入該館網頁，利用其"聯機公共目錄查詢系統"的搜索欄，選擇"所有字段"，輸入"史記善本"，可檢得113條，刪除複本以及現代再造善本之外，即得國圖所藏善本的7個版本系統的27個版本及其相關信息。

《史記》一百三十卷，漢司馬遷撰，南朝宋裴駰集解，唐司馬貞索隱

有12種版本，如：

蔡夢弼東塾刻本，宋乾道七年（1171），30冊，12行21字，小字雙行28字，白口，左右雙邊。

張杅桐川郡齋刻本，宋淳熙三年（1176），20冊，12行25字，小字雙行同，白口，左右雙邊。

安福彭寅翁崇道精舍刻本，元至元二十五年（1288），48冊，10行21字，小字雙行同，細黑口，左右雙邊。

饒州路儒學刻本，元大德（1297—1307），3冊，10行22字，小字雙行同，白口，四周雙邊。

《史記》一百三十卷，漢司馬遷撰，南朝宋裴駰集解，唐司馬貞索隱，唐張守節正義，明陳仁錫評

有1種版本：

明陳仁錫評，明崇禎（1628—1644），20冊，10行20字，小字雙行同，白口，左右雙邊。

《孫月峰先生批評史記》一百三十卷諸先生附餘一卷，明孫鑛評

有 1 種版本：

明孫鑛評,馮元仲刻本,明崇禎(1628—1644),16 冊,9 行 20 字,白口,四周單邊。

《史記評林》一百三十卷,明凌稚隆輯

有 2 種版本：

明凌稚隆輯,凌稚隆刻本,萬曆二一四年(1574—1576),43 冊,10 行 19 字,小字雙行同,白口,左右雙邊。

明刻本,明(1368—1644),60 冊,11 行 24 字,小字雙行同,白口,四周雙邊。

《史記索隱》三十卷,漢司馬遷撰,唐司馬貞索隱

有 1 種版本：

毛氏汲古閣刻本,明末(1621—1644),1 冊,14 行 27 字,小字雙行 40 字,白口,左右雙邊。

《史記》一百三十卷,漢司馬遷撰,漢褚少孫補,唐司馬貞補

有 1 種版本：

吳勉學刻本,明(1368—1644),32 冊,10 行 20 字,白口,左右雙邊。

《史記》一百三十卷,漢司馬遷撰,南朝宋裴駰集解

有 9 種版本,如：

遞修本,宋(960—1279),30 冊,14 行 24－27 字不等,小字雙行 32－39 字不等,白口,左右雙邊。

宋元明遞修本,宋(960—1279),5 冊,10 行 19 字,小字雙行 26－28 字不等,白口補版爲黑口,四周雙邊。

毛氏汲古閣刻本,明崇禎十四年(1641),14 冊,12 行 25 字,小字雙行 37 字,白口,左右雙邊。

宋元明初遞修本,淮南路轉運司,宋紹興(1131—1162),66 冊,9 行 16 字,小字雙行,字不等,白口,左右雙邊。

網絡目錄現在已經發展到了聯合集成型,跨館跨國界,突破了目錄檢索的時空限制。如臺灣"國家圖書館"的中文古籍聯合目錄資料庫(又稱中文古籍書目資料庫)聯合了大陸、臺灣、香港、澳門、美國、英國、德國、日本、韓國 9 個國家和地區 42 個圖書館中文古籍目錄資源共 630,758 筆,上網提供免費查檢。這個網絡聯合目錄,給我們查檢古籍版本資源特別是大陸之外的古籍版本資源提供了很大方便。

第二節　書籍獲取

　　數十年來,已有大量古籍轉換成了光盤與網絡資源,而且有不少資源光盤與網絡並行。如《四庫全書》系列的《文淵閣四庫全書》,收書 3,461 種,《摛藻堂四庫全書薈要》,收書 463 種,《續修四庫全書》,收書 5,388 種,《四庫全書存目叢書》,收書 4,508 種,《四庫禁毀書叢刊》,收書 634 種,《四庫未收書輯刊》,收書 1,328 種,總共收錄古籍 15,782 種,①重要古籍大致皆集於此,而且除《文淵閣四庫全書》編纂之時有所刪改,從版本學的角度看運用於校勘並不理想外,其餘各書所收書籍如果有不同版本,則選擇最好版本收入。《四庫》系列之古籍都有電子文本,通行最多的是的 PDF 文本、WinDjView 文本等,亦都有網絡資源可供下載使用,與原紙本古籍無異。本系列中最著名的《文淵閣四庫全書》已由迪志文化出版有限公司製成原版掃描和有全文檢索的可編輯文檔兩種電子文本,其光盤單機版供安裝於電腦使用,其網絡版供上網使用,古籍一檢即得。

　　如果在《四庫》系列檢索《史記》各不同版本很是方便,如:

　　在《文淵閣四庫全書》中可以檢到 4 種版本:

　　　　《史記》一百三十卷,漢司馬遷撰

　　　　《史記集解》一百三十卷,劉宋裴駰撰

　　　　《史記索隱》三十卷,唐司馬貞撰

　　　　《史記正義》一百三十卷,唐張守節撰

《摛藻堂四庫全書薈要》可以檢到 1 種版本:

　　　　《史記》一百三十卷,漢司馬遷撰,南朝宋裴駰集解,唐司馬貞索隱

所收《史記》爲奉敕校刻《二十一史》本。

《續修四庫全書》亦可檢到 1 種版本:

　　　　《史記》一百三十卷,漢司馬遷撰,南朝宋裴駰集解,唐司馬貞索隱

　　據北京圖書館藏元至元二十五年彭寅翁崇道精舍刻本影印,卷一百十七至卷一百二十二據北京圖書館藏蒙古中統二年平陽段子成刻本配補。

《四庫未收書輯刊》亦可檢到 1 種版本:

---

　　① 《文淵閣四庫全書》《摛藻堂四庫全書薈要》二者收書雖重復,但後者版本價值勝於前者,實則可當兩種版本看待。

《史記評林》一百三十卷，明淩稚隆輯

明萬曆四年（1576）刻本。

還有各種大型叢書，"全"書都有原紙本掃描版，有 PDF、WinDjView 等多種文本格式可供電腦或網絡使用，如《十三經注疏》《二十四史》《諸子集成》《新編諸子集成》《全上古三代秦漢三國六朝文》《先秦漢魏晉南北朝詩》《全唐五代詩》《全唐五代詞》《全宋文》《全宋詩》《全元曲》《古本戲曲叢刊》《叢書集成初（續、三）編》《叢書集成新（續、三）編》等等，幾應有盡有。

現在古籍獲取多途，有不少大型網絡圖書館即提供原紙本掃描文本的檢索、閱讀與下載，如陝西師範大學出版社有限公司纂建的大型數字化古籍文獻資源《漢籍數字圖書館》，收入包括不同版本在內的中文古籍文獻近9萬種。在本圖書館收有《史記》10種版本的掃描 PDF 文本：

《史記》，漢司馬遷撰，劉宋裴駰集解，唐司馬貞索隱，唐張守節正義，南宋建安黃善夫刊本

《史記》，漢司馬遷撰，光緒癸卯五洲同文書局版

《史記》，漢司馬遷撰，劉宋裴駰集解，刻本，版本不詳

《史記》，漢司馬遷撰，劉宋裴駰集解，唐司馬貞索隱，唐張守節正義，日本東京大學東洋文化研究所藏，慶長元和間古活字印本

《百衲本史記》，民國張元濟輯，商務印書館，民國十九年至二十六年

《史記會注考證附校補》，漢司馬遷撰，日本瀧川資言考證，日本水澤利忠校補，據昭和三十二年序本影印

《歸震川評點本史記》，漢司馬遷撰，明歸有光注并評點，清方苞撰平點，光緒二年正月武昌張氏校刊

《史記評林》一百三十卷，明淩稚隆輯校，明李光縉增補，明萬曆五年序，刻本

《史記》一百三十卷，漢司馬遷撰，劉宋裴駰集解，唐司馬貞索隱，唐張守節正義，元至元二十五年彭寅翁崇道精舍刻本

《批註史記》，清葉玉麟增批，民國二十四年版

如上書籍與紙本無異，皆可與紙本一樣使用。

目前由於可編輯文檔電子書籍在製作上大致是各不同製作者皆選用同一種較好的通行的版本，可編輯文檔電子書籍異本罕見，而原版掃描電子書籍異本豐富，所以校勘之對校運用原版掃描電子書籍之異本則最爲方便，如我們校勘《史記》，其重要版本都可以找到原版掃描資源。

有些書籍轉換成了各種形式的可編輯文檔，如《史記》的網絡與光盤資源就非常豐富，有的是簡體，有的是繁體，有的有三家注，有的只是原文，文本類型有 DOC、TXT、EXE、PDF 等，然而從校勘學的角度來看，可用者不多，因爲從紙本轉換爲各類可編輯文檔，現在採用的大多數是 OCR 漢字識别軟件完成的。由於目前漢字識別仍在完善階段，識讀率還没有達到百分之百或接近百分之百的水平，如果原紙本印刷質量不理想、文字清晰度不夠，或是繁體字等都會影響識讀率。若使可編輯文檔能夠作爲一種可信版本使用，還需要投入大量的人工校正。現在見到的可編輯文檔，動輒數十萬字，數百萬字，數千萬字，甚至多少億字，這樣龐大的文檔難以在短時間内全部校正精當與原紙本無異，因此作爲校勘可用的版本，至今可見到的則少之又少，如《史記》或許只有臺灣中央研究院歷史語言研究所漢籍電子文獻資料庫的一種可以作爲校勘的版本使用。本資料庫使用臺灣鼎文書局 1981 年翻印的中華書局通行標點本上網，至少經過 4 次以上的校閱，版面頁碼與紙本一一相應，更重要的是文字幾與原紙本無異，即使需要檢核原紙本也極其方便。

第三節　文字檢録

上節我們説可以作爲校勘版本使用的可編輯文檔電子書籍很少，原因主要是存在不同程度的文字之類的錯誤，但是由於可編輯文檔都帶有可全文檢索的功能，它們給校勘所需資料的檢索，特别是本校、他校、理校資料的檢索，提供了極其便捷的方式，道理淺顯，我們於此僅舉他校檢索 478 萬餘字的類書《太平御覽》爲例。從校勘史看，類書資料在清代、民國時期，許多校勘名家皆擅長利用並在校勘中取得了很大成就，如王念孫、劉文典者是。王念孫《讀書雜志》校釋《史》《漢》衆書，引用《御覽》隨處可見。劉文典作《莊子補正》《淮南鴻烈集解》，其引用類書，亦以《御覽》爲最，前者引用有 300 餘條，後者更有 1,000 餘條。這些資料得通讀《御覽》，一句一句採輯才能獲得。當年需大學者花費大量時日翻檢鈔録巨大篇幅的類書資料，今日即中才亦可在秒級時間内完成，這是因爲《御覽》有了可全文檢索且可編輯的文檔。如檢録《御覽》所引《史記》的資料，用簡單的 EmEditor 檢索軟件，一檢即得 911 條，如：

　　有的一句二句：

　　　卷七《天部》七《星下》:《史記》曰：黄帝時景星見，形如半月，可以夜作。

　　卷三十《時序部》十五《人日》：《史記·樂書》曰：漢家祀太一，以昏時祠到明。

有數行一段：

　　卷三十一《時序部》十六《五月五日》：《史記》曰：張子房始見下邳圯上老父與一編書，曰："讀是爲王者師，後十三年濟北殷穀城山下黃石，即我也。"良後從高帝過濟北，果見穀城下黃石，良取寶而祠之。留侯死，并黃石葬之。每上塚，伏臘祠黃石。

　　卷五十三《地部》十八《丘》：《史記》曰：漢文帝從霸陵西馳下峻坂，袁盎攬轡。上曰："將軍怯也？"盎曰："臣聞千金之子，坐不垂堂，百金之子，立不倚衡。今聖主乘危，馳不測之淵，如馬驚車敗，奈高廟何？"上乃止。

亦有數百數千字者：

　　卷八十四《皇王部》九《周文王》：《史記》曰：周后稷，名棄。其母有邰氏女，曰姜嫄。……明年，伐犬夷。又明年，伐密須。又明年，伐崇侯虎，而徙都於鄷，諸侯多歸之都鄷。明年而薨，太子發立。

本段文字引自《史記·周本紀》"周后稷，名棄。其母有邰氏女，曰姜原"至"明年，伐邘。明年，伐崇侯虎。而作豐邑，自岐下而徙都豐。明年，西伯崩，太子發立，是爲武王"，共 735 字。

　　卷八十六《皇王部》十一《始皇帝》：《史記》曰：莊襄王爲秦質子於趙，見呂不韋姬，悅而取之，生始皇帝。始皇以秦昭王四十八年正月生於邯鄲。及生，名爲政，姓趙氏。年十三歲，莊襄王死，政代立爲秦王。……七月丙寅，始皇崩於沙丘平臺。……會暑，上輼輬車臭，乃詔從官令車載一石鮑魚，以亂其臭。行從直道至咸陽，發喪。太子胡亥襲位。

本段文字引自《史記·秦始皇本紀》秦始皇自生到崩中的十年、二十六年至二十九年、三十一年至三十五年以及三十七年共十一年之事，1918字。

　　無論篇幅長短字數多少，一檢即得。再把這些檢得的資料拷貼在自己的文檔之中，從《御覽》中收集引用《史記》之他校資料即告完成。

　　我們相信，隨著科學技術的不斷發展，電腦網絡技術等在校勘中必將發揮更大的作用，校勘定會與科技俱進。

練習題

1. 利用網絡資源查檢 10 種漢語古籍在國外的收藏著錄情況。
2. 列出 10 個有原版掃描電子文本古籍的網站,並簡述其收錄古籍的情況。
3. 運用電腦網絡技術搜集一種古籍的他校資料。
4. 談談你對電腦網絡技術在將來校勘工作中的應用前景。

三版後記

　　本書是在拙著第一版《校勘學》和第二版《漢語古籍校勘學》的基礎上增訂而成的。本書力圖在四個方面做了努力：一是力求理論的系統性，二是力求實踐的可操作性，三是力求校勘科學的時代性，四是力求教學的適用性。限於學養，本書雖做了這些方面的努力，但不一定能夠達到預期的目的，懇切希望專家同行和廣大師生批評指正。

　　本書能夠一版二版以至三版，我由衷感謝吳孟復教授，吳教授通審了本書初稿，提出了寶貴的修改意見，並爲一版賜序，鞭策勉勵；由衷感謝胡雙寶教授，胡教授爲本版做了終審工作，逐句核查，糾繆正誤，減少了本書的疏失；由衷感謝王飆先生，承王先生約稿並親爲責任編輯，爲本版的審讀編校付出了辛勤勞動，使本書能夠以新的面貌呈現給讀者。還要感謝一版二版海內外的廣大使用者和批評者，是他們給了我修訂再版的動力。是爲記。

管錫華
2013 年 5 月於温哥華
email：xihuag@hotmail.com

北京大学出版社语言学教材方阵

博雅21世纪汉语言专业规划教材：专业基础教材系列

现代汉语（上）　黄伯荣、李炜主编
现代汉语（下）　黄伯荣、李炜主编
现代汉语学习参考　黄伯荣、李炜主编
语言学纲要（修订版）　叶蜚声、徐通锵著，王洪君、李娟修订
语言学纲要（修订版）学习指导书　王洪君等编著
古代汉语　邵永海主编（即出）
古代汉语阅读文选　邵永海主编（即出）
古代汉语常识　邵永海主编（即出）

博雅21世纪汉语言专业规划教材：专业方向基础教材系列

语音学教程（增订版）　林焘、王理嘉著，王韫佳、王理嘉增订
词汇学教程　周荐著
当代语法学教程　熊仲儒著
修辞学教程（修订版）　陈汝东著（即出）
汉语方言学基础教程　李小凡、项梦冰编著
新编语义学概要（修订版）　伍谦光编著
语用学教程（修订版）　索振羽编著（即出）
新编社会语言学概论　祝畹瑾主编
计算语言学教程　詹卫东编著（即出）
音韵学教程（第四版）　唐作藩著
音韵学教程学习指导书　唐作藩、邱克威编著
训诂学教程（第三版）　许威汉著
校勘学教程　管锡华著
文字学教程　喻遂生著（即出）
文化语言学教程　戴昭铭著（即出）

实验语音学基础教程　孔江平编著（即出）

博雅 21 世纪汉语言专业规划教材：专题研究教材系列
　　现代汉语语法研究教程（第四版）　陆俭明著
　　汉语语法专题研究（增订版）　邵敬敏等著
　　现代汉语词汇（增订版）　符淮青著（即出）
　　新编语用学概论　何自然、冉永平编著
　　现代实用汉语修辞（修订版）　李庆荣编著
　　汉语语音史教程　唐作藩著
　　近代汉语研究概要　蒋绍愚著
　　实验语音学概要（增订版）　鲍怀翘主编（即出）
　　外国语言学简史　李娟编著（即出）